KIRCHLICHES JAHRBUCH 2006

KIRCHLICHES JAHRBUCH

für die Evangelische Kirche in Deutschland

2006

Begründet von Johannes Schneider

Herausgegeben von
Hermann Barth, Friedrich Hauschildt,
Claudia Lepp, Harry Oelke und Harald Schultze

133. Jahrgang

Lieferung 2

GÜTERSLOHER VERLAGSHAUS

LANDWIRTSCHAFT

Ein Thema der Kirche

Von Clemens Dirscherl

GÜTERSLOHER VERLAGSHAUS

Das Personen-, Orts- und Sachregister befindet sich
in der letzten Lieferung des Jahrgangs

Um den thematischen Charakter von Lieferung 2 des Kirchlichen Jahrbuchs zu unterstreichen, hat dieser Teilband eine eigene, am Titel der jeweiligen Ausgabe orientierte Umschlaggestaltung.
Der übliche Aufbau der Bände wird beibehalten.

ISBN 978-3-579-01639-9
ISSN 0075-6210
Unveränderter Nachdruck der 1. Auflage 2011

Umschlagbild: © pictureguy32 – fotolia.com
Satz: SatzWeise, Föhren
Druck und Einband: Books on Demand GmbH, Norderstedt
Printed in Germany
www.gtvh.de

Inhalt

Herrn Dr. Albrecht Hege gewidmet,
der als erster Landesbauernpfarrer nicht nur die evangelische Bauern- und Landarbeit in der württembergischen Landeskirche aufgebaut, sondern von Anfang an die Entstehung und das Fortkommen der Landdienste innerhalb der Evangelischen Kirche in Deutschland vorangetrieben hat.
Er ist mir bis heute prägendes Vorbild für eine gelingende Beziehung zwischen Landwirtschaft und Kirche.

Vorwort

Land ist der Inbegriff randständiger Provinzialität. Bauern sind tumb, rückständig und aus grobem Holz geschnitzt. Dieses Stereotyp zieht sich nicht nur durch die gesellschaftstheoretischen Diskussionen um Modernisierung, sondern hat sich seit jeher auch im kirchlichen Verständnis über die Landwirtschaft festgesetzt – oftmals bis heute.

Die Landwirtschaft scheint ein unbedeutender Arbeits- und Wirtschaftsfaktor in Deutschland zu sein. Die Menschen in der modernen Industrie- und Dienstleistungsgesellschaft sind immer mehr ihren ursprünglichen agrarkulturellen Wurzeln entfremdet, woraus sich zwei jeweils extreme Wahrnehmungsperspektiven ergeben: Landwirtschaft wird einerseits agrarromantisch verklärt und idealisiert als Idyll der Schöpfungsnähe, des Eingebundenseins in natürliche Wachstums- und Entwicklungszyklen, Landwirtschaft macht sich andererseits mit der Übernahme industrieller Produktions- und Organisationsprinzipien schuldig an Boden, Wasser, Tieren – an der gesamten Schöpfung. Innerhalb dieser beiden Extreme pendelt auch das kirchliche Verhältnis zur Landwirtschaft. Einerseits große Sympathie für die, nach wie vor stark kirchennahen, Menschen in der Landwirtschaft, die Bäuerinnen und Bauern mit ihren Familien, andererseits der kritische Diskurs mit schöpfungstheologischer bzw. sozialethischer Begründung über die Landwirtschaft in der modernen Gesellschaft bzw. im globalen Kontext.

Insbesondere Reizworte wie Dioxinfunde, Massentierhaltung, Agrarfabriken, Nitrat- und Grundwasserbelastung, Pestizidrückstände, Kälberhormone, grüne Gentechnik, das Verheizen von Weizen oder die Diskussion um »volle Teller – volle Tanks« infolge der Biospritdebatten zeigt, wie sehr die kleine Gruppe aus der Landwirtschaft in hohem Maße Themen in der öffentlichen Wahrnehmung bestimmt, die dann zu einem oftmals auch unverantwortlichen Emotionalisierungsschub in der öffentlichen Meinung beitragen. Viel zu wenig wird dabei in den Blick genommen, dass die Stellung der Landwirtschaft und ihre Probleme Ausdruck gesamtgesellschaftlicher Entwicklungstendenzen sind. Über die Problematisierung des Wertes unseres täglich Brot und unseres Schöpfungsverständnisses ist daher auch von kirchlicher Seite das besondere Verhältnis zur Landwirtschaft immer wieder neu zu überdenken und in tragfähige Beziehungen zu den betroffenen Menschen umzusetzen.

Wie steht Kirche zur Landwirtschaft, wie nimmt sie deren Situation und Probleme wahr und begründet ihr Verhältnis aus christlich-ethischer Perspektive? Dies ist Anliegen der vorliegenden Schrift. Es freut mich, dass innerhalb der evangelischen Kirche dieses Thema als aktuell und relevant erachtet wurde, noch mehr, dass mir als EKD-Ratsbeauftragten für agrarsoziale Fragen diese verantwortungsvolle Aufgabe anvertraut wurde. Durch meine Tätigkeit als Geschäftsführer des Evangelischen Bauernwerks in Württemberg und durch die rasante landwirtschaftliche und agrarpolitische Themenentwicklung in letzter Zeit hat sich die Erarbeitung über gut drei Jahre erstreckt.

Ich danke der Evangelischen Landjugendakademie Altenkirchen für die Unterstützung bei den Archivrecherchen. Diese Schrift wäre ohne tatkräftige Unterstützung von Regina Grigo nicht zustande gekommen. Mit Weitsicht, Geduld und unermüdlicher Energie hat sie das Manuskript in die entsprechende Form gebracht. Ihr sei dafür von ganzem Herzen gedankt.

Aufgrund der Verzögerung der Drucklegung reicht der Berichtszeitraum über das Jahr 2006 hinaus.

Hohebuch, 21. April 2011 Clemens Dirscherl

1. Einführung: Landwirtschaft – ein Thema der Kirche

Bis weit in das 19. Jahrhundert hinein lebte der größte Teil der europäischen Bevölkerung auf dem Lande und die Landwirtschaft war allgemeine Lebensgrundlage. Auch heute nimmt der Agrarsektor global einen dominanten Anteil ein: über 50 % der Weltbevölkerung finden ihren Lebensunterhalt in und aus der Landwirtschaft. Von daher ist die Kirche rein historisch in ihrem europäischen Wirkungszusammenhang unmittelbar in den Agrarsektor und die dort lebenden Menschen eingebunden gewesen und bleibt es im Blick auf die weltweite Ökumene bis heute. Die agrarkulturellen Wurzeln der Kirchen reichen inhaltlich zudem in ihrer theologischen Grundlegung zurück auf die Bibel. Ihre Entstehung und ihre Aussagen spiegeln die Lebenswirklichkeit bäuerlicher Arbeits-und Wirtschaftsformen wider. Alleine die Fülle der Gleichnisse Jesu im Neuen Testament bezeugen die agrarische Gesellschaftsordnung damaliger Zeit.

Trotz dieser tiefen Verwurzelung ist das kirchliche Verständnis für Landwirtschaft und die bäuerliche Menschheit in der Geschichte hindurch von einer Kette von Vorurteilen und Missverständnissen sowie oftmaligen Wechseln von Herabsetzungen und Romantisierungen geprägt worden.[1] Die reformatorische Freiheitsbotschaft von Martin Luther (1483–1546) – als Sohn eines zum Bergwerksbesitzer aufgestiegenen Bauern aus Möhra bei Eisenach eng mit der Landwirtschaft verbunden, hatte er doch zeitlebens das »Ackerwerk« als eines der besten Ämter bezeichnet – war innerhalb des Bauernkrieges gänzlich anders aufgenommen und politisch umgesetzt worden. Im Gegensatz zu Thomas Müntzer (1468–1525) konnte Luther bei allem Verständnis für den durch den Adel unterdrückten Bauernstand die reformatorische Lehre von der Freiheit eines Christenmenschen nicht als sozial-revolutionäre Botschaft verstehen. Die Folgen dieser kriegerischen Auseinandersetzungen von 1525 waren verheerend: die folgenden Jahrhunderte ließen die Bauern wieder zum »dummen Bauern« degradieren und verhinderten ihre gesellschaftliche Emanzipation. Das Verhältnis zwischen Landwirtschaft und evangelischer Kirche war gestört, wie die zahlreich entstehenden Kirchenordnungen belegen. Der reformatorische Aufbruch wurde in geordnete Bahnen gelenkt, der Dorfpfarrer auch Vertreter der herrschaftlichen Gewalt. Gleichwohl blieb auch weiterhin die evangelische Kirche eng mit der Landwirtschaft verbunden, musste der Landpfarrer sich durch einen kleinen Nebenerwerbsbetrieb noch einen zusätzlichen Verdienst verschaffen, da die Entlohnung durch die Kirche knapp bemessen war.

So mancher Pfarrer wurde durch seinen Acker und seine Viehzucht, den damit verbundenen Beobachtungen und Experimenten zum Agrarexperten und Motor landwirtschaftlicher Innovationen. Die intensive Befassung mit landwirtschaftlichen Fragen führte dann auch zu einem reichen landwirtschaftlichen Schrifttum aus der Feder evangelischer Pfarrer, in der Literaturgattung als so genannte »Hausväterliteratur« bezeichnet. Es handelt sich um frühe Ratgeberliteratur, die nicht nur

1. Michael Klein: Zwischen Herabsetzung und Romantisierung. Das Verhältnis von Kirche und Land, in: Praktische Theologie 36 (2001), 85–90.

die Haushaltsführung und Fragen rund um die Landwirtschaft einschließlich Viehzucht, Forstwirtschaft, Jagd und Imkerei behandelte, sondern auch Regeln für Familie, Ehe und Kindererziehung sowie den Umgang mit dem Personal aufstellte. Im Hinblick auf das moralische Regelwerk für Ehe und Familie folgte man den Ansichten von Martin Luther, die er in seinen verschiedenen Schriften über Ehe und Hausstand dargelegt hatte. Zum Zeitpunkt ihres Erscheinens hießen diese Werke »Oekonomiken« oder »Hausbücher« und gelten als frühe »Landwirthschaftskunst«.[2] Den Anfang machte der schlesische Pfarrer Martin Grosser mit seiner 1590 in Görlitz erschienenen »Kurze(n) und gar einfeltige(n) Anleitung zu der Landwirtschaft, beides im Ackerbau und in der Viehezucht nach Art und Gelegenheit dieser Land und Ort Schlesien«. Er wies darauf hin, dass er durch seinen Dienst unter den »armen und Einfelthigen Pauersleuten« vielerlei praktische Hinweise »durch Erfahrung observieret und aufgemerket« habe, welche dann im Buch aufgezählt werden.

Der wichtigste Vertreter dieser Hausväterliteratur war der protestantische Pfarrer Johannes Cohler (1566–1639), dessen sechsbändiges Werk »Oeconomia Ruralis et Domestica darin das gantz Ampt aller trewer Hauss-Vätter und Hauss-Mütter beständiges und allgemeines Hauss-Buch vom Hausshalten, Wein- Acker- Gärten- Blumen und Feld-Bau begriffen« insgesamt 14 Auflagen erlebte.[3] Tatsächlich gehen produktionstechnische Entwicklungen im Landbau gerade in jener Zeit gerade auf evangelische Landdorfpfarrer zurück. So erprobte der Glücksburger Propst Philipp Ernst Lüders (1702–1786) systematisch landwirtschaftliche Arbeitsmethoden und verschiedene Samensorten. Er setzte sich insbesondere für die Verbreitung des Kartoffelanbaus ein. Ähnlich wirksam war der württembergische Pfarrer Johann Friedrich Mayer (1717–1798) im hohenlohischen Kupferzell. Neben 1800 Obstbäumen, die er in seinem Pfarrgarten zu bearbeiten hatte, engagierte er sich für den Kartoffelanbau und die Gipsdüngung, für die er bis heute als »Gips-Mayer« in der badenwürttembergischen Landwirtschaft bekannt ist.

Nach den Stein-Hardenbergschen Reformen und der damit verbundenen rechtlichen und politischen Unabhängigkeit der Bauern kam es erneut zu einem starken kirchlichen Engagement im Interesse der wirtschaftlichen Besserstellung der Landwirtschaft. Insbesondere auf die Not der kleinbäuerlichen Bevölkerung im Zuge der internationalen Agrarkrise Ende des 19. Jahrhunderts folgte auf Anregung des christlich motivierten Friedrich Wilhelm Raiffeisen (1818–1888) die Gründung verschiedener Hilfsvereine. Diese hatten zunächst ganz elementar die Brotbeschaffung während der Hungersnot 1846/1847, dann die Kreditvermittlung für die verarmten Bauern zum Ziel. Dies war der Anstoß für die breite Begründung des landwirtschaftlichen Genossenschaftswesens. Wesentlichen Anteil daran hatten die Dorfpfarrer, welche oftmals an der organisatorischen Abwicklung bzw. Aufsicht in den so genannten »Raiffeisenvereinen« beteiligt waren.

Mit der zunehmenden Industrialisierung und dem Ausbau der weltweiten Wirtschaftsbeziehungen verschlechterte sich ab Mitte des 19. Jahrhunderts die Situation der Landwirtschaft. Immer mehr verbreitete sich auf dem Lande die Überzeugung, dass die aufkommende Industrie und eine liberale Wirtschaftspolitik für den Agrar-

---

2. Renate Klevemann: Landwirthschaftskunst vor 200 Jahren, in: Kirche im Dorf 27 (1976), 12–22.

3. Das Buch erschien erstmals zwischen 1593 und 1601.

sektor eine Gefahr bedeute. Damit war den genannten »Bauerntumsideologien« der Weg geebnet. Je mehr die landwirtschaftliche Bevölkerung im Zuge der Industrialisierung in eine gesellschaftliche Randsituation geriet, desto nachdrücklicher konnten völkische Ideologen ihre grundlegende wirtschaftliche, politische und soziale Bedeutung für die gesamte Gesellschaft behauptet und besondere »bäuerliche Werte« aufzeigen:

Fleiß, Vordenklichkeit, Ordentlichkeit, Besonnenheit und Gelassenheit, Selbstbeherrschung und Maß halten, Wortkargheit, Zurückhaltung und seelische Schamhaftigkeit, ein Sinn für Wirklichkeit und Augenmaß für das Gedeihen aller Dinge der Umwelt, ein Sinn für Gemeinschaft, Ordnung, Recht und Gesetz und für menschliche Rangordnung, das Gefühl eines Abstandes zwischen den Menschen, die gegenseitige Verbundenheit von Verstand und Gefühl, das Bedürfnis nach Selbstständigkeit des Wirkens und die Verbundenheit mit einem Gott der Welt- und Lebensordnung.[4]

Damit wurde auch mit der Grund für eine agrarfundamentalistische Blut- und Bodenideologie des Reichsnährstandes im Dritten Reich gelegt. Auch nach dem Zweiten Weltkrieg kam es innerhalb der gesellschaftlichen Entwicklung immer wieder zu Auseinandersetzungen zwischen Stadt und Land und damit verbunden auch mit der Frage nach der Besonderheit der bäuerlichen Arbeits-, Wirtschafts- und Sozialform für das Gemeinwesen. Je stärker sich seit dem 20. Jahrhundert das Industriesystem als kennzeichnend für die Produktions-, Wirtschafts- und Arbeitsprinzipien der gesamten Gesellschaft zeigte, um so mehr gab und gibt es Bemühungen, dauerhafte Kerne bäuerlicher Kultur auch im Industriesystem zu bewahren bzw. neu zu entdecken. Neben vielerlei Merkmalen wie den ökonomisch unterschiedlichen Grundlagen landwirtschaftlicher versus kommerzieller/kultureller/administrativer Nutzung, der Natureinbindung (biologisch-organisches versus mechanistisch-technisches Weltbild) wurde auch der Glaube als besonderes Charakteristikum der Landwirtschaft im Vergleich zur übrigen Gesellschaft herausgearbeitet.

Tatsächlich gelten die Bauern einigen bis heute in der Kirche als besonders treue Christen und zuverlässige Stützen. In ihrer Naturnähe und Naturabhängigkeit stünden sie Gott näher als andere Menschen, woraus eine unmittelbare Verbindung zum deutschen Idealismus mit seinen Naturrechtslehren gezogen werden kann. Erstmals kritisierte aus evangelischer Sicht 1965 Johannes Hasselhorn, dass selbst führende Theologen den Bauern in Ausübung seines Berufes als einen Menschen sähen, der hineingebunden sei in eine magische Schranke von Religiosität. Diese Art von »Berufsreligion« habe mit dem reformatorischen Berufsverständnis nichts zu tun, nachdem jeder Beruf Ort der Bewährung sein könne und kein Berufsethos als solches vor Gott gerecht mache.[5]

Eine Neuauflage dieser Diskussion gibt es auch heute noch, wenn Bäuerlichkeit in unserer Gesellschaft unter dem Stichwort der »Agrarkultur« thematisiert wird.

---

4. Hans F. K. Günther: Das Bauerntum als Lebens- und Gemeinschaftsform, Berlin 1939, 643 f.

5. Johannes Hasselhorn: Arbeitshilfen für Landpfarrer. Geistliche Überlegungen zur Neuordnung der Landwirtschaft, Neuwied 1965; Anette Kick: Begründungslinien für eine evangelische Bauernarbeit, in: Praktische Theologie 36 (2001), 103–107.

Der Industriekultur mit all ihren tatsächlichen oder vermeintlichen Negativeffekten (wie z. B. Zivilisationskrankheiten, Umweltzerstörung, Süchten, esoterischen Weltanschauungen) wird die Agrarkultur gegenüber gestellt, aus der sich traditionelle bäuerliche Lebensformen rekonstruieren und revitalisieren ließen. Insbesondere kritische Anfragen an den Umgang mit der Schöpfung führen dazu, dass auch aus theologischer Sicht eine agrarkulturelle Renaissance gefordert wird.

(1) Theologie und christlicher Glaube fragen neu nach der Landwirtschaft und begreifen sie als ein Ausgestalten der Gaben des dritten Schöpfungstages, also des Lebensraums für Mensch und Tier. Landwirtschaft macht sich dabei die eigentliche Wertproduzentin, die Natur, dienstbar.
(2) Landwirtschaftliche Bevölkerung und Kirchenleute, theologische Profis und Laien spüren gemeinsam der Mission Gottes auch unter landwirtschaftlichen und ländlichen Verhältnissen nach.
(3) Kein Markt dieser Welt, und schon lange nicht der Götze eines »freien« Agrarmarktes mit dazugehörigem Kostensenkungswettlauf, wird der agrarkulturellen Anwaltschaft für die Grundlagen des Lebens angemessen gerecht. Unsere biblischen Zeugnisse weisen darauf hin: Leben in seiner Fülle ist Gabe und Mandat zugleich. Ökosysteme oder biologische Grenzen können nicht schadlos zu einem gigantischen Versuchsfeld degradiert werden.
(4) Weil ohne Agrarkultur auf Dauer keine Kultur und keine ländlichen Räume denkbar sind, werden wir uns intensiver um unsere Kulturlandschaften kümmern, und um die, die sie bewirtschaften. Diese Lebensräume spiegeln unsere Haltung zu den Schöpfungswerten Gottes wider – in Stadt und Land. Eine Aufteilung in Schutz- und Schmutzzonen ist weder schöpfungstheologisch noch im Sinne nachhaltigen Wirtschaftens zu vertreten.
(5) In gesellschaftsdiakonischer Verantwortung haben wir die vielfältigen Aufgaben der Landwirtschaft für die Gesamtgesellschaft deutlich und sichtbar zu machen. Denn sie versorgt uns nicht nur mit Nahrung und Rohstoffen. Die übrigen Leistungen sind unmittelbar gekoppelt mit der Landwirtschaft, haben aber bisher keinen Marktpreis: ein großes Maß an Ernährungssicherheit, die Pflege der Kulturlandschaft, den Erhalt der Lebensgrundlagen und Lebensräume für Mensch und Tier, die Funktionsfähigkeit ländlicher Räume. Um der Überlebensfähigkeit unserer Gesellschaft willen müssen sie zukunftsfähig möglichst über den Agrarpreis honoriert werden. Da diese Leistungen entweder nicht machbar, nicht brauchbar oder importierbar sind, müssen sie auf den politischen Marktplatz – auch unter Beteiligung der Kirche – ausgehandelt werden.
(6) Wir müssen eine ausreichend große Zahl von Landwirten zum Bleiben bewegen, es gibt keinen anderen Weg, um die Umwelt, eine in Jahrtausenden geschaffene Landschaft und das Modell einer durch den bäuerlichen Familienbetrieb geprägten Landwirtschaft zu erhalten [...] Umso bedeutsamer ist es, dass wir über die ökologischen, infrastrukturellen und kulturellen Leistungen der Landwirtschaft informieren, um so ein Einverständnis für die finanzielle Abgeltung dieser gesellschaftlichen Leistungen herzustellen [...]
(7) Der Reichtum der Landgemeinden ist, auch in der praktischen Theologie, neu zu gewichten. Landgemeinden verfügen über vergleichsweise doppelt so große Kirchenbindungen und kirchliche Teilnahmebereitschaft [...]
(8) Angesichts der Schöpfungsvergessenheit können verschüttete Formen eines schöpfungsgemäßen Umgangs mit Lebensmitteln und Natur aufgespürt, gefeiert, erinnert und im Beispiel neu eingeübt werden [...]
(9) Gemeinde kann kommunikative Anlässe dafür schaffen, dass Stadt und Land gemeinsam für die landwirtschaftliche Zukunft von Dörfern und Regionen Sorge tragen [...] Die Konferenz europäischer Kirchen und ihr Programm einer »Theologie des Lebens« könnte sich mit konkretem Leben füllen, u. a. in einer speziellen Arbeitsgruppe »Agrarkultur und Zukunft ländlicher Räume«.

(10) Wir werden uns den gegenwärtigen und zukünftigen Opfern des Agrarstrukturwandels in gottgesegneter Sisyphusarbeit zuwenden. Zugleich können wir mit unserem eigenen Wirtschaften, unserer Verkündigung und Bildungsarbeit aber auch Zeichen für eine Agrarkultur im Einverständnis mit der Schöpfung setzen: denn Landwirtschaft lässt uns und unsere bäuerlichen Nächsten mit aller Kreatur bis heute schmecken und sehen »wie freundlich der Herr ist«.[6]

Eine agrarkulturelle Erneuerung der Landwirtschaft wird also unter Verweis auf den besonderen Schöpfungsauftrag als dringend geboten gesehen. In der Schöpfungsgeschichte wird dem Menschen aufgetragen, die Schöpfung zu bebauen und zu bewahren: bewahrt werden muss immer das, was bedroht ist. Bebauen und Bewahren ist also aktives Handeln, das zu jeder Zeit notwendig ist. Richtig verstanden hat Landwirtschaft also mit Lebensgestaltung zu tun, um mit der Weisheit, die Gott gibt, dieses Leben und seine Grundlagen allumfassend zu erhalten.

Bis heute gilt in der evangelischen Kirche dieses Verständnis, dass die Besonderheiten des ländlichen Raumes gerade auch mit Vorstellungen von Landwirtschaft, Natur und heimatlicher Verbundenheit begründet sind.[7] Daraus ergibt sich das wechselhafte Beziehungsgeflecht zwischen Landwirtschaft und Kirche, das unter dem Einfluss gesellschaftlicher Meinungsströme immer wieder geprägt wurde. Daraus ergibt sich ebenfalls, dass die Kirche zwischen ihrem Verhältnis zu den Menschen in der Landwirtschaft – seien es Bäuerinnen und Bauern oder sich als landwirtschaftliche Unternehmer/innen Verstehende – in ihrer sozialen und kulturellen Arbeit und Lebenswirklichkeit sowie dem Agrarsektor mit seinen vielfältigen ökonomischen, technischen und ökologischen Bezügen zu unterscheiden weiß. Denn erst in dieser Unterscheidung kann die Kirche sich sensibel in einem weisen Umgang mit dem komplexen Themenfeld Landwirtschaft behaupten.

6. Werner-Christian Jung: Kirche und Agrarkultur, in: Praktische Theologie 36 (2001), 114–120, 118–120.

7. Wandeln und Gestalten. Missionarische Chancen und Aufgaben der evangelischen Kirche in ländlichen Räumen Hannover 2007 (EKD-Texte 87), 7.

2. Kirchliche Stellungnahmen zur Landwirtschaft im Spiegel agrar- und gesellschaftspolitischer Veränderungen

2.1 Die Agrar-Denkschrift von 1965: »Die Neuordnung der Landwirtschaft in der Bundesrepublik Deutschland als gesellschaftliche Aufgabe«

2.1.1 Politischer Kontext

Am Ende blieb nur noch ein Volk übrig, um gequält, geknechtet und geschändet zu werden; das eigene, das deutsche Volk.

Mit diesen Worten kennzeichnete Richard von Weizsäcker als Bundespräsident in seiner denkwürdigen Rede zum 8. Mai 1945 das Ende des Zweiten Weltkrieges. Der totale Krieg in Deutschland hinterließ eine schwere Bürde, denn seit dem 30-jährigen Krieg hatte das Land Zerstörung dieses Ausmaßes nicht mehr erlebt. Die Notlage 1945 entsprach durchaus der von 1648.[8] Zerstörung, physische Aufzehrung, Hungersnöte und Schleichhandel kennzeichneten die frühen Nachkriegstage. Noch gab es in den ersten Monaten nach dem Zusammenbruch private Vorräte an Nahrungsmitteln, doch später verstärkte sich die Mangelsituation bis hin zur Hungersnot. Nur mit Hilfslieferungen aus den USA und Großbritannien konnte der größte Teil der Deutschen notdürftig vor den ärgsten Folgen des Hungers bewahrt werden.

Der totale Krieg, wie ihn die Nationalsozialisten entfesselt hatten, war auch an der Landwirtschaft nicht spurlos vorüber gegangen. Mangel an Produktionsmitteln und der Schwarze Markt behinderten den Warennachschub aus der eigenen Landwirtschaft. Die Vertreibung der Menschen aus den Ostgebieten erhöhte die Bevölkerungszahl, so dass Evakuierte und Flüchtlinge in den Dörfern eine Existenzgrundlage suchten. An eine Verbesserung der Ernährungslage aus eigener Kraft war nicht zu denken, hierzu fehlten der Landwirtschaft produktionstechnische Grundvoraussetzungen: Düngemittel, einsatzfähige Maschinen, Saatgut, Treibstoff, Schädlingsbekämpfungsmittel, Vieh und Viehfutter. Die Ernteerträge blieben 1946 deutlich unter den Normalwerten; das Dürrejahr 1947 spitzte die Krisensituation erneut zu. Der Bedarf an Grundnahrungsmitteln konnte nur etwa zur Hälfte aus eigener Erzeugung gedeckt werden.

Der wirtschaftliche Aufschwung im Nachkriegsdeutschland vollzog sich dann ab 1948 in einem solchen Ausmaß und einer solchen Geschwindigkeit, dass zu Recht von einem »Wirtschaftswunder« gesprochen wird. Auch die Landwirtschaft war darin einbezogen. Erhöhte Düngergaben (Stickstoff und Phosphorsäure) und

8. Ulrich Kluge: Vierzig Jahre Agrarpolitik in der Bundesrepublik Deutschland, Bd. 1: Vorgeschichte (1918–1948). Die Ära Niklas (1949–1953). Die Ära Lübke (1953–1959). Die Ära Schwarz (1959–1965) (Berichte über Landwirtschaft. Sonderheft 202), Hamburg/Berlin 1989, 38ff.

der Ersatz der Zugtiere durch Schlepper führten zu einem starken Anstieg der Flächenproduktivität. Der mechanisch-technische Fortschritt (Maschinisierung), der biologisch-technische Fortschritt (Pflanzenschutzmittel, Tierernährung und Tiergesundheit, Stallhygiene, Züchtung, etc.) sowie der organisatorisch-technische Fortschritt (neue Formen der Kooperationen mit dem vor- und nachgelagerten Bereich) ließen in kürzester Zeit die Agrarerträge anwachsen. Dies entsprach durchaus der agrarpolitischen Zielsetzung. So wurde in der Bundesrepublik am 5. September 1955 die Grundlage der staatlichen Einflussnahme auf die Landwirtschaft mit dem so genannten »Landwirtschaftsgesetz« gelegt. Fast zur gleichen Zeit begannen die Vorbereitungen für einen europäischen Einigungsprozess, der mit der Unterzeichnung des EWG-Vertrages am 25. März 1957 den Beginn der gemeinsamen europäischen Agrarpolitik einleitete. Folgende Vertragsziele waren darin enthalten:

- Verbesserung der landwirtschaftlichen Produktivität durch Förderung des technischen Fortschritts, Rationalisierung der landwirtschaftlichen Erzeugung und den bestmöglichen Einsatz der Produktionsfaktoren, insbesondere der Arbeitskräfte;
- Verbesserung der Wirtschafts- und Lebenssituation der landwirtschaftlichen Bevölkerung, insbesondere durch Erhöhung des Pro-Kopf-Einkommens der in der Landwirtschaft Tätigen;
- Stabilisierung der Agrarmärkte;
- Sicherstellung der Versorgung mit Lebensmitteln;
- Angemessene Nahrungsmittelpreise für die Ernährung.

Auf der Konferenz von Stresa 1958 wurden dann die Grundlinien für die gemeinsame europäische Agrarpolitik gelegt. Neben zahlreichen Anregungen für die Gestaltung der Agrarmärkte und ihrer Organisation wurde auch ein Leitbild für die Agrarpolitik beschlossen:

> Angesichts der Bedeutung der durch den Familienbetrieb gekennzeichneten Struktur der europäischen Landwirtschaft und angesichts des eindeutigen Willens, diese spezifischen Merkmale zu erhalten, sollten alle Mittel eingesetzt werden, um die Leistungskraft und die Wettbewerbsfähigkeit der Familienbetriebe zu heben. Eine berufliche Umorientierung der frei werdenden landwirtschaftlichen Arbeitskräfte und eine stärkere Industrialisierung der ländlichen Gebiete, werden eine schrittweise Regelung der Probleme jener Betriebe ermöglichen, die unter wirtschaftlichen Bedingungen nicht rentabel gestaltet werden können.[9]

Damit wurde der bäuerliche Familienbetrieb offiziell als agrarpolitisches Leitbild der europäischen Agrarpolitik formuliert. Bereits 1955 hatte der vom Bundeslandwirtschaftsministerium eingesetzte Ausschuss zur Verbesserung der Agrarstruktur als das Leitbild bäuerlicher Familienbetriebe solche Höfe erklärt, die

> eine Familie voll beschäftigen und ein angemessenes Einkommen allein aus der Landwirtschaft zu bieten

vermögen. Die Eigenständigkeit und Selbstständigkeit einer Vielzahl von klein- und mittelbäuerlichen Betrieben sollte die Gewähr für eine neu aufstrebende Wirtschaft, auch im Agrarsektor, bieten. Solche politisch geschätzte gesellschaftsstabilisierende Wirkung eines freien Bauernstandes wurde auch als politische Abgrenzung zur Kollektivierung der Landwirtschaft im anderen Teil Deutschlands verstanden.

9. Ebda., 244.

Vor diesem politischen Hintergrund ergab sich in Deutschland ab Ende der 1950er Jahre und die ganzen 1960er Jahre hindurch die Diskussion um die Zukunft der Landwirtschaft: sollte von Seiten des Staates eine starke preispolitische Unterstützung der Bauern erfolgen, um sie als wichtigen Pfeiler zwar kleiner aber selbstständiger Unternehmer zu sichern – oder sollte die Landwirtschaft im Zuge der allgemeinen industriellen Entwicklung am technischen Fortschritt partizipieren und somit verstärkt unternehmerisch ausgerichtet werden. Konkret ging es um die Veränderung sowohl des landwirtschaftlichen Berufsbildes als auch der landwirtschaftlichen Betriebsführung – kurzum: den Übergang vom Bauern zum Landwirt.

Für die deutsche Landwirtschaft begann eine neue Epoche ihrer Entwicklung mit erheblichen Herausforderungen, bei denen auch der Kirche eine wichtige Rolle zukam. Das wirtschaftliche Wachstum der gesamten Gesellschaft machte auch vor der Landwirtschaft nicht Halt. Der Zwang zu größeren Produktionseinheiten ließ auch auf den Höfen die Wachstumsspirale anlaufen. Der Anfang des Strukturwandels aus »Wachsen oder Weichen« war eingeleitet. Zahlreiche Höfe waren aufgrund ihrer beengten Dorflage nur begrenzt entwicklungsfähig, so dass sich die Frage der Betriebsaussiedlungen stellte. Die staatlichen Dorfsanierungsprogramme taten ein Übriges, um immer mehr bäuerlichen Familien die Chance einer Hofverlegung in eine Aussiedlerlage nahe zu bringen. Damit verbunden war für die Betroffenen die Frage nach ihrer künftigen Einbindung in die Dorfgemeinschaft, ihrer sozialen und familiären Isolierung, aufkommenden Neides, Zerfall von bäuerlichen Freundschaften und die künftige soziale Zugehörigkeit zu Kirche und dörflichem Vereinsleben.

Für die Zukunftsperspektiven der Landwirtschaft stand insbesondere die Anpassung an die industriegesellschaftlichen Entwicklungstendenzen in wirtschaftlicher, technischer, sozialer und kultureller Hinsicht im Vordergrund. Landwirtschaft und Industrie wurden im Hinblick auf ihre Produktionsweise und Arbeitsorganisation miteinander verglichen. Man übernahm die wissenschaftlichen Erkenntnisse des industriellen Taylorismus auf die landwirtschaftliche Produktion: wie könnte man die Produktivität erhöhen bei gleichzeitig weniger Arbeitszeit? Die Antwort wurde im industriellen Vorbild der stetigen Mechanisierung, der Spezialisierung und der Arbeitsteilung bei gleichzeitiger Kooperation von Produktionseinheiten gesehen. Das hatte erhebliche Auswirkungen auf das bäuerliche Berufsbild, das sich zum landwirtschaftlichen Unternehmer wandelte. Folgende Merkmale können hierzu aufgeführt werden: Statt Landwirtschaft als eine besondere ideelle Lebensform (»Lebensinhalt«) zu sehen, durchdringt zunehmend ökonomische Rationalität alle Entscheidungs- und Handlungsabläufe. Damit erhält bäuerliche Arbeit eine neue Dimension als kalkulierende, rechnerische und planende Tätigkeit, die sich an den Bedingungen des Marktes ausrichtet. Der landwirtschaftliche Unternehmer entscheidet nicht gefühlsmäßig oder nach Tradition, sondern auf rechnerischer Kalkulation. Davon bleibt auch die Beziehung zu seinem Arbeitsfeld nicht unverändert: der Boden wird zum Produktionsfaktor, der Hof zum Betrieb und Tiere wie Pflanzen zu wirtschaftlichen Mitteln der Einkommensgewinnung.[10]

---

10. Clemens Dirscherl: Bäuerliche Freiheit und genossenschaftliche Koordination. Eine explorative Studie über den landwirtschaftlichen Produktionsbereich in der vertikalen Integration, Wiesbaden 1989, 49–55.

Die Naturanbindung und Natureinbindung der Landwirtschaft wird durch den technischen Fortschritt zunehmend reduziert. Erzeugungs-, Anbau-, Wachstums-, Ernte-, Veredelungs- und Lagerrisiko können aufgrund neuer Technologien ausgeglichen werden. Zugleich vergrößert sich aber das Markt- und Anlagerisiko. Mit mehr Marktorientierung und dem allmählichen Rückzug staatlicher Interventionen im Hinblick auf Preis- und Marktgestaltung wird das unternehmerische Risiko zum integralen Bestandteil landwirtschaftlichen Entscheidungsrichtlinien, da zwischen den Zielen Sicherheit (Existenzsicherung von Familie und Betrieb) und Leistung (Erwerbsstreben) eine Balance gefunden werden muss.

Indem sich die landwirtschaftliche Arbeit zunehmend von der praktischen Tätigkeit im Stall bzw. auf dem Feld auf dispositive Tätigkeiten verlagert, ist immer stärker auch die unternehmerische Kompetenz des Landwirts gefordert, das richtige Betriebsziel zur richtigen Zeit mit den richtigen Mitteln zu erreichen. Dazu gehört die Suche nach neuen Absatzpotentialen (z.B. Marktnischen), Umgang mit technischen Innovationen, aber auch Bilanzierung der Kostenertragssituation.

Mit diesen Merkmalen ist die Rolle des landwirtschaftlichen Unternehmers, im Gegensatz zum Bild des traditionellen Bauern, der sein Leben und Arbeiten als freier Mann nach freier Bestimmung in Gottes freier Natur auf freier Scholle auslegte, deutlich umschrieben. Dazu gehört auch, dass unternehmerische Eigeninitiative, Selbstständigkeit und Freiheit nicht mit einer individualistisch ausgerichteten bäuerlichen Freiheitsattitüde (»Selbst ist der Mann«) als individualistisches Autonomiestreben gleichzusetzen ist.[11] Im Gegenteil: innerhalb einer arbeitsteiligen Gesellschaft soll auch die Landwirtschaft immer stärker die Notwendigkeit der Kooperation als moderne Organisationsform landwirtschaftlicher Arbeit erkennen und vielfältige Zusammenschlüsse in Arbeits- und Wirtschaftsbeziehungen pflegen.

Vor diesem Hintergrund war die Auseinandersetzung über die Rolle der Landwirtschaft in der Industriegesellschaft, die staatlichen Rahmenbedingungen für die Landwirtschaft und die Zukunft der Agrarpolitik in Deutschland entbrannt, das sich infolge des 1962 erschienenen so genannten »Professorengutachtens« des wissenschaftlichen Beirats des damaligen Bundeslandwirtschaftsministeriums entzündete: den Strukturwandel der Landwirtschaft im Interesse wachstumsfähiger größerer Betriebe sozial begleitend zu fördern.

2.1.2 Inhalte und Rezeption

Auch die evangelische Kirche meldete sich in dieser Situation zum Erntedankfest 1965 mit der Denkschrift »Neuordnung der Landwirtschaft in der Bundesrepublik Deutschland als gesellschaftliche Aufgabe« (Bonn 1965) zu Wort. Die im Vergleich zu heutigen Denkschriften knappe Erklärung, in 50 Ziffern auf 24 Seiten zusammengefasst, formulierte ausdrücklich als Ziel, »unpopuläre Wahrheiten« auszusprechen, welche von Berufsstand und Politik, weil »auf die Zustimmung breiter Kreise angewiesen« kaum ausgesprochen würden (Ziffer 24).

11. Ebda.

Tatsächlich damals unpopulär und aus heutiger Sicht gänzlich überraschend war das eindeutige Plädoyer für den Strukturwandel in der Landwirtschaft und die Forderung, einen Mentalitätswandel in der bäuerlichen Bevölkerung anzustoßen. Ausdrücklich wurde die positive Bedeutung der Industriegesellschaft betont, welche eine »ständige Verbesserung der Lebensbedingungen« ermögliche, womit aber auch ein »Umbau von Wirtschaft und Gesellschaft« verbunden sei (1). Damit verbunden wurden die Zukunftsaussichten für die Landwirtschaft als düster beurteilt, weil deren traditionelles Arbeitsethos unter den neuen wirtschaftlichen und technischen Bedingungen ihre Existenz sichernde Bedeutung verloren hätten:

[...] Fleiß und Sparsamkeit nach Art früherer Generationen genügen nicht mehr zur Sicherung einer angemessenen Lebenshaltung. Die Bindung an den von den Vätern ererbten Besitz und die mit ihm verbundenen sittlichen Verpflichtungen sind nicht mehr selbstverständlich [...] (2).

Daraus wurde der theologische Auftrag abgeleitet, in Mitverantwortung der gesamten Gesellschaft »alte Vorstellungen abzubauen und bessere Einsichten vorzubereiten. Zu diesem Mut ruft uns das Evangelium« (3). Ein aus heutiger Sicht ungewohnt einseitig technikorientiertes Schöpfungsverständnis fand dabei seinen Niederschlag:

Durch die Mittel der modernen Technik wird der Mensch in wachsendem Maße Herr über die Mächte der Natur [...] (4).

Das bäuerliche Leben war von jeher stark geprägt durch seine Einordnung in den Rhythmus der Natur. Die Arbeitstreue, die der Bauer auf die Pflege seines Hofes verwandte, wirkte sich in einer langen Kette von Geschlechtern aus. Respekt vor dem Gewachsenen, Bodenständigkeit, Treue in der Pflege des Ererbten gehören daher nicht ohne Grund zu den Wesensmerkmalen guter bäuerlicher Familien. Aber die Technisierung der Arbeitsvorgänge in der Landwirtschaft und die Notwendigkeit, sich wirtschaftlichen Entwicklungen immer wieder rasch anzupassen, zwingen heute den Landwirt nicht nur zu einer äußeren, sondern vor allem zu einer inneren Umstellung (5).

[...] Es ist aber wichtig, dass die Landwirte den unausweichlichen Erfordernissen der wirtschaftlichen und technischen Entwicklung nicht nur mit innerem Widerstreben nachgehen. Das Evangelium schenkt die Freiheit, jenen Widerstand zu überwinden, der aus dem Verharren im Gewohnten, aus der Blindheit für das Notwendige, aus der Angst vor der Zukunft, aus dem Unglauben kommt [...]. Vor Gott sind die gewaltigen Kräfte der Technik und die gesellschaftlichen Umwälzungen der Gegenwart Mittel, die rasch wachsende Menschheit zu erhalten (6).

[...] Sodann gilt es zu bedenken, welche Aufgaben die Landwirte in einer so gewandelten Welt wirtschaftlich, technisch und geistig zu bewältigen haben [...] (7).

Nach solch Ermunterung für »Gottes Auftrag im Wandel der Gesellschaft«, wie der erste Abschnitt überschrieben ist, wurden im folgenden Abschnitt die Entwicklungsprobleme der Landwirtschaft umrissen (8–24), die auch heute, 45 Jahre später, durchaus noch Aktualität besitzen:

- die Forderung der Landwirtschaft nach einem paritätischen, d.h. gleichwertigen Einkommen im Vergleich zur außerlandwirtschaftlichen Entlohnung;
- die begrenzten Möglichkeiten der Absatzsteigerung landwirtschaftlicher Produkte angesichts übersättigter Binnenmärkte;
- die Problematik der Produktionssteigerung aufgrund staatlicher Preisstützung und technischer Innovationen;

- die konkurrenzwirtschaftliche Situation zu anderen EU-Ländern;
- die begrenzten Möglichkeiten von Nahrungsmittellieferungen als Entwicklungshilfe in Hungergebiete;
- die hohen Produktivitätsunterschiede innerhalb der Landwirtschaft zwischen den Betrieben;
- die erforderliche Nutzung von Rationalisierungsmaßnahmen mittels technischer Möglichkeiten, um landwirtschaftliche Arbeit zu vereinfachen und zu erleichtern;
- die fachlichen wie auch persönlichen Anpassungsschwierigkeiten in der Landwirtschaft gegenüber Modernisierungen;
- die Frage der Lebensqualität (Urlaubs- und Erholungszeiten) in der Landwirtschaft;
- die Problematik älterer Menschen in auslaufenden Betrieben;
- die Erfordernis zunehmender Integration des Agrarsektors in die industriegesellschaftlichen Wirtschaftsabläufe.

Nach solchen Sachstandsbeschreibungen wurden im folgenden Abschnitt die »Herausforderungen, welche mit einer Neuordnung der Landwirtschaft verbunden sind«, ausgeführt. Im Kapitel »Agrarpolitische Maßnahmen« positionierte sich die Denkschrift dabei unmissverständlich und eindeutig gegen staatliche Ausgleichszahlungen für die Landwirte:

> […] Heute ist es eine vordringliche Aufgabe, die Landwirtschaft selbst zu verbessern. Die dafür notwendigen agrarpolitischen Maßnahmen müssen das Ziel verfolgen, unsere Landwirtschaft an den veränderten Bedingungen der Technik und an die neuen Verhältnisse des europäischen Marktes sowie der Weltwirtschaft anzupassen […]. Darum sollte Selbsthilfe […] vor Staatshilfe wie überhaupt vor Fremdhilfe gehen […] (25).
>
> […] Sie muss aber alle Hilfen ablehnen, durch die unbequeme Tatbestände verschleiert werden. Es gilt, auch solche wirtschaftliche Tatbestände ins Auge zu fassen, die man lieber nicht wahrhaben möchte […]. Allgemeine Subventionen, die lediglich über eine unbefriedigende wirtschaftliche Gegenwart hinwegtäuschen, können nicht verantwortet werden (31).

Damit stellte sich die Denkschrift ausdrücklich auf die Seite der Befürworter eines Strukturwandels aus Wachsen und Weichen. Nur die größeren, wachstumsfähigen Betriebe sollten staatliche Hilfen für Anpassung und Aufstockung erhalten:

> Landwirte […], die große Anstrengungen machen, sich auf den Wettbewerb mit den Agrarwirtschaften anderer Länder einzustellen, können vielfach Investitionen im erforderlichen Ausmaß nicht rasch genug vornehmen. Darum ist hier der Einsatz öffentlicher Zuschüsse, Kredite und Zinsverbilligungen erforderlich […]. Sofern sie ihre berufliche Tüchtigkeit erwiesen haben, sollte ihnen zusätzliche Hilfe zuteil werden. Alle Investitionshilfen müssen darauf abgestellt sein, die Entwicklung der landwirtschaftlichen Betriebs- und Marktstruktur zu fördern (30).

Der Nebenerwerb wurde als Chance gesehen, unrentablen, nicht zukunftsfähigen Betrieben das Ausscheiden langfristig zu ermöglichen sowie wachstumsfähigen Betrieben den Zugang zu frei werdenden Flächen und damit Größenwachstum zu ermöglichen.

> […] Die Verbindung von landwirtschaftlicher und gewerblicher Tätigkeit kann eine gesunde und sichere Existenzgrundlage bilden. Sie fordert allerdings die Fähigkeit zur Umstellung der Kleinbetriebe nach arbeitswirtschaftlichen Gesichtspunkten […]. Wo das gewerbliche

Einkommen von Familienmitgliedern zum Kauf von landwirtschaftlichen Maschinen herangezogen wird, wäre zu prüfen, ob dieser Aufwand wirtschaftlich und menschlich sinnvoll ist. In vielen Fällen würde die Schaffung von Eigenheimen mit Gartenland dem Leben und der Zukunft einer bisher kleinbäuerlichen Familie dienlicher sein. Dabei könnte das frei gewordene Land durch Verpachten und Verkauf zur Aufstockung eines rein landwirtschaftlichen Betriebes dienen. (29).

Die landwirtschaftliche Neuordnung wurde in der Denkschrift auch im Zusammenhang mit der Raumordnung und Landesplanung gesehen, was heute unter dem Stichwort der Agrarstrukturpolitik behandelt wird. Hier hatte man durchaus vor Augen, dass der Strukturwandel in der Landwirtschaft mit einer Entvölkerung des Landes und folglich zunehmenden Schwierigkeiten für die Lebensverhältnisse der verbleibenden Bevölkerung durch knapper werdende Infrastruktureinrichtungen verbunden sein würde. Eine Thematik, die bis heute in der Gegenwart eine Rolle spielt, wie das aktuelle EKD-Papier zur Zukunft der Kirche in ländlichen Räumen belegt.[12] Schon in der Agrar-Denkschrift von 1965 machte man sich Gedanken über eine künftige Ausgestaltung lebensfähiger ländlicher Räume über die Landwirtschaft hinaus:

[…] Rein landwirtschaftliche Gebiete geraten in die Gefahr, immer menschenleerer zu werden, da durch die fortschreitende Rationalisierung immer weniger Menschen in der Landwirtschaft benötigt werden. Je menschenleerer diese Gebiete werden, umso schwächer wird ihre Kraft zur eigenen Gestaltung ihres kulturellen Lebens, ihrer Verkehrsverhältnisse und ihrer sonstigen Versorgungseinrichtungen […]. Die Entwicklung und Verbesserung der Agrarstruktur in Verbindung mit der allgemeinen Entwicklung dieser Gebiete ist also dem ganzen Lande dienlich […] (27).

[…] Bisher in der Landwirtschaft Beschäftigte, die ein angemessenes Einkommen aus landwirtschaftlicher Erwerbstätigkeit nicht mehr erzielen, können auf diese Weise leichter in einem anderen Beruf ein befriedigendes Dasein finden […]. Je vielfältiger das Angebot nichtlandwirtschaftlicher Arbeitsplätze auf dem Lande ist, desto besser wird auch die Situation der Landwirtschaft, und umso weniger schmerzhaft für den Einzelnen wird es sein, den landwirtschaftlichen Beruf aufzugeben (28).

Zwei weitere Bereiche politischer Maßnahmen wurden dann angesprochen: einmal der Ausbau der agrarsozialpolitischen Sicherung wie Unfall-, Kranken- und Rentenversicherung (32) sowie der Landschaftspflege als umweltpolitische Maßnahme. Besonders interessant ist, dass die Denkschrift nicht einen Automatismus finanzieller Vergütung für Landschaftspflegemaßnahmen vorsah, sondern auf die besondere Eigentumsverpflichtung der Landwirtschaft verwies:

Seit jeher dient die Land- und Forstwirtschaft neben der landwirtschaftlichen Güterproduktion auch landeskulturellen Aufgaben mit der Erhaltung der Bodenfruchtbarkeit, der Erhaltung des Landschaftsbildes und des Wasserhaushaltes. Daraus kann zwar kein allgemeiner Anspruch der Landwirtschaft auf öffentliche Vergütung der Landschaftspflege abgeleitet werden. Es gibt nach christlicher Auffassung kein Eigentum, das nicht mit sozialer Verpflichtung verbunden wäre. Wer Grund und Boden sein Eigen nennt, darf diesen nicht zum Schaden seiner Nachbarn oder der Allgemeinheit verkommen lassen […] (33).

12. Wandeln und Gestalten (wie Anm. 7).

Gleichwohl wurde dann in einem weiteren Passus durchaus der Anspruch auf Entschädigung infolge »Nutzungsbeschränkungen oder Nutzungsverpflichtungen« für die Landwirtschaft eingeräumt (33).

Überraschenderweise finden sich nur wenige Ausführungen in der Denkschrift zum landwirtschaftlichen Ausbildungs- und Beratungswesen bzw. zu Umschulungs- oder außerlandwirtschaftlichen Qualifizierungsmaßnahmen – und das, wo man doch einen grundlegenden Mentalitätswandel für die Landwirtschaft einforderte. Allgemein wurde der Ausbau des ländlichen Schulwesens gefordert (34), die Möglichkeit zu einer umfassenden Berufsausbildung für die landwirtschaftlichen Nachwuchskräfte (35) sowie die Förderung des landwirtschaftlichen Beratungswesens (36). In mehreren Absätzen befasste sich die Denkschrift dann auch mit der Erfordernis, das landwirtschaftliche Berufsbild einer Neuordnung zu unterziehen:

Eine Anpassung der Landwirtschaft an die veränderten Verhältnisse erfordert eine neue Einstellung jedes Einzelnen zu seinem Beruf [...]. In der bäuerlichen Welt erschien das Erbrecht auf einem Hof zugleich als Berufung zur Weiterführung der väterlichen Wirtschaft. Heute wird der Beruf zu einer Funktion in dem komplizierten Gefüge der Gesellschaft. Das erfordert ein hohes Maß an menschlichen Fähigkeiten. Fleiß, Aufgeschlossenheit, Einsicht, Urteilsfähigkeit sowie die Bereitschaft zum wirtschaftlichen Wagnis und zur Kooperation sind unentbehrliche Qualitäten des modernen Landwirts. Jeder vorgesehene Betriebsnachfolger sollte sich prüfen, ob er diese Fähigkeiten entwickeln kann. Die Berufswahl der Bauernkinder kann nicht mehr wie in der Vergangenheit allein durch das väterliche Erbe vorbestimmt sein [...] (37).

Der Strukturwandel in der Landwirtschaft sollte demnach darauf ausgerichtet sein, nur noch die besten, fähigsten Landwirte für die Zukunft zu qualifizieren. Folglich war damit auch eine Veränderung des traditionellen hofzentrierten Denkens, das jedem existierenden Betrieb auch eine Hofnachfolge bescheren sollte, eingeleitet. Das Miteinander der Generationen auf den Höfen erfuhr gegenüber dem traditionellen Gebot, Vater und Mutter zu ehren, einen neuen Interpretationsrahmen:

Wirtschaftliche und berufliche Umstellungen bringen grundlegende Veränderungen im Familienleben mit sich. Die ältere Generation verfügt zwar über die größere menschliche Erfahrung, die jüngeren aber haben häufig eine bessere Ausbildung und die Fähigkeit, sich rascher dem technischen und wirtschaftlichen Fortschritt anzupassen [...] (39).

Daher sollten auch neue Rollenbilder innerhalb der bäuerlichen Familien »eine Bevormundung erwachsener Kinder in Fragen des Berufes« verhindern.

Mit dem Berufsbild der Landwirtschaft eng verbunden ist auch das Verständnis über Stellung und Aufgaben der Bäuerin, dem ein eigener Abschnitt gewidmet wurde (40). Ähnlich wie für den landwirtschaftlichen Produktionsbereich wurde auch für die ländliche Hauswirtschaft ein Plädoyer für eine tief greifende Rationalisierung gehalten, um die Frauen vor »zermürbenden und belastenden Arbeiten« zu befreien und ihr »die nötige Zeit für die Erziehung der Kinder und für die Übernahme einzelner wichtiger Arbeitsgebiete, z. B. der Buchführung« zu geben.

Besondere Aufmerksamkeit widmet die Denkschrift der landwirtschaftlichen Zusammenarbeit bei Produktion und Vermarktung. Hier erfolgte ein deutlicher Appell, die Ängste vor Abgabe von einzelbetrieblichen Entscheidungen fallen zu lassen und verstärkt die Chancen der Kooperation zu nutzen:

Der moderne Landwirtschaftsbetrieb wird mehr und mehr in ein vielschichtiges Verbundsystem einbezogen [...]. Im eigentlichen Produktionsbereich mehren sich die Fälle einer gemeinschaftlichen Nutzung von Produktionsmitteln unter genossenschaftlicher Zusammenarbeit [...]. Durch solche Zusammenarbeit können Arbeits- und Kapitalaufwand wesentlich verringert werden, weil in größeren Produktionseinheiten billiger erzeugt werden kann [...]. Es ist nicht zu leugnen, dass die gewohnte Entscheidungsfreiheit des Landwirtes in diesen Bindungen eingeschränkt wird. Dieser Verlust wird aber durch einen Gewinn an Sicherheit im wirtschaftlichen und an Freiheit im persönlichen Bereich aufgewogen (41).

[...] So kann die Tendenz zu größeren landwirtschaftlichen Betriebseinheiten die Bewirtschafter kleinerer Betriebe zur Zusammenarbeit im eigentlichen Erzeugungsbereich führen [...] (42).

Relevante Formen der über- und zwischenbetrieblichen Zusammenarbeit im Produktionsbereich der Landwirtschaft
Dienstleistungen und zwischenbetriebliche Arbeitsteilung
• Anbau-Vertrag für Futtermais
• Arbeitsteilige Viehhaltung
• Pensionspferde Haltungsvertrag
• Tierärztlicher Betreuungsvertrag
• Gülle-Abnahmevereinbarung
• Bewirtschaftungsvertrag (Mitbewirtschaftung)
• Sonstige Dienstleistungsvarianten
Gemeinschaftliche Nutzung von Produktionsmitteln
• Maschinenhallengemeinschaft
• Fahrsilogemeinschaft
• Maschinengemeinschaft
• Maschinen- und Arbeitsgemeinschaft
Betriebsgemeinschaften (Betriebszusammenschluss/Fusion)
• Betriebszweiggemeinschaft (Teilfusion)
• Betriebsgemeinschaft (Vollfusion)
(Heinrich Link: Kooperation in der landwirtschaftlichen Produktion, Stuttgart 1995, 14)

In einem abschließenden Kapitel befasste sich die Denkschrift dann mit den originären Aufgaben der Kirche auf dem Lande. Dazu wurde bereits 1965 im Gegensatz zu früheren Ausführungen in evangelischen Landzeitschriften, wo eher agrarfundamentalistisch Land mit Landwirtschaft gleichgesetzt worden war, recht nüchtern auf die vielschichtige soziale und berufliche Differenzierung der dörflichen Gemeinden hingewiesen, welche die enge Bindungslinie vom Land zur Landwirtschaft aufgelöst erscheinen ließen:

[...] Die Landgemeinden umfassen heute Menschen der verschiedensten Berufe. Vielfach bilden auch dort die landwirtschaftlich Tätigen nur noch eine Minderheit [...]. Will die Kirche dem Leben der Menschen mit ihrem Weg und Dienst begegnen, muss sie der beruflichen Aufspaltung und der übergemeindlichen Orientierung der Gemeindemitglieder Rechnung tragen. Eine Dorfgemeinschaft im früheren Sinne kann sie nicht wieder herstellen (45).

Als kirchliche Aufgabe für das Land wurde dann allgemein umrissen das »Brücken bauen zwischen Menschen verschiedener Lebensbereiche im Dorf« (46) sowie das Einrichten und Unterstützen von kirchlichen Diensten auf dem Lande in allen Landeskirchen, welche sich mit Einzelfragen von Landwirtschaft und Agrarpolitik befassen sollten (47). »Neuartige Formen« der Gespräche und Bildungsarbeit sollten hierbei praktiziert werden, z. B. Dorfseminare in Kontakt mit dem landwirtschaftlichen Berufsstand sowie der ländlichen Jugendarbeit und der Bildungsarbeit der Heimvolkshochschulen (48).

Die Agrar-Denkschrift von 1965 wurde von der breiteren gesellschaftlichen Öffentlichkeit ebenso wie von der landwirtschaftlichen und agrarpolitischen Fachwelt stark wahrgenommen und zum Teil recht kritisch diskutiert. Besonders ärgerlich erschien vielen Vertretern der Landwirtschaft, dass die Denkschrift mit ihren provokanten Äußerungen ausgerechnet zum Erntedankfest veröffentlicht wurde und so als ›Gardinenpredigt‹ für die treuesten Kirchgänger, nämlich die Bauern wahrgenommen wurde.[13] Heftig waren die Auseinandersetzungen insbesondere mit dem Deutschen Bauernverband als Vertreter der landwirtschaftlichen Bevölkerung und seinem damaligen Präsidenten Edmund Rehwinkel (1899–1977). Dieser attackierte heftig die kirchliche Stellungnahme. Kritik entzündete sich insbesondere an folgenden Aussagen der Denkschrift:

- ihrer Absage an eine dauerhafte staatliche Agrarpreispolitik, welche die Bauern vor der europäischen Konkurrenz schützen sollte;
- der Gleichsetzung von Produktions- und Rationalisierungsprinzipien in Landwirtschaft und Industrie und dabei insbesondere der Rolle des technischen Fortschritts und der Betriebsspezialisierung;
- der starken Wirtschaftsorientierung unternehmerischen Denkens und Handelns, welche die ökonomisch-technische Entwicklung der Landwirtschaft und die bäuerliche Berufsethik an der Rentabilität der Industrie und den Freizeitbedürfnissen des Industriearbeiters messen würde;
- die fehlende Betonung einer besonderen Berufung zum Bauern;
- die positive Hervorhebung der Nebenerwerbslandwirtschaft als ersten Schritt zum Betriebsausstieg die Fixierung agrarpolitischer Fördermaßnahmen auf wachstumsfähige Betriebe zu Lasten der Mehrzahl kleinerer Betriebe;
- die Ausführungen zur Kooperation als Chance Größenvorteile in der klein- und mittelbäuerlichen Landwirtschaft zu nutzen.

Insgesamt war die Rezeption der Denkschrift stark durch die Entwicklungen des Agrarsektors in der DDR bestimmt: die sozialistischen Zwangskollektivierungen und die Betonung des technischen Fortschritts, welcher zu industriell organisierten Agrarfabriken führte. Davon wollte man sich in der Bundesrepublik als bäuerlich organisierte Landwirtschaft abheben und war insofern von der modernistisch geprägten Sicht der Denkschrift irritiert. Dass ausgerechnet die Kirche nicht mehr an der Seite der breiten bäuerlichen Bevölkerung stand, sondern sich vor den Karren von Agrarwissenschaftlern, bestimmten Agrarpolitikern und der Industrie spannen ließ – so der oftmals geäußerte Vorwurf – ließ die Diskussionen um die inhaltlichen Aussagen der EKD-Denkschrift von einer sachlichen Auseinandersetzung ablenken

13. Vgl. den Überblick von Herbert Rösener: Die Diskussion um die Denkschrift, in: Kirche im Dorf 16 (1965), 284–294, und die redaktionelle Zusammenstellung von Voten zur Denkschrift, ebda., 295–297.

und führte zu sehr emotionalisierten Konflikten in Tagungen, Publikationen und Fachgesprächen.[14]

Die Wellen der Auseinandersetzung schlugen innerhalb der landwirtschaftlichen Praxis sogar so hoch, dass sich die Autoren der Denkschrift genötigt sahen, ein Jahr später grundsätzliche Erläuterungen zu den inhaltlichen Aussagen anzufügen. Dazu erschien ein gut 115-seitiger Dokumentationsband, der die einzelnen Abschnitte der Denkschrift noch einmal erörterte, ausführlich belegt mit Zahlenmaterial.[15] Darüber hinaus wurde eine Arbeitshilfe für Landpfarrer mit »geistlichen Überlegungen zur Neuordnung der Landwirtschaft« verfasst, um insbesondere die theologischen Begründungszusammenhänge klarer zu fassen – und zwar zu den Themenbereichen

- Lebensveränderungen annehmen als christliches Gebot (»Mut zum Aufbruch«),
- Zusammenleben der Generationen (»Friede im Haus«),
- Wissenschaftliche und technische Rationalität aus christlicher Überzeugung (»Gottvertrauen mit Rechenstift«),
- Erfordernis zur Kooperation in der Landwirtschaft (»Freiheit durch Zusammenarbeit«),
- Pluralisierung und Differenzierung dörflicher Lebenswelten (»Vielfältige Gemeinde«).[16]

Damit setzte die EKD-Denkschrift wichtige Impulse insbesondere für die kirchliche Bildungsarbeit auf dem Lande. Ganz konkret beschäftigte man sich zunehmend mit der Frage der Kooperation im landwirtschaftlichen Notfall, woraus dann auch die kirchlich gegründeten Betriebshilfsdienste hervorgingen. Aber auch der Blick über den deutschen Tellerrand wurde gewagt, indem landwirtschaftliche Kooperationen in Holland, Dänemark und Frankreich bei Studienexkursionen besichtigt wurden. Darüber hinaus wurde das Thema des Strukturwandels bundesweit immer wieder in vielerlei Veranstaltungen und Tagungen der evangelischen Bauernarbeit und in den Akademien mit unterschiedlichen Fragestellungen thematisiert: »Umsteigen oder Weitermachen«, »Mut zu Entscheidungen«, »Umstellen, Aufführen, Weitermachen?«, »Weitermachen – hat das noch einen Sinn?«, »Hängen wir nicht zu sehr am Alten?«, Hat jeder eine Chance?«, »Sind wir noch für die Zukunft gerüstet?«. Solches Ermuntern von Seiten der Kirche, als Landwirt die eigene berufliche Zukunft zu hinterfragen, wurde insbesondere von den jüngeren potentiellen Hofnachfolgern positiv aufgegriffen, waren sie es doch nicht gewohnt, kritisch reflektierend eine eigene außerlandwirtschaftliche Berufsperspektive auch in Alternative zur Betriebsübernahme zu bedenken. Die Bauernverbände vor Ort sahen hin-

---

14. Diether Dennecke: Absage an hemmendes Wunschdenken. Zur Denkschrift der EKD über die Neuordnung der Landwirtschaft, in: Kirche im Dorf 16 (1965), 298f.; Richard Pötting: Landwirtschaft – ein neuer industrieller Bereich?, in: ebda., 249–254; August Schaal: Gedanken zur Denkschrift, in: ebda., 237–242; Eberhard Müller: Zusammenarbeit Kirche-Landwirtschaft – zur Bedeutung der evangelischen Denkschrift, in: ebda. 17 (1966), 231–237; Klaus Immer: Neuordnung der Landwirtschaft?! Nachruf auf eine evangelische Denkschrift, in: ebda., 306–309; Wilhelm Seedorf: Das nochmals kritische Wort zur Denkschrift, in: ebda, 309–311.

15. Eberhard Müller: Die Neuordnung der Landwirtschaft in der Bundesrepublik Deutschland. Eine evangelische Denkschrift mit Erläuterungen, Hamburg 1966.

16. J. Hasselhorn, Arbeitshilfen (wie Anm. 5).

gegen die evangelische Kirche als »Propagandist des Höfesterbens« an, welche sich nicht wundern sollten, wenn nun auch die Bauern sich von ihr abwenden würden.[17]

2.2 Die Agrar-Denkschrift von 1984: »Landwirtschaft im Spannungsfeld zwischen Wachsen und Weichen, Ökologie und Ökonomie, Hunger und Überfluss«

2.2.1 Politischer Kontext

Gemessen an den Zielen, die sich der EWG-Vertrag für die gemeinsame europäische Agrarpolitik gesetzt hatte, war Anfang der 1980er Jahre, nach 25 Jahren gemeinsamer Politik, folgender Stand erreicht:[18] Die Sicherstellung der Nahrungsversorgung zu angemessenen Verbraucherpreisen war mehr als übererfüllt. Die Gemeinschaft, die bei Abschluss der Verhandlungen noch fast 50 % der Nahrungsmittel einführen musste, war ab den 1970er Jahren in zunehmendem Maße sogar zu einem Agrarexportland geworden. Ursache dafür war die Steigerung der Produktivität in der Landwirtschaft durch Förderung des technischen Fortschrittes, Rationalisierung der Produktion und bestmöglichen Einsatz der Produktionsfaktoren, insbesondere der Arbeitskräfte. Der technische Fortschritt, mit dem es gelang, die Ernteverluste zu mindern und die Ernteerträge durch vermehrten Einsatz ertragreicher Getreidesorten und die Bekämpfung von Unkraut und Pilzkrankheiten zu steigern, hatte die erzeugten Getreidemengen rasant ansteigen lassen. Der Produktivitätszuwachs war so groß, dass sogar Überproduktion entstand. Zunehmend geriet das europäische Getreide auch unter Druck von preiswerteren Futtermittelimporten, insbesondere Substituten wie Sojaschrot. Produktionsbegrenzungen wurden daher für Getreide erforderlich, später auch für Milch, Zucker, Raps und Tomatenerzeugnisse Schritt für Schritt eingeführt.

Die Mengensteuerung wurde zur zentralen Aufgabe der größer gewordenen europäischen Gemeinschaft. 1973 waren Großbritannien, Dänemark und Irland hinzugekommen, 1981 Spanien und Portugal. Die Fragen des Gleichgewichtes auf den europäischen Märkten und die Finanzierbarkeit der europäischen Agrarpolitik standen zunehmend im Fokus der öffentlichen Diskussion. Im Frühjahr 1983 zeichnete sich ab, dass die bisherigen Maßnahmen zur Überschussbegrenzung nicht mehr ausreichten. Allein die Milchproduktion lag um 30 % über dem Bedarf. Die Kosten für Lagerhaltung, Intervention, Exportförderung bis hin zur Vernichtung von Überschüssen stiegen auf umgerechnet 18 Milliarden Euro. Der Haushalt der EG war dadurch mit 70 % extrem agrarlastig.

Trotz enormer Produktivitätssteigerungen konnte eine entsprechende Erhöhung

---

17. Clemens Dirscherl: 50 Jahre Evangelisches Bauernwerk in Württemberg e.V. – ein historischer Rückblick, in: 50 Jahre Evangelisches Bauernwerk in Württemberg e.V., Hohebuch 1998, 31–60, 31–35.

18. Vgl. Ulrich Kluge, Vierzig Jahre Agrarpolitik in der Bundesrepublik Deutschland, Bd. 2: Vierzig Jahre Agrarpolitik in der Bundesrepublik Deutschland. Die Ära Höcherl (1965–1969). Die Ära Ertl (1969–1983). Die Ära Kiechle (ab 1983). Agrarpolitischer Rückblick und Ausblick, Hamburg/Berlin 1989, 305 ff.

der landwirtschaftlichen Einkommen aber nicht erreicht werden. So hatten die Landwirte zwar eine prozentuale Einkommenssteigerung erzielen können, doch der Abstand zum gewerblichen Vergleichslohn blieb nach wie vor bestehen. Einkommensdisparität gehörte wie selbstverständlich zum Agrarsektor in der Industrie- und zunehmend auch Dienstleistungsgesellschaft. Selbst mit großem Maschineneinsatz, mit ausgefeilter Produktionstechnik und einer hervorragenden fachlichen Qualifizierung gelang es kaum, für die Faktoren Kapital und Arbeit die gleiche Vergütung zu erreichen wie im Durchschnitt der gewerblichen Wirtschaft. Auch das Ziel, die Märkte zu stabilisieren, hatte die Gemeinschaft nur durch hohe Ausgaben für Exportbeihilfen, Verfütterungsprogramme und Lagerhaltung erreicht. Die hohen staatlichen Ausgaben für die Agrarpolitik waren gewissermaßen der Preis für eine sichere Versorgung. Die europäische Agrarpolitik stand zunehmend im Zentrum der Kritik.

Hinzu kam, dass ab Mitte der 1970er Jahre immer stärker die »Grenzen des Wachstums« diskutiert wurden, nachdem der Club of Rome 1972 seinen ersten gleichnamigen Bericht vorgelegt hatte. Darin wurde die Wachstums-, Umwelt- und Energiekrise in den Industrieländern als künftige Herausforderung für das politische Denken zusammengefasst. Zahlreiche Studien, Stellungnahmen und Diskussionsbeiträge griffen die Inhalte auf.

> Wenn die gegenwärtige Zunahme der Weltbevölkerung, der Industrialisierung, der Umweltverschmutzung, der Nahrungsmittelproduktion und der Ausbeutung von natürlichen Rohstoffen unverändert anhält, werden die absoluten Wachstumsgrenzen auf der Erde im Lauf der nächsten hundert Jahre erreicht. Mit großer Wahrscheinlichkeit führt dies zu einem ziemlich raschen und nicht aufhaltbaren Absinken der Bevölkerungszahl und der industriellen Kapazität. Es erscheint möglich, die Wachstumstendenzen zu ändern und einen ökologischen und wirtschaftlichen Gleichgewichtszustand herbeizuführen, der auch in weiterer Zukunft aufrechterhalten werden kann … Je eher die Menschheit sich entschließt diesen Gleichgewichtszustand herzustellen und je rascher sie damit beginnt, umso größer sind die Chancen dass sie ihn auch erreicht.[19]

Entsprechend traten ökologische Fragestellungen verbunden mit der internationalen Verantwortung für die Dritte Welt zunehmend in die öffentliche Diskussion wie auch die politische Auseinandersetzung. Für die Landwirtschaft bedeutete dies, dass die Energievorräte der Erde, Bodenfruchtbarkeit und Bodengesundheit, Verwendung von Pflanzenschutzmitteln und toxische Belastungen von Lebensmitteln, die Zufuhr von synthetischem Stickstoff, Fragen der Nährstoffkreisläufe und die Veränderung von Fruchtfolgen sowie eine artgerechte Tierhaltung immer wieder kritisch hinterfragt wurden.

Auch politisch hatte man diesen gesellschaftlichen Entwicklungen Rechnung getragen: 1970 war ein Sofortprogramm zum Umweltschutz verabschiedet worden, 1972 das Tierschutzgesetz, 1974 das Bundesimmissionsschutzgesetz und 1976 das Bundesnaturschutzgesetz. Schließlich war bei den Wahlen zum 10. Deutschen Bundestag 1983 erstmals der Umweltpartei »Die Grünen« der Einzug in den Bundestag gelungen.

---

19. Zitiert nach Günther Altner: Die Wachstums-, Umwelt- und Energiekrise der Gegenwart als Herausforderung an unser politisches Denken, in: Kirche im Dorf 28 (1977), 226–233, 226.

2.2.2 Inhalte und Rezeption

Auch innerhalb der Kirchen wurden unter dem Einfluss der ökologischen Bewegungen zunehmend schöpfungstheologische Zusammenhänge thematisiert: der Mensch als Geschöpf Gottes und Schöpfer seiner Mitwelt im Spannungsfeld des Auftrags von Bebauung und Bewahrung. Daher richteten die Landeskirchen erstmals Stellen für Umweltbeauftragte ein, welche den Umgang mit den natürlichen Lebensgrundlagen unter schöpfungstheologischen Verknüpfungen grundsätzlich wie an konkreten Fallbeispielen thematisieren sollten.

Vor diesem Hintergrund war es nahe liegend, die EKD-Agrardenkschrift von 1965 gänzlich neu zu fassen und die Entwicklungen in der Landwirtschaft in Verbindung zu sozialen und ökologischen Problembereichen im nationalen wie internationalen Kontext zu stellen. Daraus entstand die Agrardenkschrift der Kammer für Soziale Ordnung von 1984 unter dem Themen umspannenden Titel: »Landwirtschaft im Spannungsfeld zwischen Wachsen und Weichen, Ökologie und Ökonomie, Hunger und Überfluss« (Gütersloh 1984). Ausdrücklich wurde unter Rückgriff auf die Denkschrift von 1965 darauf hingewiesen, dass die Kirche die Landwirtschaft mit ihren Problemen begleitet hätte, aber nunmehr tief greifende Strukturveränderungen eine Neubewertung der Herausforderungen für den Agrarsektor erforderlich machten. Die »tief greifenden Strukturveränderungen« wurden dann im Einleitungskapitel benannt:

- der anhaltende Strukturwandel in der Landwirtschaft, wobei die betroffenen Menschen »eine große Flexibilität, Anpassungs- und Umstellungsbereitschaft gezeigt« hätten (1), was »in vielen Einzelfällen mit menschlichen Problemen, persönlichen Opfern und sozialen Härten verbunden« gewesen sei (3);
- die Einsicht, dass »durch die technischen Entwicklungen viele Arbeitserleichterungen erzielt worden seien, wodurch sich die körperliche Belastung vermindert habe«;
- »Andererseits erfuhr der Einzelne eine fortdauernde Anspannung und Hektik, da mit immer weniger Arbeitskräften immer mehr produziert werden musste« (3);
- auf die unbefriedigende Einkommenssituation insbesondere der kleineren und mittleren Agrarbetriebe wird hingewiesen, wie ein Blick auf die innerlandwirtschaftlichen Einkommensdisparitäten zeigt (4).

Neben diesen agrarsozialen Strukturveränderungen nahm erstmals in einer EKD-Denkschrift der Aspekt der Schöpfungsbewahrung breiten Raum ein. Hatte man 1965 noch sehr unbefangen und unkritisch von »sich die Natur untertan machen« gesprochen, wurde nun der schöpfungstheologische Ansatz des verantwortlichen Bebauens und Bewahrens entfaltet. Dabei war von der »Zuspitzung ökologischer Probleme« die Rede im Hinblick auf den nationalen Waldzustandsbericht, die Gefährdung von Pflanzen- und Tierarten, der Schadstoffbelastung des Bodens, der Gewässer und des Grundwassers (7).

Einsicht zeigte man für die problematische Stellung der Landwirtschaft zwischen Modernisierungserfordernissen, wie in der Denkschrift von 1965 gefordert, und der daraus entstandenen wachsenden öffentlichen Kritik im Spannungsfeld ökologischer Anforderungen:

[…] Während man in den 60er Jahren den Bauern nicht selten Rückständigkeit vorwarf und von ihnen eine noch schnellere Anpassung an die Erfordernisse einer modernen Industriegesellschaft mit rationellen Produktionsverfahren verlangte, wird nicht selten Kritik daran geübt, dass die Landwirtschaft diesen Umstellungs- und Anpassungsprozess geleistet hat. Sie wird mitverantwortlich gemacht für Grundwasserverunreinigung, Schädigungen von Boden und Landschaft, Belastung der Nahrungsmittel mit Fremdstoffen, Verringerung der Artenvielfalt und bedenklichen Methoden in der Tierhaltung (5)

Ebenfalls neu in der Agrardenkschrift war die Betonung gesellschaftlicher Verantwortung, welche für die Landwirtschaft eingefordert wurde. Insbesondere richtete man sich an die Verbraucher und ihr Einkaufs- und Ernährungsverhalten im Widerspruch zu ihren Erwartungen an Qualitäten und Preise von Lebensmitteln:

[…] Verbraucher verkennen oft, dass man nicht beides gleichzeitig haben kann: immer preiswertere und zugleich rückstandsfreiere Nahrungsmittel. So sieht jeder sein einseitiges Interesse, anstatt ökologischen Notwendigkeiten und ökonomische Erfordernisse in ihrer unauflöslichen Verbindung zu sehen (6).

Entsprechend dem Titel der EKD-Denkschrift wurden auch die Strukturveränderungen in internationaler Dimension benannt, nämlich die Verschärfung der Hunger-Überfluss-Problematik im Weltmaßstab:

Obwohl auf der Welt genügend Nahrungsmittel zur Verfügung stehen, nimmt die Zahl der hungernden Menschen zu […]. Die Nahrungsmittelproduktion insgesamt gesehen ist in der Welt so groß, dass für jeden Menschen die täglich notwendigen Kalorien für eine ausreichende Ernährung zur Verfügung stehen könnten […] (9).

Einerseits:
- werden die Agrarüberschüsse in der EG (Milchpulver, Butter, Rindfleisch, Wein) immer größer und sind kaum noch finanzierbar;
- übersteigen die Ausgaben der Überschussfinanzierung bei weitem die Ausgaben europäischer Entwicklungshilfe;
- werden die Folgekosten unseres Ernährungsüberflusses für den Gesundheitsbereich auf 20 Milliarden DM geschätzt;

andererseits:
- verhungern in der Dritten Welt täglich 40.000 Kinder und 300 Millionen Kinder – das sind ein Viertel aller Kinder in der Dritten Welt – leiden an Mangel- und Fehlernährung […] (10).

[…] Aus der vielfältigen Verknüpfung agrarpolitischer und entwicklungspolitischer Probleme ergibt sich als unabwendbare Konsequenz: wir sind mitverantwortlich für die Lösung der sozialen Fragen dieses Jahrhunderts […]. Wie können genügend Nahrungsmittel für alle Menschen in der Welt erzeugt und gerechter verteilt und der Welthandel so organisiert werden, dass nicht die einen immer mehr in Armut und Hunger versinken und die anderen mit den Überflussproblemen nicht fertig werden? (11)

Damit wurde die Frage internationaler Verteilungsgerechtigkeit erstmals auch in Zusammenhang mit der Zukunft der heimischen Landwirtschaft und der Schöpfungsverantwortung gestellt als »Herausforderung für alle Gruppen der Gesellschaft«, um entsprechende Rahmenbedingungen zu schaffen (12). Eine Reihe konkreter Fragestellungen ergaben sich daraus:

[…] Wie kann es gelingen
- die technisch-industrielle Entwicklung besser an die ökologischen Erfordernisse anzupassen?

- unser Wirtschafts- und Konsumverhalten auf Erhaltung und sparsamen Umgang mit den natürlichen Ressourcen auszurichten?
- zu erreichen, daß jeder Berufs- und Wirtschaftszweig beim Wahrnehmen der eigenen Interessen zugleich auch auf die Interessen der anderen, besonders jedoch auf die Lebensrechte der Natur, einschließlich der Tierwelt Rücksicht nimmt?
- das Problem der Intensivierung der Landwirtschaft so zu lösen, daß die Boden-, Wasser- und Nahrungsmittelqualität sowie die Schonung der Landschaft gewährleistet werden und dennoch die Landwirte ein angemessenes Einkommen erwirtschaften?
- zu erreichen, daß die Tierhaltung den verhaltensbedingten Bedürfnissen der Tiere besser gerecht wird als die häufig nicht artgerechten intensiven Haltungsverfahren?
- wie können rentable Produktionsverfahren für bäuerlich geprägte Betriebe entwickelt und gefördert werden, die eine artgerechtere Haltung ermöglichen?
- den Strukturwandel in der Landwirtschaft so zu beeinflussen, daß wettbewerbsfähige Betriebe markt- und umweltgerecht produzieren können? Wie kann andererseits sichergestellt werden, daß die kleinen und mittelbäuerlichen Betriebe überleben und ihre Inhaber nicht arbeitslos werden? [...]
- einen Umdenkungsprozess einzuleiten und eine Verhaltensänderung bei allen Beteiligten zu bewirken? [...] (13)

Letztlich folgte die ehrliche und nüchterne Einsicht:

[...] Niemand, auch nicht die Kirche, kann auf solche Fragen letztgültige Antworten geben. Alle dieser Fragen lassen sich auch nicht in wenigen Sätzen beantworten [...] (13).

Damit räumte man ein – vielleicht auch eine Erkenntnis aus der Agrar-Denkschrift von 1965 – dass auch Denkschriften bei allem aktuellen Anspruch eine zeitbezogene Komponente zukäme und im jeweiligen situativen Kontext verstanden werden sollten. Gerade in einer sich immer rascher verändernden Welt wäre es schwierig, absolute Glaubenswahrheiten zu vermitteln. Von daher nahm die Denkschrift auch Abstand von konkreten politischen Handlungsempfehlungen, sondern wollte sich als »Diskussionsbeitrag und Orientierungshilfe verstanden wissen« (14).

Dem Einleitungsteil folgt ein beschreibender Rückblick auf die bäuerliche Wirtschaftsweise vorindustrieller Zeit (17 und 18), die landwirtschaftlichen Anpassungsprobleme im Industrialisierungsprozess (19 und 20) sowie die Agrarentwicklung nach dem Zweiten Weltkrieg mit hochkonjunktureller Wirtschaftsphase und begleitendem agrarischem Strukturwandel (21–24). Es werden dann die Sozialprobleme der bäuerlichen Familien benannt, insbesondere die unbefriedigende Erlössituation im Abstand zur außerlandwirtschaftlichen Einkommensentwicklung (25–27):

Diese Unterschiede sind durch vielfältige Ursachen bedingt: betriebswirtschaftliche (z.B. Kapitalausstattung, Verschuldung), natürliche (z.B. Bodengüter, Klima), agrarstrukturelle (z.B. Betriebsgrößen sowie Größe und Lage der Teilflächen), persönliche Qualifikation des Betriebsleiter, familiäre Situation u.a. Auch die Agrarpolitik hat zu den erheblichen Einkommensunterschieden beigetragen. Die EG-Preispolitik kam vor allem den größeren, standortbegünstigten und gut wirtschaftenden Betrieben zugute [...] (26).

Drei Sozialgruppen im Agrarsektor werden dann besonders erwähnt:
- die potentiellen Hofnachfolger, welche vor der schwierigen Entscheidung der Hofübernahme oder einer außerlandwirtschaftlichen Ausbildungs- und Berufsalternative stehen (28);
- die Altenteiler, welche infolge des Strukturwandels und auslaufender Höfe zunehmend auf sich selbst gestellt sind mit möglicher Isolation und Vereinsamung (29);

- die Bäuerinnen, deren Situation eine eher positive Beurteilung findet, vielleicht dem Umstand geschuldet, dass ausschließlich Männer zur Autorengruppe der Denkschrift gehörten:

> Trotz der erheblichen Belastungen, denen die in der Landwirtschaft tätigen Frauen ausgesetzt sind, beurteilen sie ihre Situation selbst überwiegend positiv. Vor allem die Einheit von Wohnung und Arbeitsplatz und die Möglichkeit für die Bäuerin, ihre Arbeit selbst zu bestimmen und einzuteilen, werden positiv bewertet. Als besonders vorteilhaft gilt die Möglichkeit, neben Haushaltsführung sowie Kinder- und Altenbetreuung in Form von Teilzeitarbeit im landwirtschaftlichen Betrieb mitzuarbeiten. In vielen Fällen hat die Frau des Betriebsleiters dabei einen Teilbereich der betrieblichen Arbeit selbstständig und eigenverantwortlich übernommen [...] (30).

In Fortsetzung der Denkschrift von 1965 sah man auch 1984 infolge des Strukturwandels die Gefahr einer »Entleerung von Teilen des ländlichen Raumes« als Herausforderung für die Regionalpolitik (32). Aktuell bis heute liest sich die Beschreibung der Umweltbelastungen durch die regional konzentrierte Intensivtierhaltung (33). Damit hatte man die spezialisierten Veredelungsstandorte vor Augen, welche sich insbesondere in der Geflügel- und Schweineproduktion in einigen Gebieten Deutschlands herauskristallisierten, wie z. B. im Raum Vechta-Cloppenburg. »Die Zusammenhänge in der Agrarentwicklung« werden dann in den weiteren Abschnitten beschrieben – eben im Spannungsfeld von »Nahrungsmittelvernichtungen in westlichen Ländern bei gleichzeitigem Hunger in den Entwicklungsländern« (34), der begrenzten Exportmöglichkeiten der Entwicklungsländer durch Agrarproduktion der Industrieländer sowie der zunehmenden Futtermittelimporte aus Übersee, welche jedoch keinen Beitrag zur agrarischen Förderung in der Dritten Welt leisteten (34). Zudem wurde die Überschussproduktion in der Europäischen Landwirtschaft angesprochen mit steigenden Marktordnungsausgaben, welche politisch und gesellschaftlich zu einer Neuordnung der EG-Agrarpolitik führen müssten (35–37). Deutlich fragte die Denkschrift nach »neuer Ziel- und Werteorientierung der gesellschaftspolitischen Vorstellungen über die Weiterentwicklung einer hoch industrialisierten Gesellschaft, die größere Gerechtigkeit und Umweltschonung anstrebt« (38). Entsprechend der öffentlich geführten Wertedebatte wurde auch in der Denkschrift »Umwelt- und Lebensqualität« als ethisch berechtigtes Anliegen gefordert (40).

In den darauf folgenden drei Kapiteln finden sich die landwirtschaftlichen Spannungsfelder in jeweils detaillierter Behandlung. Für das *Spannungsfeld zwischen Wachsen und Weichen* finden sich Kriterien, welche bei der Suche nach neuen Ziel- und Wertvorstellungen in Verbindung zum biblischen Kontext Berücksichtigung finden sollten. Nämlich:

- Mitgeschöpflichkeit;
- Dienst an der Schöpfung statt ausbeuterischer Herrschaft über die Natur und die Menschen;
- verantwortungsvolle Haushalterschaft;
- Mitmenschlichkeit und Solidargemeinschaft untereinander und mit den kommenden Generationen sowie der Kreatur;
- freie Entfaltungsmöglichkeiten und gerechte Anteilhabe;
- Eintreten für gesellschaftlich Schwache.

Diese Kriterien zielen auf Prinzipien der Naturverträglichkeit, der Sozialverträglichkeit sowie der generativen Verträglichkeit als Folgewirkung für zukünftige Generationen sowie der internationalen Verträglichkeit in ihren Auswirkungen auf andere Länder (44):

> [...] Dabei muss jedoch deutlich sein, dass nicht allein ökonomische und technische Gesichtspunkte den Ausschlag geben können, ebenso wenig allein ökologische oder soziale. Die Gesichtspunkte der Natur- und Sozialverträglichkeit, der generativen und der internationalen Verträglichkeit müssen immer gleichzeitig überprüft und miteinander abgewogen werden (45).

Somit wurde zu einer »ganzheitlichen Betrachtungsweise« als Ziel der Agrarpolitik aufgefordert, wozu u. a. gehören:

- Sicherung einer ausreichenden Nahrungsmittelversorgung der Bevölkerung mit qualitativ hochwertigen Produkten zu angemessenen Preisen;
- Erhaltung selbstständiger, wettbewerbsfähiger Betriebe bei weitgehendem Einsatz familieneigener Arbeitskräfte und bei einer breit gestreuten Verfügbarkeit über das Bodeneigentum in einem umweltfreundlichen, sozialen Verpflichtungsrahmen;
- gleichwertige Teilnahme der Land- und Forstwirtschaft an der Entwicklung des allgemeinen Lebensstandards;
- langfristige Bewahrung der Funktionsfähigkeit örtlicher Naturhaushalte und der Bodengesundheit bei schonender Nutzung der natürlich verfügbaren Güter (Boden, Wasser, Klima) und verantwortlicher Umgang mit der Tierwelt;
- Aufrechterhaltung einer tragfähigen Besiedlungsstruktur in ländlichen Räumen und der Erhaltung eines vielfältig gegliederten Landschaftsbildes;
- Beitrag zur Lösung der Welternährungsprobleme und Gestaltung der agrarwirtschaftlichen Außenbeziehungen (46).

Damit wurde das Leitbild der »bäuerlich geprägten Landwirtschaft« im Gegensatz zu den großen »Agrarfabriken« aufgestellt, weil man den genannten Zielen hierdurch besser gerecht würde (47). Wie eine konkrete Abgrenzung zwischen »bäuerlicher Landwirtschaft« und »Agrarfabrik« aussehen könnte, dazu blieb die Denkschrift eine Antwort schuldig und räumt sogar ein:

> Weder die Flächenausstattung noch ökonomische Richtwerte noch die Technikausstattung allein können zur Kennzeichnung einer bäuerlich geprägten Landwirtschaft dienen. (47.)

Stattdessen wird das Leitbild bäuerlicher Landwirtschaft qualitativ umschrieben, indem eine Reihe von Werten aufgeführt werden. Es ermögliche eine Berufsausübung in der Landwirtschaft »mit hoher Befriedigung« (48), was einen »erheblichen sozialpsychologischen und sozialpädagogischen Wert« darstelle (49), insbesondere den Frauen vielerlei Arbeitsmöglichkeiten auf dem Hof anbiete (Ebenda), sich einer »natur- und umweltverträglichen Agrarproduktion« anpassen könne (50), die Siedlungsstruktur sichere (51) und eine hohe wirtschaftliche Leistungsfähigkeit in optimaler Kombination der Produktionsfaktoren Boden, Arbeit und Kapital aufweise (52).

Bei aller Überhöhung bäuerlicher Landwirtschaft räumte man jedoch ein, dass das besondere Augenmerk der Kirche den Problembetrieben zu gelten habe unter dem Gebot »Eintreten für die Schwächeren«. Daraus ergäbe sich die Herausforderung, den Strukturwandel in der Landwirtschaft mit sozial erträglicher Perspektive für kleinere und mittlere Betriebe zu gestalten (53–54).

Im Hinblick auf die Ausgestaltung europäischer Agrarpolitik, wurden die verschiedenen Positionen in ihren Auswirkungen auf die Landwirtschaft beschrieben (55–62). Dabei schlug man sich auf die Seite einer aktiven Agrarpolitik mit Mengenbegrenzungen und direkten Einkommensübertragungen aus staatlichen Mitteln – eine gravierende Abkehr zur Denkschrift von 1965, die einer liberalen Agrarmarktgestaltung ohne größere staatliche Eingriffe das Wort geredet hatte (63). Zudem sprach man sich für differenzierte Beiträge zur landwirtschaftlichen Sozialversicherung aus (63) und grenzte sich gegen die damals diskutierten agrarpolitischen Förderschwellen für Investitionsvergaben an kleinere und mittlere Betriebe ab (64). Recht allgemein verbleiben dann die Ausführungen zur Verbesserung der sozioökonomischen Beratung (65), zur Schaffung von Lebensqualität im ländlichen Raum (66) und der überbetrieblichen Zusammenarbeit (67), zu der man sich zurückhaltender äußerte als in der Denkschrift von 1965. Stattdessen erinnerte man an das Ideal christlicher Solidarität im Sinne des Genossenschaftsgründers Raiffeisen (68) und plädierte für eine stärkere berufsständische Solidarität (69).

Für das *Spannungsfeld zwischen Ökologie und Ökonomie* hinterfragte man das Naturverständnis der Landwirtschaft und der Gesellschaft:

> […] Natur nur noch als bearbeitbares und zu veränderndes Material (Objekt) anzusehen, ohne ihre Eigenwertigkeit und die Gesamtzusammenhänge in den Kreisläufen dieser Natur genügend zu beachten […] (70).

Im Gegensatz zur Denkschrift von 1965 zog man eine strikte Grenzlinie der Naturbeherrschung durch die Technik, da Natur

> […] kein toter Mechanismus ist, sondern ein vielfältiges Gefüge, das durch Eingriffe auf Dauer geschädigt werden kann. Daher müssen auch Eingriffe in Teile des Gefüges immer auf ihre Folgen für das Gesamtgefüge bedacht werden […]. Dies ist umso wichtiger, weil der Mensch heute viel tiefere Eingriffe in die Kreisläufe der Natur vornehmen kann als je zuvor. Letztendlich gefährdet er, wenn er die Gesetze und den Eigenwert der Schöpfung missachtet, auch sich selbst« (75).

Erstmals in einer EKD-Denkschrift ist ausführlich von der Mitgeschöpflichkeit der Tiere die Rede, wobei ein neuer Umgang mit ihnen gefordert wird. Unter Rückgriff auf den ethischen Grundsatz von Albert Schweitzer (1875–1965) »Ich bin Leben, das leben will inmitten von Leben, das leben will« wird ausdrücklich gefordert, dass

> […] die Lebensinteressen der nichtmenschlichen Kreatur angemessen zu berücksichtigen und Leid und Tod der Kreatur (so weit möglich) zu verringern [sind] (79).

In einem darauf folgenden gesonderten Unterkapitel wird dann grundsätzlich die Frage nach dem Schöpfungsverhältnis, auch gegenüber den Tieren in der modernen Zivilisation gestellt:

> […] die negativen Einwirkungen der modernen Industriegesellschaft auf das Leben der Tiere und Pflanzen, überhaupt auf unsere gesamte Umwelt […] bedrohen den Boden, das Wasser, die Luft und betreffen direkt oder indirekt die Pflanzen und Tiere und schließlich den Menschen […]. Die Intensivierung der Landwirtschaft gefährdet besonders Hecken und Knicks, Feldraine, Feuchtgebiete, Trocken- und Magerwiesen (83).

(Plakat zur Arbeitsbelastung in klein- und mittelbäuerlichen Betrieben, aus: 50 Jahre Evangelisches Bauernwerk in Württemberg e. V., Hohebuch 1998, 43)

Dabei wird festgestellt, dass die Gefährdung der Umwelt keineswegs allein auf das Konto der Landwirtschaft geht, sondern Schadstoffe durch Industrie, Haushalt und Autoverkehr zunehmend auch zu Belastungsfaktoren der Landwirtschaft werden: die Ausbringung von Klärschlämmen auf Ackerland, Schadstoffeinträge in die Böden, Rückstände von gesundheitsgefährdenden Pflanzenschutzmitteln in Lebensmitteln, die Ausweitung des Waldsterbens, die ökologisch schädlichen Folgen der Flurbereinigungsmaßnahmen, woraus konkret die Erhaltung der Artenvielfalt sowie die Erweiterung der Fruchtfolge gefordert wird (84–88).

Ein eigenes Kapitel widmet sich der Düngung und dem Pflanzenschutz (93–103) sowie einer Kreislaufwirtschaft im Landbau, um Energieeinsparung, Kostensenkung und Umweltentlastung zu erreichen (105). Standortgerechte Anbausysteme, insbesondere für den »biologischen Landbau« finden Erwähnung (106). Auch im Umweltbereich bleiben die Empfehlungen jedoch eher allgemein gehalten, wenn von Sozialbindung und ökologischer Verpflichtung die Rede ist (109) oder eine stärker ökologisch ausgerichtete Beratung angesprochen wird (110–111). Sehr deutlich wird die Denkschrift hingegen, wenn sie das Verursacherprinzip betont:

Soweit aus der landwirtschaftlichen Tätigkeit Schäden erwachsen, sollte geprüft werden, ob dem Verursacherprinzip Rechnung getragen werden kann. Die gesellschaftlichen Folgekosten unsachgemäßer Maßnahmen einzelner Landwirte sollten dem Verursacher angelastet werden. Als Schäden, für die zu haften ist, sind nicht nur materielle Verluste anzusehen, wie sie etwas durch erhöhte Nitratbelastung des Grund-(Roh)wassers im Einzugsbereich einer Wassergewinnungsanlage entstehen. Ein Schaden ist vielmehr auch ein nicht unmittelbar materiell bewertbarer Begriff, mit Zerstörung eines besonders schützenswerten Biotops oder die Gefährdung einer bedrohten Tier- und Pflanzenart an einem ihrer Standorte. Hier sind ein erneuertes Wertebewusstsein für Umwelt und Natur zu entwickeln und entsprechende Rechtsnormen zu schaffen (113).

Damit wird das hohe Maß unternehmerischer Verantwortung der Landwirte für den Umweltschutz betont, wobei entsprechende Verstöße gegen Umweltgesetze mit staatlichen Sanktionierungsmöglichkeiten geahndet werden sollen.

Wieder eher allgemein gehalten ist der Absatz zur Verbraucherverantwortung, der Aufklärung über gesunde Nahrung fordert (114).

Im letzten *Spannungsfeld von Hunger und Überfluss* werden die Wechselwirkungen zwischen Entwicklungspolitik und Agrarpolitik behandelt. Unter Verweis auf die entwicklungspolitische Denkschrift der EKD von 1973 wird betont, dass Hunger »nicht Schicksal, sondern von Menschen mit verursacht« ist (116). Das »Eintreten für soziale Gerechtigkeit im Weltmaßstab in christlicher Verantwortung« (117) soll einen fairen Interessensausgleich auch innerhalb der Weltagrarbeziehungen beinhalten. Die Ursachen und problematischen Auswirkungen von Nahrungsmittelhilfen bei Katastrophen und in Versorgungskrisen wird dargelegt (119–122), und die Folgen der grünen Revolution auf die Entwicklungsländer thematisiert. Bereits in der Denkschrift von 1984 wird auf die Problematik des Energieverbrauchs in der modernen Landwirtschaft hingewiesen:

[...] diese modernen Anbaumethoden, die das Ergebnis ständig zunehmender Anwendung meistens fossiler Energien sind (besonders in Form von Düngemitteln), steigender Vorleistungen (z.B. Futtermittel), Pflanzenschutzmittel und oft viel zu wenig angepasster Technologie. Die daraus resultierende Umwelt- und Kostenbelastung führt in Zukunft zu einem immer größeren Problem [...] (123)

Gleichwohl werden die Erfolge der grünen Revolution bei der Welthungerbekämpfung durchaus anerkannt, auch wenn darauf aufmerksam gemacht wird, dass Hunger:

[...] nicht nur ein technisches, sondern auch ein sozio-ökonomisches und sozio-kulturelles Problem ist.

Denn man darf die Augen nicht davor verschließen, dass die nachweisbaren wirtschaftlichen Erfolge des modernen Landbaus [...] zum Teil von bedrohlichen Fehlentwicklungen im sozialen Bereich begleitet wurden [...]. Denn überall da, wo die großen sozio-ökonomischen Probleme, die sich mit der grünen Revolution stellen, unbeachtet blieben, stieg die Agrarproduktion und wuchs die Armut: überfällige Landreformen wurden verzögert, die Entwicklung großer, kapitalkräftiger Landwirtschaftsbetriebe wurde begünstigt, den Kleinbauern und Landlosen aber wurde der Zugang zu Produktionsfaktoren wie Land und Kredit erschwert [...] (123–124).

Von daher macht sich die Denkschrift entwicklungspolitisch für die Unterstützung kleinbäuerlicher betrieblicher Strukturen stark, um die Selbstversorgung zu stärken und betont die Bedeutung von genossenschaftlichen Selbsthilfeeinrichtungen und die Unterstützung von Agrarreformen zu Gunsten von Kleinbauern (125–126). Eindeutig befürwortet man nicht eine exportorientierte Entwicklungsstrategie, sondern eher die autozentrierte Binnenorientierung, um die Kaufkraft auch der ärmeren Bevölkerungsschichten zu erhöhen, die Inlandsnachfrage anzukurbeln und damit auch über eine Verknüpfung mit dem gewerblichen Wirtschaftssektor neue Arbeitsplätze zu schaffen (128–129).

In einem eigenen Unterkapitel wird die agrarexportorientierte Strategie für Entwicklungsländer behandelt (130–139), wobei über die Problematik der Futtermittelexporte auch eine Verbindung zur europäischen Landwirtschaft hergestellt wird:

[...] Agrarausfuhren der Entwicklungsländer berühren auch die Interessen der europäischen Landwirtschaft und der Verbraucher. Dies wird besonders deutlich bei Futtermitteln [...] Massentierhaltung hätte ohne Futtermittelimporte kaum die heutige Ausdehnung erhalten. So haben importierte Futtermittel bewirkt, dass ein Teil der bäuerlichen Produktion – etwa die Geflügelhaltung – in den gewerblichen Bereich abgewandert ist. Im Bereich der Schweinemast ist wegen der preisgünstigen Importfuttermittel eine erhebliche Ausdehnung der flächenunabhängigen Produktion mit großen regionalen Schwerpunktbildungen festzustellen. Auf diese Weise verschärft sich die Konstellation von Marktanteilen und damit der Existenzkampf bäuerlicher Familienbetriebe (138).

Damit wird die Internationalisierung der Agrarmärkte indirekt als Mitverursacher des agrarischen Strukturwandels auch in der deutschen Landwirtschaft ausgemacht. Recht früh wies die EKD-Denkschrift damit auf die Verknüpfung der internationalen Agrarsektoren hin: ohne einen großflächigen Futtermittelanbau, heute insbesondere Soja, wären die Veredelungsbetriebe in der deutschen Landwirtschaft international nicht konkurrenzfähig, weil ansonsten die Eiweißkomponente als wesentlicher Faktor der produktiven Leistungssteigerung, ob in der Fleisch- oder Milchproduktion, fehlten. Ähnlich aktuell liest sich die Agrar-Denkschrift von 1984 im heutigen globalen Kontext, wenn die Konkurrenz zwischen Anbau von Futtermitteln für den Export und die Grundversorgung der heimischen Bauern in den Entwicklungsländern vor dem Hintergrund ihrer Ernährungssouveränität angesprochen wird:

Einstellung der Futtermittelimporte und Abkehr von der fleischreichen Ernährung in Europa sind als Globalforderung problematisch. Ein Großteil der Futtermittelimporte ist kaum als Nahrungsmittel für die Bevölkerung in den Entwicklungsländern zu verwenden. Allerdings kann es vorkommen – und hier liegt das eigentliche Problem – dass durch den Ausbau der Futtermittelexporte viel Fläche benötigt wird und dadurch die Versorgung der Bevölkerung mit Grundnahrungsmitteln nicht mehr ausreichend gewährleistet ist (139).

Analog zur Denkschrift von 1965 folgen nach der situativen Problembeschreibung die Konsequenzen für die kirchliche Arbeit. Aufgrund der globalen Dimension der aufgeführten Problemlagen weltagrarischer Beziehungen wird an die europäischen Kirchen appelliert, die nationalen Egoismen zu überwinden und sich für die Durchsetzung EG-einheitlicher Regelungen, z. B. des Verbotes der Käfighaltung einzusetzen (150). Angesichts des Zeitabstandes der kirchlichen Forderung in der Denkschrift von 1984 und des ab 2011 wirksam gewordenen europäischen Käfighaltungsverbots für Legehennen zeigt sich entweder, wie weit die Denkschrift der politischen Entwicklung voraus war, oder auf welchen Zeitkorridor man sich hinsichtlich der Umsetzung politischer Forderungen einstellen muss, bis diese zum Erfolg führen.

Ansonsten unterscheidet sich dieses Kapitel kaum von den Ausführungen in der Denkschrift von 1965. Die besondere Bedeutung des Landpfarramtes mit seinem gesellschaftsdiakonischem Auftrag wird unter Verweis auf Friedrich Wilhelm Raiffeisen und Christoph Blumhart (1842–1919) noch einmal bekräftigt (152–153), an die Differenzierungsprozesse auch in den ländlichen Lebensverhältnissen erinnert (154) und die Aufgabe der Kirche als Dialog-Plattform (156), für Gottesdienstgestaltung und Seelsorge (157–160) dargestellt. Neue Akzente setzt die Denkschrift lediglich mit dem Verweis auf den Informations- und Fortbildungsbedarf kirchlicher Mitarbeiter in landwirtschaftlichen und ländlichen Fragestellungen (z. B. Landpraktika für Pfarrer) und der Forderung, eine engere thematische Verknüpfung der kirchlichen Arbeitsfelder Landwirtschaft, Umwelt- und Entwicklungspolitik vorzunehmen (161–163).

Auch die Agrar-Denkschrift von 1984 stieß in der gesellschaftlichen Öffentlichkeit wie in der landwirtschaftlichen Fachwelt auf großes Echo. In den Medien und von Experten wurde sie »als ausgewogen« beurteilt.[20] Dabei wurde die thematische Anlage der Denkschrift immer wieder gelobt, weil sie einen weiten Bogen der inhaltlichen Spannungsfelder, in denen sich die Landwirtschaft befindet, gezogen hätte: eben zwischen den beiden Polen im Strukturwandel aus Wachsen und Weichen, zwischen der Grundlegung der Betriebsführung (nämlich zwischen Ökonomie und Ökologie) und zwischen der internationalen Verantwortung (nämlich zwischen Hunger und Überfluss). Besonderes Lob erhielt die Denkschrift dafür, dass sie die Landwirtschaft nicht als Sündenbock der Probleme dargestellt, sondern auf deren schwierige Situation im Geflecht internationaler Agrarbeziehungen hingewiesen hätte: die betriebliche Existenzsicherung im Netz zwischen konkurrenzwirtschaftlichem Wettbewerb und Verbraucherforderungen. Andererseits gab es auch kritische Reaktionen: der Vorwurf, die Kirche würde sich dem gesellschaftlichen Zeitgeist anpassen und lediglich das nachsprechen, was von Nichtregierungsorganisationen aus dem umwelt- und entwicklungspolitischen Bereich schon längst vorgegeben worden sei. Damit würde man sich wie bei der Agrardenkschrift von 1965, wo man den agrarwissenschaftlichen Meinungen gefolgt sei, jetzt wieder dem aktuellen Zeitgeist anpassen, diesmal eben der Ökologiebewegung. Daher sei der Text eigentlich keine Denkschrift, sondern »eine Sammlung von verschiedenen Gedanken, die im Augenblick im Gespräch sind«. Mit der Wiederholung gängiger Argumente habe sich die Denkschrift vom »Sachverstand der Fachleute abhängig gemacht«.[21]

Innerhalb der kirchlichen Bauernarbeit führte die Denkschrift zu teilweise harten Auseinandersetzungen, ähnlich wie 1965. Für viele Bäuerinnen und Bauern waren die Ausführungen insbesondere zur Umweltproblematik und zu den Futtermittelimporten Reizworte, mit denen sie sich in ihrer eigenen Wirtschaftsweise hinterfragt und als verantwortliche Christen und Landwirte persönlich bedrängt fühlten. Oftmals führte dies zu einer Konfliktlinie mit der Anfrage, ob Kirche An-

---

20. Kirche im ländlichen Raum 35 (1984), 37.

21. Hans Roth: [Äußerungen von süddeutschen Landwirten zur Agrardenkschrift], in: Kirche im ländlichen Raum 35 (1984), 63.

kläger oder Verteidiger der Landwirtschaft sei, nur noch auf Seiten des Biolandbaus stehe und innerhalb der Gesellschaft gegen den Bauernstand Kampagnen betreibe.[22] Von daher war es für die kirchlichen Dienste auf dem Lande unverzichtbar deutlich zu machen, dass die Denkschrift von »Rahmenbedingungen« gesprochen habe, welche die landwirtschaftlichen Entwicklungen als nur einen Teil in einem gesamten Getriebe einer ausschließlich ökonomisch bestimmten Denk- und Wirtschaftsweise beschrieben habe, so dass Fragen ökologischer Zusammenhänge und internationaler Gerechtigkeit immer gesellschaftspolitisch beantwortet werden müssten.[23] Damit standen für die evangelischen Landdienste eine lange Reihe von Diskussionsveranstaltungen mit der Landwirtschaft für die folgenden Jahre an – immer dem Vorwurf ausgesetzt, einseitig auf eine ökologische Landwirtschaft zu setzen.

2.3 Das Ökumenische Agrarwort von 2003: »Neuorientierung für eine nachhaltige Landwirtschaft. Diskussionsbeitrag zur Lage der Landwirtschaft«

2.3.1 Politischer Kontext

Die Agrar-Denkschrift von 1984 sollte in ihren wirtschaftlichen, ökologischen und sozialen Problemanzeigen durch die Entwicklung der folgenden Jahre und Jahrzehnte bestätigt werden. Die europäische Gemeinschaft setzte agrarpolitisch immer stärker auf eine Liberalisierung der Agrarmärkte mit erheblichen Auswirkungen auf die Einkommenssituation in der Landwirtschaft: die Agrarpreise verliefen für die Bauern immer unbefriedigender. In der Folge kam es zu wiederholten Großkundgebungen in Bonn und Brüssel mit zehntausenden Landwirten.

Die öffentliche Sensibilität hinsichtlich der gesundheitlichen Unbedenklichkeit von Lebensmitteln nahm zu. Erstmals thematisierten die Medien Mitte der 1980er Jahre einen großen Lebensmittelskandal: Diäthylenglykol (Frostschutzmittel) in Weinen österreichischer Herkunft. Durch solche Panschereien sollte scheinbar hochwertige Weinqualität zu Billigstpreisen im Lebensmitteleinzelhandel angeboten werden, mit erheblichen gesundheitlichen Risiken, weswegen das Bundesgesundheitsministerium erstmals eine Warnung vor dem Genuss von Lebensmitteln aussprach. In der Folge kam es immer wieder zu Lebensmittelskandalen: Wachstumshormone in Kälberfleisch, pestizidbelastetes Obst und Gemüse, Nitrofen in Ökoweizen.

Eine besondere Herausforderung für die europäische Landwirtschaft stellte die Reaktorkatastrophe von Tschernobyl im Mai 1986 dar. Die radioaktive Wolke war in den Südwesten Europas gezogen und hatte Wiesen, Felder und Wälder kontaminiert. Tausende Hektar mit agrarischen Erzeugnissen mussten untergepflügt werden, der Weidegang von Kühen wurde untersagt und erstmals zeigte sich, wie langfristig sich ökologische und gesundheitliche Folgewirkungen durch Störungen moderner Techniksysteme auswirken können. Die Bundesregierung verabschiedete

22. Vgl. C. Dirscherl: 50 Jahre (wie Anm. 17), 41–47.
23. Vgl. Hans-Gernot Jung: Konsequenzen aus der Agrardenkschrift für die kirchliche Praxis, in: Kirche im ländlichen Raum 35 (1984), 56 f.

eine Soforthilfe für die betroffenen Landwirte in Folge von Ernteausfällen oder fehlender Fütterungsgrundlage mit einhergehenden Einkommenseinbußen. Politisch reagierte man mit der Einrichtung eines selbständigen Ministeriums für Umwelt- und Reaktorsicherheit.

Eine Reihe von Reformanstrengungen zur grundsätzlichen Neuausrichtung der gemeinsamen Agrarpolitik folgten nacheinander: 1988 verabschiedete der EU-Gipfel in Brüssel eine Höchstgrenze für Agrarausgaben sowie Garantiemengen für Getreide und Ölsaaten; freiwillige Flächenstilllegungs-, Extensivierungs- und Vorruhestandsregelungen für Landwirte wurden ebenfalls verankert. Innerhalb der europäischen Landwirtschaft türmten sich die Überschüsse immer weiter an, so dass die europäische Agrarpolitik drohte, unfinanzierbar zu werden. Daher folgten radikale Senkungen der Marktordnungspreise für Getreide und Rindfleisch bei Teilausgleich durch Flächenprämien und Tierprämien sowie der Verpflichtung zur Flächenstilllegung. Der nach dem damaligen irischen EU-Agrarkommissar benannten McSharry-Reform 1992 folgte die Verabschiedung der so genannten »Agenda 2000« auf dem EU-Sondergipfel der europäischen Staats- und Regierungschefs 1998 in Berlin, mit der die Agrar- und Strukturpolitik sowie die Finanzierung des Haushaltes der Gemeinschaft reformiert werden sollte. Angesichts der anstehenden Osterweiterung der EU beschloss der europäische Agrarrat im Juli 2003 erneut eine Reform der gemeinsamen Agrarpolitik, welcher ein weiterer Reformprozess zur gemeinsamen Agrarpolitik 2013 folgen sollte.

International wurde 1994 das einstige Zoll- und Handelsabkommen GATT durch die neu ins Leben gerufene Welthandelsorganisation WTO ersetzt. Damit gingen die Diskussionen um die Rolle des Agrarsektors innerhalb der globalen Wirtschafts- und Handelsbeziehungen in eine neue Phase, insbesondere auch im Hinblick auf ihre Auswirkungen auf die Entwicklungsländer. Auch das Thema Umwelt drängte angesichts der zunehmenden Globalisierung immer stärker auf die Tagesordnung der internationalen Politik: im Juni 1992 tagte erstmals eine UNO-Konferenz für Umwelt und Entwicklung in Rio de Janeiro, um sich auf Ziele der Nachhaltigkeit als international verbindliche Grundlage zu verständigen. Man sah sich gemeinsam vor der Aufgabe, das künftige Wirtschaften mit langfristigen ökologischen und sozialen Zielen zu vereinbaren.

Vor diesem Hintergrund erschien 1996 erstmals eine gemeinsame Erklärung von Evangelischer Kirche in Deutschland (EKD) und Deutscher Bischofskonferenz zur wirtschaftlichen und sozialen Lage in Deutschland.[24] Angesichts der dramatischen Entwicklung der Arbeitslosigkeit in Deutschland und der Finanzierungsgrenzen des sozialstaatlichen Systems wurde ein Wandel der traditionellen Sozialkultur im Zuge der Industrialisierung und Urbanisierung konstatiert, aus dem heraus Anspruchsdenken und Egoismus zunähmen und der solidarische Zusammenhalt in der Gesellschaft gefährdet würde (Vorwort). Daher wurde im Vorfeld der Schrift ein Konsultationsprozess in beiden Kirchen durchgeführt, in dem der Ursprungstext auf breiter Ebene behandelt werden sollte bis es zur endgültigen Fassung 1997 kam. Im Gegensatz zur Diskussionsgrundlage für den Konsultationsprozess, wo die

24. Für eine Zukunft in Solidarität und Gerechtigkeit. Wort des Rates der Evangelischen Kirche in Deutschland und der Deutschen Bischofskonferenz zur wirtschaftlichen und sozialen Lage in Deutschland, Hannover/Bonn 1997.

Landwirtschaft überhaupt nicht vorkam, wurde in der Endfassung des Sozialworts ausdrücklich der Stellenwert der Landwirtschaft für die gesamte Gesellschaft hervorgehoben: Versorgung der Bevölkerung mit hochwertigen Produkten, Sicherung und Verbesserung der natürlichen Lebensgrundlagen sowie Erhaltung einer vielfältigen Landschaft als Siedlungs-, Wirtschafts- und Erholungsraum. Bemerkenswert dabei war, dass die bäuerliche Wirtschaftsweise ausdrücklich als bewährtes Prinzip einer umweltverträglichen und nachhaltigen Bodennutzung und Tierhaltung hervorgehoben wurde (81). Damit schlugen sich die beiden Kirchen auf die Seite einer Agrarstrukturpolitik zugunsten der bäuerlichen Familienbetriebe – eine konsequente Fortsetzung der EKD-Denkschrift von 1984. Auch im Sozialwort wurde der Strukturwandel in der Landwirtschaft bedauert, der zu einem Rückgang der Betriebe geführt hätte und vielen Hofnachfolgern keine Zukunftsperspektive biete. Die Gefahr einer drohenden »Agrarindustrialisierung« nannte man deutlich beim Namen. Das Plädoyer für eine bäuerliche Landwirtschaft wurde gleichzeitig mit den ökologischen Erwartungen an eine solche verbunden. Nicht von ungefähr wurde der gesamte Bereich Landwirtschaft innerhalb des Strukturfeldes »ökologische Krise« behandelt. Die dort aufgeführte Aufzählung der Krisensymptome liest sich wie eine Wiederholung aus der Agrardenkschrift von 1984:

> Zu den gravierendsten Umweltschäden gehören die Übernutzung und Vernichtung erneuerbarer Ressourcen, die Belastung von Luft, Wasser und Boden, die Ausrottung zahlreicher Pflanzen- und Tierarten, der Raubbau an nicht erneuerbaren Ressourcen, die Zerstörung und Verödung von Landschaften und Regionen, das hohe Abfallaufkommen sowie das ungeklärte Problem der atomaren Endlagerung. Zu den Problemen, auf die bisher nicht in der notwendigen Weise reagiert wurde, zählen vor allem der Abbau der Ozonschicht und die Erwärmung der Erdatmosphäre (79).

Neu hinzugekommen waren infolge des Reaktorunfalls in Tschernobyl die Problematik der atomaren Bedrohung sowie der abzeichnende Trend zur globalen Klimaveränderung. Angesichts der sich anbahnenden Globalisierung der Märkte wurde mit dem Grundsatz »der Mensch ist das Maß, nicht der Markt alleine«, wie es im Sozialwort beschworen wurde, auch für den Agrarsektor eine verantwortliche Wirtschaftsweise für Mensch und Umwelt gefordert.[25]

Eine Zäsur innerhalb der Agrarpolitik brachte der Jahreswechsel 1999/2000 mit der BSE-Krise. Die Landwirtschaft geriet verstärkt ins Zentrum der öffentlichen Aufmerksamkeit. Hatte man sich infolge von Lebensmittel- oder Futtermittelskandalen von den öffentlichen Medien oftmals als an den Pranger gestellt gefühlt, so empfanden sich Bäuerinnen und Bauern nun als Sündenbock für verfehlte Empfehlungen in der Agrarwissenschaft (insbesondere Tierernährung) und Agrarpolitik sowie der Futtermittelwirtschaft. Nachdem 1984 erstmals ein BSE-Fall in Großbritannien registriert worden war, erfolgte das EU-weite Verfütterungsverbot von Tiermehl an Wiederkäuer. 1989 verhängte die Europäische Gemeinschaft ein Exportverbot für britische Rinder. Im Juni 1994 erfolgte das EU-weite Verfütterungsverbot von Tiermehl an Wiederkäuer. Im November 2000 wurde erstmals auch bei einer in Deutschland geborenen Kuh BSE festgestellt. Die BSE-Fälle mehrten sich

25. Clemens Dirscherl: Zum gemeinsamen Wort von EKD und Deutscher Bischofskonferenz »Für eine Zukunft in Solidarität und Gerechtigkeit«, in: Kirche im ländlichen Raum 48 (1997), 78f.

und die Skandal-Presseberichterstattung überschlug sich schon bei ersten Verdachtsmomenten. Die Landwirtschaft rückte in ein zuvor nie für möglich erachtetes Licht der öffentlichen Aufmerksamkeit. Eine skrupellose Offenlegung emotionaler Empfind- und Befindlichkeiten von Bäuerinnen und Bauern, deren Betriebe gesperrt wurden, war die Folge. Das schonungslose ins Bild nehmen von zur Abschlachtung geführten Viehbeständen nahm die landwirtschaftliche Bevölkerung seelisch mit, weil sie sich als Opfer einer sensationsgierigen Gesellschaft erlebte.

Auf dem Höhepunkt der BSE-Krise kam es auch zu politischen Konsequenzen: Bundeslandwirtschaftsminister Funke und Gesundheitsministerin Fischer traten zurück und erstmals in der Geschichte der Bundesrepublik übernahm mit Renate Künast eine Außenseiterin nicht nur als grüne Politikerin das Agrarressort, sondern auch eine mit der Landwirtschaft und dem Berufsstand nicht vertraute Großstädterin. Ihr erster Schritt war die Umbenennung des zuständigen Ministeriums in »Verbraucherschutz, Ernährung und Landwirtschaft«, womit der gesamte Agrarsektor dem Verbraucherschutz nachgelagert wurde. Zusätzlich erlebte die Mehrzahl der Landwirte die zahlreichen Verlautbarungen der neuen Ministerin nicht nur als Anklage an den eigenen Berufsstand, sondern auch an das eigene Tun auf den Betrieben. Eine Polarisierung zwischen Klasse und Masse, zwischen Agrarfabriken und Bauernhöfen sowie konventionellen und ökologischen Landbauformen nahm extreme Ausmaße an. Damit wurden nach Jahren des erfolgreichen Dialoges zwischen Umwelt- und Naturschutz sowie Verbraucherverbänden einerseits und Landwirtschaft andererseits wieder neue Gräben aufgerissen. Die klassischen Spannungsfelder der Agrarpolitik, wie sie bereits in der EKD-Denkschrift 1984 aufgeführt wurden, traten in aller Schärfe hervor:[26]

- einerseits die politisch propagierte deutsche Vorreiterrolle in Umwelt-, Verbraucher- und Tierschutz, andererseits die knallharten Realitäten des europäischen Agrarmarktes und der zunehmenden Globalisierung des Weltagrarhandels;
- einerseits die propagierte Umstellung auf Ökolandbau, andererseits die mangelnde Einsicht des Verbraucherverhaltens mit fehlender Marktnachfrage;
- einerseits das Modell der Regionalvermarktung, andererseits der fortschreitende internationale Konzentrationsprozess in Ernährungsindustrie und Lebensmittelhandel.

2.3.2 Inhalte und Rezeption

Vor diesem Hintergrund entschieden sich der Rat der EKD und die Katholische Bischofskonferenz dafür, statt zunächst geplanter jeweils einzelner Stellungnahmen zur Lage der Landwirtschaft, ein so genanntes »Gemeinsames Ökumenisches Agrarwort« zu verfassen, das im Frühjahr 2003 erschien.[27] Bereits das Vorwort des Vorsitzenden der Deutschen Bischofskonferenz, Karl Kardinal Lehmann sowie des

---

26. Vgl. Clemens Dirscherl: Die Agrarwendedebatte. Soziale Stimmungslagen in der Landwirtschaft, in: Der Kritische Agrarbericht 2003, Kassel 2003, 34–38; Ulrich Kluge: Ökowende. Agrarpolitik zwischen Reform und Rinderwahnsinn, Berlin 2001.

27. Neuorientierung für eine nachhaltige Landwirtschaft. Ein Diskussionsbeitrag zur Lage der Landwirtschaft (Gemeinsame Texte 18), Hannover/Bonn 2003.

Vorsitzenden des Rates der EKD Präses Manfred Kock wies auf die besondere Perspektive dieser Agrarschrift im Gegensatz zu den bisherigen Denkschriften hin:

Der Situation der Landwirtschaft in den Familien, die von dem tief greifenden Strukturwandel unmittelbar betroffen sind, haben sie ihre Aufmerksamkeit gewidmet [...], weil sich die Voraussetzungen für die in der Landwirtschaft Tätigen grundlegend geändert haben [...]. So lastet auf vielen bäuerlichen Familienbetrieben der Entscheidungsdruck, sich durch stetiges Wachstum den hohen ökonomischen Anforderungen anzupassen, sich auf neue Richtlinien umzustellen, oder, was immer häufiger geschieht, ganz aufzugeben.

Ausgangspunkt der Stellungnahme sollten also die betroffenen landwirtschaftlichen Familien sein, die vor erheblichen Veränderungen im Agrarsektor und damit auch ihrer Arbeits- und Lebenswelt stehen, und die nicht allein gelassen werden dürften. Daher wurde von einer »gesamtgesellschaftlichen Aufgabe« gesprochen, die nur gemeinsam von den in der Landwirtschaft Tätigen und den Verbrauchern, aber auch von Futtermittelindustrie, Agrarchemie und Agrarforschung sowie den Verbänden und politisch Verantwortlichen bewältigt werden müsste (Vorwort).

Ausdrücklich bezogen sich die Kirchenleitenden in ihrem Vorwort auf das Sozialwort von 1997 und das dort herausgestellte Prinzip der Nachhaltigkeit als ethische Leitperspektive für eine zukunftsfähige Landwirtschaft:

Die Verantwortung für die Schöpfung ist im christlichen Denken zentrales Motiv. Sie ist darin begründet, dass der Mensch Geschöpf unter Mitgeschöpfen ist und in einer Schicksalsgemeinschaft mit allen Geschöpfen eingebunden ist. Der Schöpfungsauftrag, die Erde zu bebauen und zu bewahren, sie zu kultivieren und zu einem für alle bewohnbaren Lebensraum zu gestalten, muss in jeder Generation neu verstanden und konkretisiert werden [...]. Nachhaltige Landbewirtschaftung heißt konkret: die natürlichen Ressourcen und ihre Funktionsfähigkeit sollen dauerhaft für heute und nachfolgende Generationen erhalten werden. Das bedeutet insbesondere, dass die Bodenfruchtbarkeit für die biologische Vielfalt erhalten bzw. verbessert, bereits eingetretene Schädigungen aufgearbeitet und nach Möglichkeit rückgängig gemacht werden müssen. Hier werden Zielkonflikte offensichtlich, die von allen Seiten die Bereitschaft zu Kompromissen sowie zur echten Auseinandersetzung mit den Erfordernissen zur Nachhaltigkeit und ihrer Anwendung verlangen (Vorwort).

Aus diesem Grund findet sich auch der Appell zu einer »notwendigen Dialogkultur« aller gesellschaftlich Beteiligten. Bereits im Vorwort richtet man sich dabei sehr deutlich auch an die Verbraucher und die ihnen zukommende Verantwortung:

Einerseits steigen die Erwartungen an die Qualität der Lebensmittel mit Recht und werden zunehmend differenzierter, andererseits entscheidet sich ein Großteil der Verbraucher beim Einkauf und beim Ernährungsverhalten für die Lebensmittel, die durch maximale Nutzung von Technik und Rationalisierung einen relativ geringen Preis haben. Damit wird den Bemühungen um eine Ökologisierung der Landbewirtschaftung häufig entgegengewirkt. Aufgrund dieser Entwicklung sind viele in der Landwirtschaft Tätige verunsichert. Die Förderung einer neuen Kultur und Ethik der Ernährung ist daher ein Grundanliegen dieser Schrift (5).

Ähnlich der Agrardenkschrift von 1984 sind die allgemeinen Zielsetzungen für eine jetzt »nachhaltig« genannte Agrarpolitik zusammengefasst:

- die weltweite Sicherung einer ausreichenden Nahrungsmittelversorgung der Bevölkerung mit qualitativ hochwertigen Produkten zu angemessenen Preisen;
- die Erhaltung und Förderung selbstständiger, wettbewerbsfähiger landwirt-

schaftlicher Betriebe bei einer breiten Streuung des Bodeneigentums in einem umweltfreundlich-sozialen Verpflichtungsrahmen;
- die angemessene Beteiligung der Land- und Forstwirtschaft an der Entwicklung des allgemeinen Einkommens;
- eine schonende Nutzung der Schöpfung zur langfristigen Bewahrung der Funktionstüchtigkeit örtlicher Naturhaushalte einschließlich der Bodengesundheit, Wasserqualität und klimatischen Stabilisierung;
- ein verantwortlicher und artgerechter Umgang mit der Tierwelt;
- die Aufrechterhaltung einer tragfähigen Besiedlungsstruktur in den ländlichen Räumen und die Erhaltung eines vielfältig gegliederten Landschaftsbildes;
- glaubwürdige Beiträge zur Lösung der Welternährungsprobleme und zu einer gerechten Gestaltung der agrarwirtschaftlichen Außenbeziehungen (3).

Die Diskussion über die Zielerreichung sei nur über die Durchführung eines breiten Dialogs möglich, aus dem sich dann ein tragfähiger gesellschaftlicher Konsens über die Zukunft der Landwirtschaft und entsprechende agrarpolitische Gestaltungsmöglichkeiten herausbilden könne. Die Ausführungen des Agrarwortes folgen dann in ihrer Struktur dem Grundmuster »Wahrnehmen bzw. Sehen« als Situationsbeschreibung, »Urteilen« als Ansatzpunkte für ethische Leitlinien einer nachhaltigen Landwirtschaft, sowie »Umsetzen« mit benannten Handlungsperspektiven in Politik und Gesellschaft.

Ähnlich wie in den vorangegangenen beiden Agrar-Denkschriften steht der Strukturwandel in der deutschen Landwirtschaft als Ausgangspunkt. Rückgang der Höfe, betriebliche Entwicklungstendenzen zur Spezialisierung, Rationalisierung sowie Aufstockung der Bestände bei zunehmendem Größenwachstum und Konzentrationen (7–9). Neu ist die Erwähnung der Grünen Gentechnik, die in ihrer Ambivalenz als besondere Herausforderung für die Landwirtschaft benannt wird (10). Entsprechend der Zielsetzung, sich besonders den Menschen in der Landwirtschaft zuzuwenden, erhält die soziale Situation in der Landwirtschaft einen eigenen Abschnitt (12–19). Darin werden die sozialen Verwerfungen im Agrarsektor und auf dem Lande sowohl für die alte Bundesrepublik als auch für die Landwirtschaft in den neuen Bundesländern nach der Wiedervereinigung beschrieben und der Anpassungsdruck an den Prozess des »Wachsens, Neuorientierens oder Weichens« aufgeführt (12–15). Auch in dieser Schrift, deren Autorengruppe wiederum nur aus Männern bestand, wird der sozialen Lage der Frauen in der Landwirtschaft besonderes Augenmerk geschenkt: der Wandel von der klassischen Bäuerinnenrolle zur modernen Ehefrau in der Landwirtschaft, welche berufsfremd oftmals in eine Mitarbeiterposition mit vielfältigen Funktionen eingebunden ist (17–18). Mit dem landwirtschaftlichen Berufsbild, insbesondere der Diskrepanz zwischen Selbst- und Fremdeinschätzung, setzt man sich ebenfalls auseinander:

> Über Jahrzehnte hinweg war landwirtschaftliche Produktivitätssteigerung das ausschließlich Ziel, an dem sich die Agrarpolitik und die landwirtschaftliche Praxis orientierten. Die neuen ökologischen, tierethischen und kulturellen Erwartungen unterschiedlicher Gruppen der Gesellschaft werden oft nur als Zumutung, selten als Chance wahrgenommen. Nach eigenem Selbstverständnis haben sie als »ordentliche« Landwirte und Landwirtinnen immer mit der Natur gewirtschaftet, so dass sie Tierschutz, Umweltschutz oder Landschaftspflege als selbstverständlichen Bestandteil ihrer Tätigkeit ansehen, der nicht erst nach außen eingefordert werden muss. Viele sehen ihr Lebenswerk in Frage gestellt (16) […]. Das traditionel-

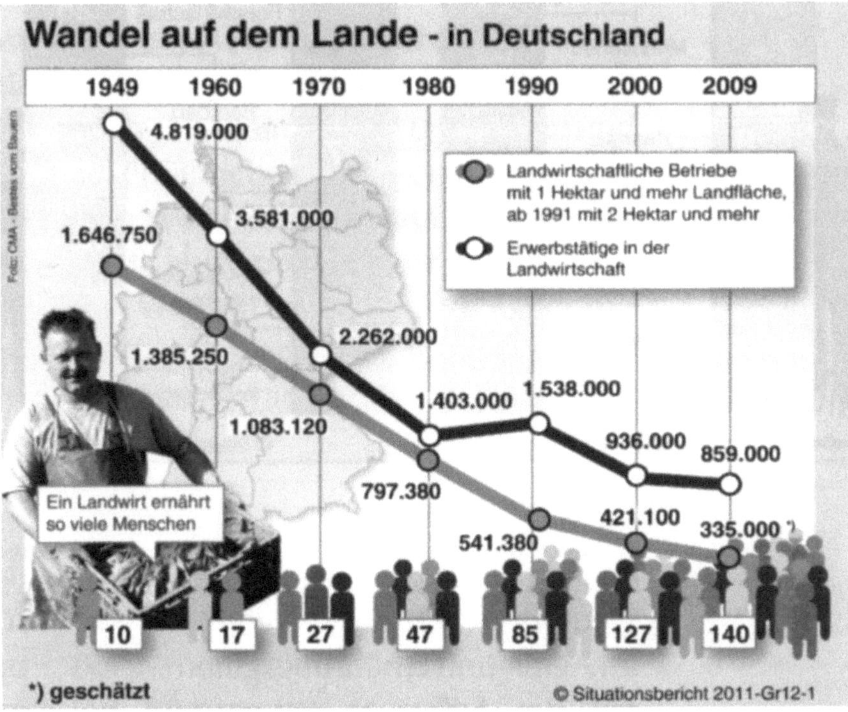

(aus: Deutscher Bauernverband: Situationsbericht 2011. Trends und Fakten zur Landwirtschaft, Berlin 2010, 17)

le Berufsverständnis der Landwirtinnen und Landwirte wird mit gesellschaftlichen Anfragen konfrontiert, auf die sie weder durch ihre Ausbildung noch durch ihren Berufsstand oder die Agrarpolitik hinreichend vorbereitet sind. Dabei erfahren sie sich als in ihrer Sozialstellung verunsichert und oft einseitig mit ökologischen und kulturellen Erwartungen konfrontiert, die sie in der Praxis ohne agrarpolitische oder gesellschaftliche Rückendeckung nicht wahrnehmen können (19).

In Fortsetzung der EKD-Denkschrift von 1984 und dem Ökumenischen Sozialwort von 1997 werden die negativen ökologischen Wirkungen infolge der modernen Landwirtschaft und ihre Produktivitätssteigerungen aufgeführt (20–22).

Breiteren Raum nimmt der Tierschutz ein. Ausgehend von der BSE-Krise werden die Grenzen moderner Produktionsmethoden in der Tierhaltung kritisch betrachtet:

Das gesamte System von Züchtung, Haltung, Fütterung, Transport, Vertrieb und Verzehr von Tieren ist zu hinterfragen. Dabei muss die problematische Gesamtentwicklung der kommerziellen Nutzung von Tieren für den massenhaften menschlichen Konsum insgesamt in den Blick genommen werden. Dies kommt meist zu kurz bei den öffentlich diskutierten Einzelaspekten wie Artgerechtigkeit der Haltung, Einsatz verbotener Futtermittel und Tiermedikamente, Tiertransporte über weite Strecken, massenhafte Vernichtung männlicher Küken gleich nach der Geburt, Verfütterung von Tiermehl aus Kadavern oder der hohe prophylaktische Medikamenteneinsatz, vor allem in modernen Großställen (24). Die gesamte landwirtschaftliche Tierhaltung ist einem extremen ökonomischen Verwertungsdruck ausgesetzt, der bereits globalisiert ist. Die problematischen Methoden sind Teil einer Intensivtiernutzung, bei der das einzelne Tier unter dem Gesichtspunkt der Erzielung maximaler Leistungen in immer kürzerer Zeit betrachtet wird (25).

Die Situationsbeschreibung richtet dann auch auf die internationale Dimension ihren Blick: einmal die Probleme der Landwirtschaft im Rahmen der Osterweiterung der Europäischen Union (27–33) sowie der zunehmende Wettbewerbsdruck der heimischen Landwirtschaft infolge der Globalisierung mit all ihren politischen, ökonomischen und technologischen Prozessen sowie der Benachteiligung der Entwicklungsländer innerhalb des Weltagrarhandels (34–39).

Die ethischen Leitlinien für eine nachhaltige Landwirtschaft werden dann im folgenden Kapitel ausgeführt, wobei erstmals in einer kirchlichen Stellungnahme die agrarische Nachhaltigkeitsorientierung in solch umfassender Weise ausgeführt wird:

Ethische Leitperspektive für eine Reform der Landwirtschaft ist das Prinzip Nachhaltigkeit, dem sich die Kirchen aus christlicher Schöpfungsverantwortung verpflichtet haben. Er ist Wegweiser für eine Integration ökologischer, ökonomischer und sozialer Belange. Das bedeutet für die Landwirtschaft, dass die Produktionsformen und betriebswirtschaftlichen Rahmenbedingungen eine Balance zwischen Wettbewerbsfähigkeit einerseits und Umwelt-, Sozial- und Kulturverträglichkeit andererseits anstreben müssen (41). […]

Eine nachhaltige Landwirtschaft ist nicht darauf ausgerichtet, das Letzte aus Boden und Tieren herauszuholen, sondern darauf, die Natur in ihrer ganzen Vielfalt als Nahrungsquelle und Lebensraum zu bewahren. Auch Wasser, Boden und Luft sind im ursprünglichen Wortsinn »Lebens-Mittel«. Das Prinzip der Nachhaltigkeit, das heute als Überlebensprinzip der Menschheit eine globale Bedeutung erhalten hat, entspricht alten Erfahrungen bäuerlichen Wirtschaftens: im Wald soll nicht mehr Holz geschlagen werden, als nachwächst. Dem Boden sollen nicht mehr Nährstoffe entnommen werden, als ihm zurückgegeben werden können. Das Vieh soll so gehalten werden, dass sein Wohlbefinden und Bestand auf Dauer gesichert bleibt. Der Hof soll in möglichst gutem Zustand als langfristige Produktionsgrundlage weitergegeben werden. Er ist mit seinen Menschen, seinem Boden, seinen Tieren und Pflanzen Bezugspunkt für ein Denken in langen Generationenketten. In der tiefen Verbundenheit mit ihm konkretisiert sich die Verantwortung für die Zukunft. Das Leitbild der Nachhaltigkeit verallgemeinert eine solche Haltung der inneren Verbundenheit mit der Schöpfung zum ethischen Leitprinzip für eine überlebensfähige Überlebens- und Wirtschaftsweise (43).

Nachhaltigkeit erfordert einen Wandel der Werte und des Verständnisses von Lebensqualität. Sie basiert auf einer Kultur der Achtsamkeit und des rechten Maßes, in der die individuellen, sozialen, ökonomischen und ökologischen Dimensionen des Lebens nicht gegeneinander ausgespielt, sondern in ihrer wechselseitigen Bedingtheit erkannt werden. Nachhaltigkeit ist also nicht nur ein ökologisches Prinzip, sondern vielmehr eine Grundeinstellung zum Leben, die darauf ausgerichtet ist, Ressourcen nicht auszubeuten, sondern so mit lebenden Systemen in Natur und Gesellschaft umzugehen, dass sie ihre Regenerationsfähigkeit behalten (44)

[…] Das Prinzip der Nachhaltigkeit verknüpft die Ziele einer umwelt- und generationenverträglichen sowie der internationalen Solidarität verpflichtenden Lebens- und Wirtschaftsweise. Es betrachtet wirtschaftliches Handeln nur dann als langfristig vernünftig, wenn es sich in die ökologischen Stoffkreisläufe, von denen der Mensch abhängt, einfügt und diese schützt […]. Im Agrarbereich weist das Prinzip der Nachhaltigkeit den Weg zu einer multifunktionalen Landwirtschaft, die Lebensmittelerzeugung, Landschaftspflege und

Naturschutz im Rahmen integrierter Konzepte miteinander verbindet. Daran sollten sich sowohl das Berufsbild für Landwirte als auch die Agrarpolitik orientieren (45).

Gerade weil der Begriff der Nachhaltigkeit aus der bäuerlichen Lebenswirklichkeit kommt, kann die Landwirtschaft Vorreiter und Vorbild für eine dauerhaft naturverträgliche Wirtschafts- und Lebensweise sein. Von der Naturnähe ihres Berufes her können die in der Landwirtschaft Tätigen eine besondere Sensibilität für ökologische Fragen entwickeln. [...]

Eine neue gemeinwohlverträgliche Agrarpolitik kann keine isolierte Standespolitik mehr sein, sondern umfasst vielmehr eine integrierte Agrar-, Umwelt-, Sozial-, Wirtschafts-, Welternährungs- und Raumordnungspolitik im ländlichen Raum. Nachhaltige Landwirtschaftspolitik ist eine Querschnittsaufgabe, die sich als wichtiges Bindeglied zwischen verschiedenen Politiksektoren erweisen könnte. (46)

Mit diesem Plädoyer zur Neuorientierung für eine nachhaltige Landwirtschaft schließt sich dann ebenso deutlich die Forderung gesamtgesellschaftlicher Solidarität mit den betroffenen Menschen in der Landwirtschaft an (47–50). Dabei wird unmissverständlich nicht nur von einer solidarischen Unterstützung der Landwirtschaft aus ideeller Sicht gesprochen, sondern von der materiellen Vergütung über einen staatlichen Finanzausgleich, damit auch in der Landwirtschaft eine dauerhaft adäquate Einkommenssicherung gewährleistet ist:

Die finanzielle Anerkennung muss sich auf das gesamte Spektrum der Leistungen beziehen, die die Gesellschaft von ihnen erwartet. So verdienen insbesondere die Beiträge im Naturschutz, in der Landschaftspflege und in der ländlichen Kultur, die von den Landwirten erwartet und erbracht werden, angemessene Honorierung und gezielte Förderung. Es handelt sich um Güter, für die die Allgemeinheit als Nachfrager auftritt und zahlt und für die die gesamte Gesellschaft eine Mitverantwortung trägt (47).

[...] Die Leistungen der Landwirtschaft für die Erhaltung der Umwelt und für die Bewahrung der Schöpfung müssen entsprechend honoriert werden. Die Solidarität mit denjenigen, die sich in der Landwirtschaft um ein nachhaltiges Wirtschaften bemühen, fordert eine Verstärkung der Anreize hierfür (59).

Nachdem bereits in der Situationsbeschreibung der Tierhaltung besondere Aufmerksamkeit gewidmet wurde, folgen nun auch ethische Leitlinien für eine artgerechte Tierhaltung (51–56). An das Spannungsfeld zwischen Tierschutz, Nutztierhaltung und Mitgeschöpflichkeit wird ausdrücklich erinnert:

Es geht dabei auch um ein »versöhntes« Miteinander von Mensch und Tier (51). Für Christinnen und Christen ist die Welt mit ihren Tieren und Pflanzen mehr als ein Rohstofflager, mehr als Material für menschliche Zwecke [...]. Diese Grundperspektive christlicher Schöpfungsverantwortung darf auch im landwirtschaftlichen Umgang mit Tieren nicht aus dem Blick geraten (52).

Die Tötung von Tieren ist in der von Konflikten geprägten Ordnung der Schöpfung unvermeidlich, ihre ethische Rechtfertigung unterliegt jedoch vielfältigen Grenzen und Bedingungen [...].

Es ist an der Zeit, Tiere als Geschöpfe anstatt nur als »lebendige Ware« zu behandeln und unser Konsumverhalten, die Landwirtschaft und die Agrarpolitik, aber auch den privaten Umgang mit Tieren, z. B. Haus- und Zootieren, an ethischen Kriterien, die den Eigenwert der Tiere achten, auszurichten (53).

Konkret werden dann in Anlehnung an das deutsche Tierschutzgesetz Kriterien zu artgerechten Haltungssystemen und -bedingungen aufgeführt (54–56).

Zur ethischen Verantwortung nachhaltiger Entwicklung gehört auch die internationale Dimension. So fühlt sich das Ökumenische Agrarwort in der Tradition der biblischen Option für die Armen, insbesondere zur besonderen Solidarität mit den Kleinbauern in den Entwicklungsländern verpflichtet sowie der Welternährungssicherung (57). Dazu werden als unverzichtbar gesehen:

- Strukturanpassungen für mehr Gerechtigkeit in den weltwirtschaftlichen Rahmenbedingungen, welche die Chancen der Entwicklungsländer zur selbstständigen Versorgung verbessern (57–58).
- eine kritische Beurteilung der hohen Agrarsubventionen in den Industrieländern, welche oftmals über Exportdumping die heimischen Märkte in den Entwicklungsländern zerstören (58–59).
- eine marktwirtschaftliche Liberalisierung der internationalen Agrarmärkte mit Augenmaß, welche dem Ziel der nationalen Ernährungssouveränität und Mindeststandards im Umwelt-, Verbraucher- und Tierschutz gerecht wird. Hier werden insbesondere die weiteren Verhandlungen im Rahmen der Welthandelskonferenzen (WTO) erwähnt (60–61).

Auch in dem ökumenischen Agrarwort wird die Bedeutung der Landwirtschaft in Verbindung zur gesamten Agrar- und Raumstruktur gesehen. Im Gegensatz zu den Agrar-Denkschriften von 1965 und 1984 wird jetzt aber ausdrücklich das sozialethische Prinzip der Subsidiarität erwähnt in starker Betonung auf regionale Wirtschaftskreisläufe durch entsprechende staatliche Förderprogramme (62–64). Insbesondere für den Ernährungsbereich werden neue regionale Vermarktungschancen gesehen (65–68). Damit schließt sich nahtlos eine ethische Urteilsbildung zum Ernährungs- und Verbraucherverhalten an, indem der Wert des täglichen Brot hervorgehoben wird (69) und ein Plädoyer für bewusstes Einkaufen, Zubereiten und Essen von Nahrungsmitteln erfolgt (70–71).

Anders als in den vorangegangenen Agrar-Denkschriften werden konkrete Handlungsoptionen in Politik und Gesellschaft im Schlusskapitel aufgeführt, obwohl sich das Ökumenische Agrarwort eingangs nur als Dialogpapier verstanden wissen will. Im Einzelnen werden an die Politik Forderungen erhoben:

- die Marktordnungskosten und Agrarexportsubventionen abzubauen;
- die Agrarsubventionen nach sozialen und ökologischen Kriterien auszugestalten (z.B. Umstellung auf ökologischen Landbau bzw. nach Betriebsgröße und Beschäftigtenzahl auf einem Hof);
- Standardsetzungen im Hinblick auf Tier-, Umwelt- und Gesundheitsschutz »in einer nicht diskriminierenden Weise weiterzuentwickeln« (82);
- eine klare Deklarationspflicht für Futtermittel hinsichtlich der Inhalts-, Zusatz- und Konservierungsstoffe sowie der Produktionshilfsmittel aufzunehmen;
- eine artgerechte Tierhaltung zu fördern;
- Extensivierungsmaßnahmen, Landschaftspflegeleistungen und Naturschutzmaßnahmen aus öffentlichen Mitteln zu finanzieren (87–89).

Ebenfalls neu im Vergleich zu früheren Agrarverlautbarungen ist, dass eine kirchliche Stellungnahme erstmals den agrarpolitischen Begriff der »Multifunktionalität der Landwirtschaft« nutzt. Daraus werden Handlungsperspektiven zur Förderung einer nachhaltigen Entwicklung der ländlichen Räume abgeleitet, mit denen auch für die Landwirtschaft spezifische Funktionsbereiche verbunden sind: Sozialfunktionen, Bildungsfunktionen, Erholungsfunktionen, Substitutionsfunktion für fossile Energieressourcen, Kultur- und Traditionsfunktionen, Vermarktungsfunktion, insbesondere auch in innovativen Produktionsbereichen (z.B. Arzneigewürzpflanzen) wie schließlich Dienstleistungsfunktion als gastronomischer Anbieter (90–101).

Ausführlich wird dann auch in den konkreten Handlungsoptionen der Verbraucher in die Verantwortung genommen (102–108), wobei sehr realistisch eingeräumt wird, dass eine Neuorientierung für eine nachhaltige Landwirtschaft nur mit Unterstützung eines neuen Verbraucherverhaltens gelingen kann und daher mit einer grundsätzlichen gesamtgesellschaftlichen Debatte über nachhaltige Werteorientierung verbunden ist:

> Ohne eine Lebensstiländerung, die Genügsamkeit, Maßhalten und die Weisheit des »weniger ist mehr« entdeckt, wird eine dauerhafte Überwindung der Landwirtschaftskrise nicht gelingen. Nötig ist nicht nur Verbraucherschutz, sondern auch Verbraucherverantwortung, also eine aktive Mitgestaltung der landwirtschaftlichen Zukunft, indem der Einkaufskorb als »Stimmzettel« genutzt und ökologisch tragfähige Produkte, Vermarktungsmethoden und Zubereitung für Lebensmittel unterstützt werden. Verbraucherverhalten ist millionenfache Abstimmung mit der Einkaufstasche (108).

Wie gewohnt für eine kirchliche Denkschrift endet auch das Ökumenische Agrarwort von 2003 mit dem besonderen Beitrag der Kirchlichen Dienste auf dem Lande, wobei die Handlungsfelder Bildung und Beratung, Dialogforum, Interessensvertretung, Seelsorge und Liturgie, Landwirtschaftliche Betriebs- und Sozialhilfe sowie Landwirtschaftliche Familienberatung und abschließend die eigene Verantwortung in den kirchlichen Einrichtungen und Häusern als Großverbraucher beim Einkaufs- und Ernährungsverhalten aufgeführt werden (109–119).

Anders als bei den vorangegangenen EKD-Denkschriften 1965 und 1984 erhielt das Ökumenische Agrarwort kaum Resonanz in den öffentlichen Medien oder der landwirtschaftlichen Fachwelt. Für den landwirtschaftlichen Berufsstand setzte sich der Generalsekretär des Deutschen Bauernverbandes im Rahmen eines Dialogforums mit den kirchlichen Diensten auf dem Lande mit dem Agrarwort auseinander.[28] Dabei zollte er sowohl Lob als auch Kritik. Begrüßt wurde insbesondere die Anerkennung der Multifunktionalität der Landwirtschaft in ihrer Bedeutung für die gesamte Gesellschaft. Ebenso schloss er sich den kirchlichen Forderungen nach einer Standortsicherung der heimischen Landwirtschaft im Rahmen eines fairen globalen Wettbewerbs an und begrüßte, dass neben allen ökonomischen, politischen oder ökologischen Thematisierungen endlich auch einmal die soziale Situation der landwirtschaftlichen Familien von den Kirchen ins Gespräch gebracht worden sei. Dieser Feststellung schlossen sich auch die Landfrauenverbände an.[29] Hauptkritikpunkte sah der Deutsche Bauernverband in übertriebenen, einseitig betonten bzw. wissenschaftlich nicht belegbaren Problemansagen, dass die Balance zwischen Ökologie und Ökonomie verloren gegangen sei und Umweltprobleme durch die moderne Landwirtschaft zugenommen hätten. Unverständnis wurde auch gegenüber den

28. Vgl. Helmut Born: Das kirchliche Diskussionspapier »Neuorientierung für eine nachhaltige Landwirtschaft« aus Sicht der Landwirtschaft (Manuskript anlässlich des Dialogs mit dem Ausschuss Dienste auf dem Lande der EKD (ADL) und der Katholischen Landvolksbewegung (KLB), Berlin 2003.

29. Agra-Europe Nr. 47/2003, Württemberg-Badener Landfrauen loben neues Ökumenisches Agrarwort, Kurzmeldungen 21.

Kapiteln zum Tierschutz geäußert, welche nicht zur Kenntnis nähmen, dass durch die moderne Tierhaltung erhebliche Verbesserungen erreicht werden konnten.

Eine intensive und zum Teil äußerst kontroverse Auseinandersetzung mit dem Ökumenischen Agrarwort gab es anlässlich der 40. Begegnung Landwirtschaft und Kirche der nordelbischen Landeskirche im Herbst 2003 in Rendsburg. Bei einer Veranstaltung mit kirchlichen Vertretern (Bischof Hans-Christian Knuth, Bischöfin Bärbel Wartenberg-Potter sowie einem Autor des Ökumenischen Agrarworts) mit dem Vizepräsidenten des Deutschen Bauernverbandes Otto-Dietrich Steensen wurden besonders vehement die Ausführungen zur Tierhaltung kritisch beurteilt. Auch im Hinblick auf Artenvielfalt und Landschaftspflege sowie Bodenschutz wurde die Auffassung vertreten, dass durch den technischen Fortschritt eine nachhaltigere Bewirtschaftung möglich geworden sei.[30]

Auch von katholischer Seite bemühte man, sich die Diskussion um eine Neuorientierung der Landwirtschaft zu mehr Nachhaltigkeit innerhalb der Gesellschaft voran zu tragen. Dazu fanden durch die Katholische Landvolkbewegung zahlreiche Bildungsveranstaltungen vor Ort statt. Das Zentralkomitee der deutschen Katholiken gab eine Kurzfassung des Ökumenischen Agrarworts als Handreichung heraus.[31]

Dass die öffentliche Resonanz auf das Ökumenische Agrarwort weitaus geringer war als auf die Denkschriften zuvor, lag sicherlich daran, dass der Begriff »nachhaltige Landwirtschaft« in die gesellschafts- und agrarpolitischen Diskussionen längst Einzug gehalten hatte und eine kirchliche Verlautbarung unter dem Titel »Neuorientierung« eher als verspätet und wenig aktuell erschien. Nachhaltige Landwirtschaft wurde in unterschiedlichen Begründungszusammenhängen von verschiedener Seite längst gefordert, konzipiert, beschrieben und analysiert,[32] so dass die kirchliche Stellungnahme als eine Position zu vielen anderen mit ähnlich thematischer Ausrichtung wahrgenommen werden musste. Bereits 1999 hatte die europäische Kommission einen »Wegweiser zur nachhaltigen Landwirtschaft« erarbeitet[33], in denen Agrarumweltmaßnahmen sowie Programme zur Entwicklung der ländlichen Räume und zur Förderung von erneuerbaren Energien aus Biomasse als Beitrag zum Klimaschutz als Ansatzpunkte einer Reform der europäischen Agrarpolitik im Sinne von mehr Nachhaltigkeit aufgeführt wurden. Darauf folgte ein Konzept des Bundeslandwirtschaftsministeriums, in dem eine Nachhaltigkeitsstrategie für die Land-, Forst- und Fischereiwirtschaft vorgelegt wurde.[34] Durch diese

---

30. Agra-Europe Nr. 47/2003, Kirche will weiter Plattform sein. Neues Ökumenisches Agrarwort mit ethischen Leitlinien für eine nachhaltige Landwirtschaft. Länderberichte 17.

31. Zentralkomitee der deutschen Katholiken (ZdK): Agrarpolitik muss wieder Teil der Gesellschaftspolitik werden. Plädoyer für eine nachhaltige Landwirtschaft. ZdK-Dokumentation 2003, 2. Aufl. 2004.

32. Vgl. Armin Werner/Sandro L. Schlindwein: Nachhaltige Landwirtschaft – ein Leitbildung zur Beurteilung von landwirtschaftlichen Produktionsformen?, in: Ländlicher Raum 48 (1997), 302–306.

33. Mitteilung der Kommission an den Rat, das Europäische Parlament, den Wirtschafts- und Sozialausschuss und den Ausschuss der Regionen: Wegweiser zur nachhaltigen Landwirtschaft, in: Amtsblatt der Europäischen Gemeinschaften, Reihe C, 172, 18. Juni 1999.

34. Agra-Europe Nr. 7/2000: Nachhaltigkeitsstrategie für die Land-, Forst- und Fischereiwirtschaft, Markt und Meinung, 1–8.

Strategie sollte die Landwirtschaft eng mit der nachhaltigen Entwicklung der ländlichen Räume verknüpft werden:

Zielvorgaben sind sowohl ökologische und ressourcenpolitische als auch ökonomische Anforderungen und soziale Aspekte. Die Liste der Projekte für eine nachhaltige Entwicklung der Land-, Forst-, und Fischereiwirtschaft reicht von den Verhandlungen in der Welthandelsorganisation (WTO) über die Integration von Umweltbelangen in der Agrarpolitik der Europäischen Union, die Politik für den ländlichen Raum, eine verbesserte Effizienz des Ressourceneinsatzes, die Förderung des ökologischen Landbaus, die Erhaltung der biologischen Vielfalt, die Schonung regenerativer Ressourcen bis hin zur Schaffung eines dauerhaften Gleichgewichts zwischen der Nutzung und Erhaltung von Fischbeständen [...]. Als wichtig für die Verbesserung der Nachhaltigkeit in der Landwirtschaft werden eine weitere Reduzierung der Nitratbelastung von Gewässern und Lebensmitteln, die Risikominderung beim Pflanzenschutz, eine Verbesserung des Bodenschutzes, sowie die Verringerung von Ammoniak- und Treibhausgas-Emissionen genannt.[35]

In Nachfolge des Rio-Prozesses der UN-Konferenz für Umwelt und Entwicklung von 1991 hatte es ebenfalls zahlreiche Diskussionen darüber gegeben, wie das neue Leitbild der Nachhaltigkeit auch für die Landwirtschaft umgesetzt werden könnte.[36]

Auch innerhalb des landwirtschaftlichen Berufsstandes hatte sich infolge der politischen und öffentlichen Diskussionsprozesse um das Leitbild der Nachhaltigkeit dieser Begriff etabliert und wurde zum Programm. Der Deutsche Bauernverband (DBV) bekannte sich mit seinem »Grünbuch nachhaltiger Land- und Forstwirtschaft« im Jahr 2000 ausdrücklich zur Nachhaltigkeit und verpflichtete sich darauf.[37] Als Verband agrarindustrieller Interessen konstituierte sich ebenfalls im Jahr 2000 die ehemalige »Aktionsgemeinschaft Deutsches Fleisch e.V.« sowie die »Fördergemeinschaft integrierter Pflanzenbau« zur »Fördergemeinschaft nachhaltiger Landwirtschaft« (FNL), um durch Forschungsprogramme, Informationspolitik und Öffentlichkeitsarbeit ihre Aktivitäten als Beitrag zur Nachhaltigkeit in der Landwirtschaft darzustellen. Auch die »Deutsche Landwirtschaftsgesellschaft« (DLG) nahm das allgemein akzeptierte Leitbild der Nachhaltigkeit auf als »ein konkretes Konzept, um die Ressourcen unseres Planeten zu schonen, die Bedürfnisse verschiedener Gesellschaften zu berücksichtigen und die Vorteile der Globalisierung zu nutzen«.[38] Dazu wurden Nachhaltigkeitsstandards anhand von verschiedenen Indikatoren entwickelt, z.B. Stickstoffsaldo, Phosphatsaldo, Humussaldo,

---

35. Ebda., 1.

36. Vgl. Forum Umwelt und Entwicklung: Trägt die europäische Agrarpolitik zur Entwicklung einer nachhaltigen Landwirtschaft bei? Bonn 1995; Sabine Kolloge: Nachhaltige Landwirtschaft in der Agenda 21. Die Umsetzung des UN-Aktionsprogramms durch die EU-Agrarpolitik, in: Berichte über Landwirtschaft 74 (1996), 645–657; Olaf Christen: Nachhaltige Landwirtschaft (»Sustainable Development«). Ideengeschichte, Inhalte und Konsequenzen für Forschung, Lehre und Beratung, in: ebda., 66–86.

37. Deutscher Bauernverband: Grünbuch für eine nachhaltige Land- und Forstwirtschaft. Die deutsche Land- und Forstwirtschaft als Modell einer nachhaltigen Entwicklung, Bonn 2000.

38. Philipp Freiherr von dem Bussche: Ein neues Leitbild setzt sich durch, in: Landwirtschaft in der Ernährungswirtschaft. Die neue Strategie (Archiv der DLG 96), Frankfurt/M. 2002, 113–117.

Agro-Biodiversität, Energieverbrauch, Anwendung von Pflanzenschutzmitteln, Bodenverdichtung und Bodenerosion, Klimaschutz und Landschaftspflege, wozu jeweils spezielle Kriterien und Werte festgelegt wurden. Darauf aufbauend können sich landwirtschaftliche Betriebe nach einem Umweltaudit zertifizieren lassen.

Von daher ist es kaum verwunderlich, dass nach solch einem breiten gesellschaftlichen und fachlichen Nachhaltigkeitsdiskurs zum Thema Landwirtschaft und Agrarpolitik das Ökumenische Agrarwort von 2003 nicht als große neue Verlautbarung wahrgenommen wurde – erst recht nicht, wenn es für sich eine »Neuorientierung« proklamierte, welche in vielerlei Hinsicht von anderen landwirtschaftlichen Organisationen und Verbänden längst realisiert wurde. Selbst von kirchlicher Seite aus waren im Vorfeld bereits zahlreiche Veranstaltungen zur nachhaltigen Landwirtschaft durchgeführt worden, welche sich sogar in öffentlichen Stellungnahmen niedergeschlagen hätte.[39]

2.4 Landwirtschaft und Kirche in der DDR

Nicht nur die Landwirtschaft der Bundesrepublik hatte sich nach dem Zweiten Weltkrieg einem erheblichen Strukturwandel zu unterwerfen; ähnliche Anpassungsprobleme hatte der Agrarsektor der DDR. Dort entstand unter einer kommunistischen Gesellschafts-, Rechts- und Wirtschaftsordnung eine Agrarstruktur, die mit der im Westen nichts gemein hatte. Nach der Bodenreform von 1945 kam es bis 1948 zur Enteignung und Zerschlagung von Großbetrieben. Damit ging die Vertreibung der so genannten »Großbauern« mit mehr als 20 ha Land einher. Ziel war die Umformung der einst privatwirtschaftlich ausgerichteten Landwirtschaft in zwei Stufen: der Kollektivierung und der Industrialisierung.[40]

Die Kollektivierung wurde zwischen 1952 und 1960 durchgeführt. Man sprach dabei von der Phase des »planmäßigen Ausbaus« des Sozialismus. Dazu wurden die landwirtschaftlichen Produktionsgenossenschaften (LPG) sowie die Maschinen-Traktor-Stationen (MTS) geschaffen. In diesen Jahren verließ eine zunehmende Zahl der Bauern ihre Heimat und floh nach Westdeutschland. Zurück blieben die Höfe, die als so genannte »devastierte Betriebe« der Obhut und Verwaltung der Gemeinden zufielen. Die Kollektivierung erfolgte mittels gezielter politischer Agitation wie auch erheblicher Zwangsmaßnahmen. Am 26. April 1960 wurde in einer offiziellen Regierungserklärung die »Vollgenossenschaftlichkeit« der Landwirtschaft verkündet und als siegreiches Ende eines tausendjährigen Kampfes der Bauern um ihre Befreiung gefeiert. Die früheren Einzelbauern konnten lediglich 0,5 ha individuell zu bewirtschaftender Fläche behalten.

Nach Ablauf der Kollektivierung und Festigung der neuen Agrarverfassung wurde die Industrialisierung der Landwirtschaft bei gleichzeitiger Konzentration

---

39. Stellungnahme des Landeskirchlichen Ausschusses für den Kirchlichen Dienst auf dem Lande (ADL) der Evangelischen Kirche im Rheinland und des Arbeitskreises »Landsozial« der Katholischen Landvolkbewegung (KLB) im Erzbistum Köln für eine nachhaltige umweltgerechtere Landwirtschaft in Europa, in: Kirche im ländlichen Raum 46 (1995), 77f.

40. Werner Seidel: 45 Jahre kirchliche Arbeit auf dem Lande. Geschichtliche Rückblicke. Unveröffentlichtes Manuskript, o.J.

und Arbeitsteilung vorangetrieben. Die Konzentration bestand in der fortwährenden Vergrößerung der Betriebseinheiten, die die Anwendung von Verfahren der industriellen Großproduktion zuließen. Als Richtgrößen für Betriebe der Pflanzenproduktion wurden 5.000 bis 6.000 ha landwirtschaftliche Nutzfläche festgelegt. Als Mindeststallkapazitäten waren für Milchkühe 1.930, in der Rindermast 16.000, in der Sauenhaltung 5.600 und in der Schweinemast 25.000 Stallplätze vorgesehen.[41] Die Arbeitsteilung schloss als Spezialisierungsmaßnahme auch die Kooperation ein. Sie wurde durch die Trennung von Tier- und Pflanzenproduktion umgesetzt. Unter Entfernung der alten Grenzsteine entstanden riesige Schläge. Im Zuge dieser radikalen Reform waren bis 1989 aus ehemals rund 500.000 selbstständigen landwirtschaftlichen Betrieben, zu denen nach der Bodenreform noch 210.000 Neubauern gekommen waren, rund

4.000 landwirtschaftliche und gärtnerische Produktionsgenossenschaften sowie 465 volkseigene Güter entstanden. Im Gegensatz zur Landwirtschaft der Bundesrepublik, welche gleich nach dem Zweiten Weltkrieg in die europäische Integration eingebunden war, betrieb die DDR eine reine nationale Versorgungswirtschaft. Es gab keine internationale Zusammenarbeit mit den anderen Staaten Osteuropas.

Anlässlich der Zwangskollektivierungsmaßnahmen und der damit einsetzenden Vertreibung vieler Bauern aus den Ostgebieten kam es anlässlich des Deutschen Evangelischen Kirchentages 1953 in Essen zu einer Großkundgebung unter dem Motto »Erhaltet das Bauerntum«. Dabei wurde beklagt, dass »die Deutsche Demokratische Republik unsere alteingesessenen Bauern von Haus und Hof vertreibt und zu einem in der Weltgeschichte noch nicht da gewesenen Vernichtungsschlag gegen das Bauerntum ansetzt«. Zugleich wurde an die evangelischen Dorfgemeinden appelliert, den Flüchtlingen unentgeltlich Unterkunft und Unterhalt zu gewähren:

> Denn es ist nicht unser Verdienst, dass wir noch ungestört auf unseren Höfen sitzen. Es ist nicht ihre Schuld, dass sie von ihren Höfen weichen mussten. Nehmt diese Bauern als Brüder auf. Erhaltet sie in der bäuerlichen Gemeinschaft.[42]

Solche kirchlichen Aufforderungen konnten die Strukturveränderungen in der Landwirtschaft der DDR jedoch nicht aufhalten und so schwieg man von kirchlicher Seite offiziell zur damit einhergehenden Agrarentwicklung.

Erst ab Mitte der 70er Jahre machte sich unter der allgemeinen gesellschaftlichen Sensibilisierung ökologischer Belange auch in der DDR Kritik an der Landwirtschaft breit. Im gleichen Maße wie auch im Westen Ende der 70er Jahre nach der ökologischen Verträglichkeit der landwirtschaftlichen Produktion gefragt wurde, geriet auch die industriemäßige Agrarproduktion der DDR in die öffentliche Diskussion. So kam es beim 12. Bauernkongress 1982 zu entsprechenden Auseinandersetzungen über die Effektivität der sozialistischen Landwirtschaft und ihre Umweltauswirkungen. Auch von Seiten der evangelischen Kirche wurde den ökologischen Problemen der Landwirtschaft zunehmend Augenmerk geschenkt. Auf Beschluss der Kommission kirchliche Jugendarbeit beim Bund der evangelischen Kirche in der DDR wurde im Herbst 1984 vom damaligen Agrarbeauftragten

---

41. Alois Seidl: Deutsche Agrargeschichte, Frankfurt/M. 2006, 299.
42. Kirche im Dorf 4 (1953), 65. Vgl. auch Helmut Kiausch: Was wird aus den ostvertriebenen Bauern?, in: ebda., 144–146, 145.

ein Informationspapier vorgelegt mit dem Titel »Veränderung in den agrarstrukturierten Gemeinden«. Unter Bezug auf eine Schrift des Bundes der evangelischen Kirche in der DDR zum Thema »Agrarwirtschaft und Umwelt« wurden ähnlich der EKD-Denkschrift von 1984 die Spannungsfelder zwischen Ökonomie und Ökologie deutlich angesprochen:

Die Landwirtschaft ist einer der größten Umweltverschmutzer und Umweltbelaster. Durch den hohen Einsatz von chemischen Mitteln (mineralischer Dünger, Pflanzenschutzmittel, Herbizide, Wachstumsregulatoren) werden die natürlichen Prozesse in der Vegetation und im Boden beeinträchtigt. Dazu kommen die Ausbringung von Gülle und die Beseitigung der Silo-Sickersäfte. Ausgewaschener Stickstoff findet sich als Nitrat im Grundwasser wieder. Durch Bodenerosion werden Nährstoffe und durch großflächigen Einsatz von Pflanzenschutzmitteln (besonders beim Ausbringen mit dem Flugzeug) giftige Wirkstoffe in die offenen Gewässer gebracht.

Um die Agrarproduktivität zu steigern, wurden der Landwirtschaft große Maschinen zur Verfügung gestellt. [...] Hoher Bodendruck verdichtet die Ackerkrumme und den Unterboden. Die Wasserführung im Boden wird gestört und das Pflanzenwachstum beeinträchtigt. Durch Flurmeliorationen entstanden große Schlageinheiten. Flurgehölze wurden beseitigt und Gräben verrohrt. Damit ist vielen Tieren der Lebensraum genommen worden. Über die großen Flächen streicht der Wind ungehindert und trägt in Trockenzeiten die Feinerde davon (Winderosion). Bei Starkregen reißt das Wasser tiefe Gräben in die Felder. Ackerboden wird abgeschwemmt (Wassererosion).

Mit chemischen Mitteln werden Pflanzenschädlinge bekämpft. Dabei werden die Nützlinge ebenso getroffen und vernichtet wie die Schädlinge. Den unerwünschten Pflanzenwuchs auf den Äckern (Unkraut) wird mit Herbiziden zu Leibe gerückt. Pflanzen und Tierarten sind vom Aussterben bedroht. Über die Folgewirkungen dieser Mittel ist nicht viel bekannt. Die Kleintiere, Mikroben und Pilze im Boden werden durch die Mittel und ihre Abbauprodukte dezimiert.

In der tierischen Produktion ist das Problem Gülle nicht gelöst. Durch prophylaktische veterinärmedizinische Maßnahmen können Wirkstoffe in die menschliche Nahrung gelangen. Es müsste auch überprüft werden, ob die Haltung der Tiere (Geflügel und Zuchtsauen) moralisch vertretbar ist. Der Euphorie der Agrochemie folgt wohl jetzt eine Ernüchterung, nicht zuletzt durch die hohen Kosten, die beim Einsatz der chemischen Mittel entstehen.[43]

Damit wurden im Hinblick auf die ökologischen Folgen der modernen Landwirtschaft ähnliche Problemanzeigen von Seiten evangelischer Stellungnahmen in der Bundesrepublik wie in der DDR festgestellt. In dem zitierten Papier machte man sich auch Gedanken über das Berufsverständnis in der Landwirtschaft – ebenfalls analog zu den EKD-Denkschriften von 1965 bzw. 1984. Dabei wurde die zunehmende Entkirchlichung der Mitarbeiterschaft in den Agrarbetrieben mit großer Sorge gesehen:

Die Zeit, in der sich der Bauer als Mitarbeiter Gottes an der Schöpfung verstand, er sein Glaubensbekenntnis im wesentlichen ersten Artikel formulierte, ist vorbei. Mit der Umgestaltung seiner sozio-ökonomischen Basis ist weithin auch sein Selbstverständnis verändert worden. Die Säkularisierung hat auch das Dorf erreicht [...]. Die atheistische Propaganda zeigt Wirkung.[44]

---

43. Werner Seidel: Veränderungen in den agrarstrukturierten Gebieten. Unveröffentlichtes Informationspapier (nur zur innerkirchlichen Information) UALB 25/84, September 1984.

44. Ebda., 11.

In den 1980er Jahren gerieten die meisten LPGen in einen immer größeren Widerspruch zwischen den vorhandenen betrieblichen Möglichkeiten und den politischen Zwängen des dirigistischen Staatsapparates. Die Produktion war immer mehr von zu hohen staatlichen Forderungen gekennzeichnet, die in keinem Verhältnis zu ihrer Umsetzung standen. Trotz scharfer Kritik an der verfehlten Landwirtschaftspolitik mit fehlender Effizienz wurde am Kurs festgehalten. Als wichtige Instanz der Staatsversorgung erhielten die LPGen aufgrund überhöhter Preise und gesichertem Absatz ihrer Produkte durch den Staat genügend Erlöse, die es ihnen gestattete, den Arbeitskräften einen sicheren Lohn und angemessene Lebensbedingungen zu garantieren. Preisgünstige Betriebswohnungen, Kindereinrichtungen und andere Sozialleistungen waren in den LPGen zum Inbegriff der sozialen Verantwortung des landwirtschaftlichen Unternehmers für die gesamte dörfliche Solidarität geworden. Auch die Kirchengemeinden vor Ort konnten bei entsprechendem Verhandlungsgeschick der Pfarrer zumeist von dieser LPG-Versorgung in Form von Maschinen- und Reparaturleistungen in nicht unerheblichem Umfang profitieren. Gerade daraus entstanden nach der Wiedervereinigung mit dem Verfall der sozialistischen LPGen erhebliche soziale Erosionen in den Kirchengemeinden, Sport-, Kultur-, Musik- und Freizeitvereinen vor Ort.[45]

Während seit den 1980er Jahren innerhalb der Europäischen Union um eine Neuordnung der Agrarpolitik gerungen wurde und sich die Handelsnationen im GATT um die weitere Vollendung einer internationalen Agrarliberalisierung bemühten, vollzogen sich in Mittel- und Osteuropa grundlegende Umwälzungen. Sie hatten weit reichende Folgen für die politische Weltordnung und die Beziehungen der Staatengemeinschaft, für die Agrarpolitik in Europa und ganz besonders auch für die landwirtschaftliche Entwicklung in Deutschland. Was mit revolutionären Veränderungen durch die offene Opposition in Polen gegen das Machtmonopol der Kommunisten nach dem Danziger Aufstand 1980 begann, setzte sich mit Michail Gorbatschow, ab 1988 Staatsoberhaupt der Sowjetunion, in seinem Programm der wirtschaftlichen und sozialen Umgestaltung (Perestroika) und einer offenen Informationspolitik (Glasnost) fort. Damit wurden die Voraussetzungen für den Fall des Eisernen Vorhangs gelegt, welcher 1990 zur Wiedervereinigung der beiden deutschen Staaten führte. Die konkreten Schwierigkeiten zur Vereinheitlichung der Lebensbedingungen in West und Ost begann mit der Wirtschafts-, Währungs- und Sozialunion. Dem ersten Rausch der Begeisterung über den Fall der Mauer und über die Wiedervereinigung folgten Ernüchterungen und Enttäuschungen – auch für den Agrarsektor.

In der Landwirtschaft der neuen Bundesländer führte die Einführung der europäischen Marktordnung am 1. Juli 1990 zu einem Preisverfall bei tierischen Erzeugnissen um 70 %, bei pflanzlichen um 60 %. Die Jahreseinkommen der ostdeutschen Bauern sanken zwischen 1989 bis 1991 um ein Drittel. Die ehemaligen landwirtschaftlichen Produktionsgenossenschaften mussten bis zu 50 % ihrer Beschäftigten entlassen, um rentabel wirtschaften zu können.[46] Die völlig heruntergewirtschafte-

45. Vgl. Clemens Dirscherl: Die Organisation landwirtschaftlicher Arbeit in einer LPG (Berliner Beiträge zur Agrarentwicklung, 9), Berlin 1991.

46. Rudolf Schnieders: Das neue Zeitalter der Agrarpolitik. Vom Landwirtschaftsgesetz zur europäischen Agrarreform, in: Henning Brand-Saßen u.a. (Hg.): Landwirtschaft im

ten Anlagen der Verarbeitungsindustrien, insbesondere auch im Ernährungsbereich, konnten den aus dem Westen eindringenden Produkten keine Konkurrenz bieten. Mit der Währungsunion musste auch die Landwirtschaft der ehemaligen DDR die schmerzliche Erfahrung machen, dass in der freien Marktwirtschaft nur die Produkte dem Betrieb nutzen, die auf dem Markt gewinnbringend abgesetzt werden können. Die Erzeugnisse der veralteten Verarbeitungsindustrien standen in Qualität und werbewirksamen Verpackungen den konkurrierenden Angeboten aus den alten Bundesländern chancenlos gegenüber. Die westdeutschen Handelsketten eroberten mit ihrer Erfahrung, aber auch ihrer Rücksichtslosigkeit den gesamten Markt.[47] Für die Landwirtschaftsbetriebe stellte sich die Frage nach der weiteren agrarstrukturellen Entwicklung: würde sie geprägt sein von privaten Großgrundbesitz oder bäuerlichen Familienbetrieben, käme es zu Kooperationen von Landwirten in einer bürgerlich-rechtlichen Gesellschaft oder hätten die alten LPGen als juristische Personen eine Überlebenschance?[48]

Politisch wurde die entscheidende Maßnahme zur Umstrukturierung der industrialisierten Großlandwirtschaft durch das Landwirtschaftsanpassungsgesetz von 1990, später in novellierter Fassung von 1991, realisiert. Damit sollte das genossenschaftliche Vermögen individualisiert werden. Die Vollversammlungen der LPGen mussten entscheiden, ob die LPG in eine andere Rechtsform umgewandelt, aufgelöst oder geteilt werden sollte. Das einzelne LPG-Mitglied stand vor der Alternative, ob es ausscheiden, sein Vermögen ausbezahlt haben oder in einem umgewandelten Betrieb oder an einem neuen Unternehmen beteiligt bleiben wollte. Von Anfang an kam es zu erheblichen Streitigkeiten, die später vor Gerichten ausgetragen werden mussten. Bewertungsfragen um die Bilanzierung der Unternehmen wurden zu einem brisanten Politikum, zumal die LPGen große Vermögensteile für Lohnfortzahlungen aufwandten, da der Arbeitskräftebesatz viel zu hoch angesetzt war und die Mitarbeiter ausbezahlt werden mussten.

Über die Umbildung der Agrarstruktur in den neuen Bundesländern gab es im Westen wie im Osten unterschiedliche Vorstellungen. Im Westen überwog eindeutig die Sympathie für die Wiedereinrichter und das Misstrauen gegenüber den LPG-Nachfolgebetrieben, welche als »rote Socken« beschimpft wurden. Im Osten oder von Seiten führender Agrarwissenschaftler war man eher von der Überlegenheit der großen Betriebe überzeugt, welche zu einer neuen Auseinandersetzung um das Leitbild des westdeutschen bäuerlichen Familienbetriebes führte.

Umbruch. Agrarpolitik, Markt, Strukturen und Finanzierung seit den siebziger Jahren, Stuttgart 2008, 9–68, 32 ff.

47. Eckehard Niemann: Der große Treck nach Ostdeutschland. Handelsketten, Ernährungs- und Agrarindustrie im Osten, in: Bauernbrief 40 (1991), 2 f.

48. Jochen Pfeiffer/Gabriele Westphal: Zwischen Familienbetrieb und LPG. Chancen kooperativer Unternehmensformen, in: Kirche im ländlichen Raum 43 (1992), 45–51.

Agrarstrukturvergleich der landwirtschaftlichen Betriebe nach Bundesländern 2007

Bundesländer	Anzahl der Betriebe in 1000	LF in 1000 ha	Ø Betriebsgröße in ha LF	Anteil der Betriebe unter 5 ha LF in Prozent	Anteil der Betriebe ab 100 ha LF in Prozent	Anteil der LF ab 100 ha in Prozent
Baden-Württemberg	57,5	1.435,7	25,2	32,7	4,4	26,1
Bayern	121,7	3.221,0	26,5	17,8	2,9	16,8
Brandenburg	6,7	1.328,1	198,1	22,5	31,1	93,1
Hessen	22,4	783,9	35,1	20,0	8,2	37,2
Mecklenburg-Vorp.	5,4	1.355,8	249,6	17,3	41,6	95,0
Niedersachsen	49,9	2.618,5	52,5	15,2	14,4	46,0
Nordrhein-Westfalen	47,5	1.503,2	31,6	24,8	5,1	24,4
Rheinland-Pfalz	25,5	715,4	28,0	37,7	7,3	40,5
Saarland	1,7	79,1	47,6	22,5	17,0	57,3
Sachsen	8,3	917,5	110,4	33,5	17,9	87,9
Schleswig-Holstein	17,5	1.008,2	57,7	19,1	17,7	54,1
Thüringen	4,8	793,6	165,7	32,8	23,5	93
Stadtstaaten	1,3	24,7	19,4	56,4	4,3	35,9
Deutschland	374,4	16.954,3	43,3	22,9	8,5	52,2

Von kirchlicher Seite hielt man sich offiziell von einer Bewertung der möglichen agrarstrukturellen Entwicklung im Osten Deutschlands tunlichst zurück. Lediglich die kirchlichen Landdienste versuchten eine entsprechende Kommentierung vorzunehmen, wobei auch um Verständnis für die neu gegebenen Agrarstrukturen im Osten geworben wurde:

Unsere ostdeutschen Bauern sind in der Mehrheit spezialisiert als Melker, Agrartechniker, Traktorist, usw. ausgebildet worden. Leitungserfahrungen besitzen die wenigsten. Dazu kommen Ängste sich zu verschulden. Wer Mut zum Neuanfang hatte, erlebt, dass die Kreditbedingungen und Bürokratiehürden so hoch sind, dass ersten Betriebe schon wieder vor dem Konkurs stehen. Auch wirkt sich die Absatzkrise für einen Neuanfang negativ aus [...] Im Bewusstsein der Menschen erzeugt nicht mehr der Bauer das tägliche Brot. Man geht ins Geschäft, kauft Waren [...][49]

49. Vgl. Eike Berger: Bauern und ihre Kirche. Probleme und Aufgaben kirchlicher Arbeit in Sachsen, in: Der Dorfbrief, 1991, 7.

Die historisch gewachsenen Strukturen im Osten anzuerkennen, dafür machte sich auch der damalige EKD-Ratsbeauftragte für agrarsoziale Fragen stark:

> In diesem Zusammenhang ist beispielsweise das Prinzip »Eigentum vor Entschädigung« kritisch zu überprüfen, wenn es nur zur Zerstörung von Strukturen führen würde [...]. Das agrarpolitische Leitbild des bäuerlichen Familienbetriebs ist einerseits so kaum auf die neue Situation zu übertragen und sollte andererseits stärker im Sinne von Kooperationen zwischen einzelnen Betrieben weiter entwickelt werden, um so auf den zunehmenden Anpassungsdruck sozialverträglicher zu reagieren.[50]

Die Unterschiedlichkeit der Agrarstrukturen zwischen Ost und West schlug sich auch noch Jahre später in dem Ökumenischen Agrarwort 2003 nieder, wo man als Bezeichnung »die in der Landwirtschaft tätigen Menschen« als Überbegriff für Bauern, bäuerliche Familien, Landwirte und Arbeiter in der Landwirtschaft gebrauchte. Bis heute sind die unterschiedlichen Agrarstrukturen, im Westen eher familiär-bäuerlich geprägt, im Osten eher großbetrieblich in nichtbäuerlicher Unternehmensform, immer wieder eine Herausforderung auch für die kirchliche Bauern- und Landarbeit bei der Beurteilung landwirtschaftlicher und agrarpolitischer Fragestellungen.[51]

2.5 Landwirtschaft im konziliaren Prozess für Gerechtigkeit, Frieden und Bewahrung der Schöpfung

Auf der VI. Vollversammlung des Ökumenischen Rates der Kirchen in Vancouver 1983 wurde die einseitige ökonomische, wissenschaftlich-technische Ausrichtung der modernen Zivilisation als Ursache für die zunehmenden internationalen kriegerischen Auseinandersetzungen, die atomare Aufrüstung, die wachsenden internationalen Verteilungsungerechtigkeiten zwischen Nord und Süd aber auch die immer größer werdenden ökologischen Belastungen als existentielle Bedrohungen für die Menschheit wahrgenommen. Eine Umkehr zu Gerechtigkeit, Frieden und Bewahrung der Schöpfung wurde angemahnt. Im deutschsprachigen Raum erhielt das Anliegen des konziliaren Prozesses öffentliche Breitenwirkung auf dem Deutschen Evangelischen Kirchentag 1985 in Düsseldorf durch den Aufruf des Physikers und Kulturphilosophen Carl-Friedrich von Weizsäcker, ein gesamtchristliches Friedenskonzil einzuberufen, um die Gefährdungspotentiale für das Überleben der Menschheit gewahr zu werden und Lösungsmöglichkeiten zu einer Abwendung aufzuzeigen. Auch die Evangelische Kirche in Deutschland machte sich dieses Anliegen zu eigen und betonte, dass die Gefährdung des Überlebens der Menschheit nicht nur unter dem Gesichtspunkt der alles vernichtenden Waffentechnik gesehen werden dürfe, sondern

50. Hans-Georg Ackermeier: Erster runder Tisch Landwirtschaft auf Bundesebene, in: Kirche im ländlichen Raum 43 (1992), 11.

51. Walther Bindemann: Orientierung gefragt – Gesellschaftliche Probleme als Herausforderung an die Kirchen in den neuen Bundesländern, in: Kirche im ländlichen Raum 43 (1992), 42–44.

in einem Zusammenhang mit den Problemen des Hungers, des Rassismus, der Herrschaft von Ungerechtigkeit und der Zerstörung der natürlich Lebensgrundlagen.[52]

Die europäische ökumenische Versammlung von Basel forderte als Menschheitsziel Frieden und Gerechtigkeit ausdrücklich für die ganze Schöpfung.[53] Konkret wurde hier ein kritisches Überdenken des Menschenbildes in der modernen Zivilisation angemahnt und zur Umkehr aufgerufen, welche einen Fortschritt ermögliche als Chance einer neuen Form des Lebens in Verantwortung der Schöpfung, des internationalen Friedens und der Gerechtigkeit:

Die tief greifenden Veränderungen, sowohl in den Gesellschaftsstrukturen als auch in den Beziehungen des Menschen zu seiner natürlichen Mitwelt, sind Konsequenzen der unerhörten Ausweitung aller menschlichen Tätigkeitsbereiche. Moderne Produktionsmittel bilden die Grundlage der heutigen Wirtschaft. Sie stellen Möglichkeiten der Ausbeutung bereit [...], wie sie noch nie zuvor bestanden haben [...]. Die Technik hat viele Segnungen gebracht. Aber anstatt der Menschheit zu dienen, ist sie gleichzeitig zu einer Bedrohung der Zukunft geworden [...].

Der wahre Grund für diese Fehlentwicklung ist noch in den Herzen der Menschen, in ihrer Einstellung und Mentalität zu suchen. Da ist die Täuschung, dass der Mensch imstande sei, die Welt zu gestalten; die Vermessenheit, die zur Überschätzung der Rolle des Menschen im Hinblick auf das Ganze des Lebens führt; eine Ideologie des ständigen Wachstums ohne Bezug auf ethische Werte [...]. Zweifellos brauchen wir das Können und die Fähigkeit von Wissenschaft und Technologie für die Bewältigung unserer Zukunft.[54]

Auch wenn man sich mit dem Agrarsektor als spezieller Wirtschafts-, Arbeits- oder Lebensform nicht ausführlicher auseinander setzte, so wurde die Landwirtschaft doch als wichtiger Aspekt der Schöpfungsbewahrung immer wieder mit angesprochen:

Tausende von Tier- und Pflanzenarten sind ausgerottet worden. Schon jetzt ist deutlich, dass die Menschheit der Natur einen nie wieder gut zu machenden Schaden zugefügt hat. In den zwei letzten Jahrzehnten haben wissenschaftliche Berichte immer wieder vor den umweltschädlichen Folgen gewarnt, die Industrie und Landwirtschaft unserer technisierten Gesellschaften verursachen (Ziffer 12).

[...]

[...] Wir bekennen abschließend, dass Gott der Schöpfer alle seine Geschöpfe erhält und liebt. Deshalb haben sie alle ein fundamentales Recht auf Leben [...]. In Gottes Schöpfung sollen wir Haushälter sein. Haushälterschaft ist nicht Besitz [...]. Wenn wir die besondere Stellung des Menschen als des privilegiertesten unter allen Geschöpfen richtig verstehen wollen, dann dürfen wir nicht vergessen, dass die ganze Schöpfung zur Ehre Gottes bestimmt ist [...] (Ziffer 33).

[...]

Dringlich geworden sind ferner Maßnahmen zur Erhaltung der Vielfalt der Arten [...]. Für uns als Christen zeigt sich in der Artenvielfalt die Freigebigkeit Gottes des Schöpfers (87i).

---

52. Gerechtigkeit, Frieden und die Bewahrung der Schöpfung. Stellungnahme des Rates der Evangelischen Kirche in Deutschland zur Initiative für ein Konzil des Friedens und zum konziliaren Prozess gegenseitiger Verpflichtung für Gerechtigkeit, Frieden und die Bewahrung der Schöpfung (EKD-Texte 17), Hannover 1986, 2.

53. Frieden in Gerechtigkeit für die ganze Schöpfung. Texte der Europäischen Ökumenischen Versammlung Frieden in Gerechtigkeit (EKD-Texte 27), Hannover 1989.

54. Ebda., 14f.

Neben der Problematisierung des Artenverlustes nahm man sich besonders auch der grünen Gentechnik als neuer Form biotechnologischen Fortschritts an:

[...] Wir sind uns nicht sicher, wie wir problematische, wissenschaftliche Entwicklungen wie die Genmanipulation wirksam kontrollieren können [...] (13).
[...]
Wir brauchen eine strenge Gesetzgebung und Kontrolle für die Genforschung und -manipulation sowie Verhaltenskodizes für diese Bereiche [...]. Auch für die Kirchen ist es dringend erforderlich, sich weiterhin mit den jüngsten Entwicklungen im Bereich der Biotechnik auseinander zu setzen, um entsprechende ethische Leitlinien über die Auswirkungen auf den Wert des Lebens – nicht nur des Menschen, sondern alle Lebewesen und der Natur überhaupt – bereit zu stellen (87h).

Damit wurden innerhalb des konziliaren Prozesses wichtige Anknüpfungspunkte zur säkularen Friedens- und Umweltbewegung sowie zu Dritte Welt Gruppen gezogen. Die Landwirtschaft wurde zwar nicht expressis verbis thematisiert, doch für bestimmte Themenbereiche zeigte man sich höchst sensibilisiert. Deutlich wurde dies auch in der Erklärung der theologischen Kommission des Bundes der evangelischen Kirchen in der DDR zur ökumenischen Versammlung in Dresden 1989. Darin wurde eine Situationsbeschreibung der ökologischen Probleme unter Bezug auf die Landwirtschaft deutlich ausgeführt, wobei sich interessante Parallelen zur EKD-Agrardenkschrift von 1984 ergaben. Die globale Bedrohung der Schöpfung wurde unmittelbar in Bezug zur heutigen Lebensweise gesehen durch Wertvorstellungen und Bedürfnisse, welche »aus der wissenschaftlich-technischen und ethisch-kulturellen Entwicklung Europas hervorgegangen sind«.[55]

Durch die Erhöhung des Lebensstandards wird die Umwelt stark belastet und die Befriedigung ökologisch-materieller Bedürfnisse wie reine Luft und sauberes Wasser erschwert. Beispiele sind die Zersiedelung der Landschaft durch Wochenendhäuser, die angestiegenen Lärm- und Abgasbelastungen, die Schadstofflasten durch Landwirtschaft und Industrie in Wasser, Luft und Boden.[56]

Während vorherige Texte des konziliaren Prozesses sich immer allgemein mit der Thematik Schöpfung auseinander gesetzt hatten, wurde in dieser Stellungnahme des Bundes der evangelischen Kirchen der DDR erstmals speziell auch der Tierschutz ausdrücklich angesprochen:

Pflanzen und Tiere wurden zu Objekten degradiert, über die der Mensch beliebig verfügt [...].
[...] Die Produktionsverfahren der Landwirtschaft – gekennzeichnet durch industriemäßige Massentierhaltung, Großflächenwirtschaft und Chemisierung – beeinträchtigen Boden- und Wasserqualität erheblich. Viele Pflanzen- und Tierarten sterben aus. Dieser unwiederbringliche Verlust beeinträchtigt die Stabilität der Ökosphäre.[57]

Unter dem Abschnitt »Verantwortlich handeln« wurden dann ganz konkrete Umsetzungsmöglichkeiten für den persönlichen Lebensstil aller Christen angespro-

55. Ökumenische Versammlung für Gerechtigkeit, Frieden und Bewahrung der Schöpfung (EKD-Texte 38), Hannover 1989, 83.
56. Ebda., 84.
57. Ebda., 94.

chen, welche deutlicher als in der Agrardenkschrift von 1984 auch den Fleischverzehr in den Blickpunkt rückte:

Unser Nahrungs- und Genußmittelkonsum ist unverhältnismäßig hoch. Besonders der steigende Fleischverbrauch wirkt sich stark umweltschädigend in der Landwirtschaft aus. Er führt zu unzumutbaren Verhältnissen in der Tierhaltung und zwingt unser Land zu erheblichen Futtermittelimporten. Deshalb können wir durch reduzierten Fleischkonsum und verantwortlichen Umgang mit Nahrungsmitteln nicht nur zu einer gesunden Lebensweise, sondern auch zum Schutz der Natur (bei gleichzeitigem Verzicht auf Fleischexporte) beitragen.[58]

Wiederum in Übereinstimmung zu der EKD-Agrardenkschrift von 1984 findet sich Landwirtschaft als gesellschaftspolitisches Anliegen, welches dringend struktureller Veränderungen bedarf:

Es muß eine Einheit von Wirtschafts-, Sozial- und Umweltpolitik erreicht werden, die verantwortbar ist von den Bürgern unseres Landes, unseren Nachbarvölkern und den nachfolgenden Generationen.[59]
[...]
In der Landwirtschaft sollten strukturelle Veränderungen dazu führen, daß dem natürlichen Kreislauf Boden – Pflanzen – Tier wieder verstärkt Rechnung getragen wird. Das würde zu einer Reduzierung des Chemikalieneinsatzes, des Transport- und Energieaufwandes u.a. führen. Die industriemäßige Massentierhaltung ist Ausdruck des zerstörten Verhältnisses von Mensch und Tier. In der Tierhaltung sind technologische Lösungen zu suchen, die artgerecht sind. Die Belange des Tierschutzes sind in der Landwirtschaft und allen anderen Bereiche des Lebens Rechnung zu tragen. Alternative Landwirtschaftsmodelle sollten in ausgewählten Betrieben erprobt werden. Auch in der kircheneigenen Landwirtschaft wären die Voraussetzungen für solche Erprobungen gegeben.[60]

Der konziliare Prozess wurde vom Ausschuss für den Dienst auf dem Lande in der Evangelischen Kirche in Deutschland (ADL) als Grundlage zur kritischen Auseinandersetzung mit der sich für 1991 abzeichnenden Entwicklung hin zu einem europäischen Binnenmarkt genommen. Deutlich wurde hier noch einmal in Nachfolge der EKD-Agrardenkschrift von 1984 einerseits eine Zuspitzung der Problemanzeigen, andererseits mögliche Lösungsansätze für den Agrarsektor auf europäischer, aber auch deutscher Ebene beschrieben.

- eine zunehmende Existenzgefährdung der bäuerlichen Landwirtschaft, die ihren Ausdruck in wirtschaftlichem Ruin und anhaltendem Strukturwandel finde;
- ein Rückgang landwirtschaftlicher Ausbildungszahlen, da immer mehr potentielle Hofnachfolger aufgrund der ungesicherten Hofnachfolge und der ungünstigen Wirtschaftsbedingungen sich dem landwirtschaftlichen Beruf verschließen würden;
- ausdrücklich fand sich sogar erstmals die Feststellung einer »Armutsproblematik in wachsenden Teilen des bäuerlichen Berufsstandes«.[61]

58. Ebda., 86f.
59. Ebda., 94f.
60. Ebda., 97.
61. Arbeitsausschuss für den Dienst auf dem Lande in der Evangelischen Kirche in Deutschland (ADL): Der Europäische Binnenmarkt und der Konziliare Prozess für Gerechtigkeit, Frieden und Bewahrung der Schöpfung, Bielefeld 1989, 7.

In Anlehnung an die Agrardenkschrift von 1984 wurden ebenfalls die Problemzusammenhänge zwischen Landwirtschaft und Schöpfungsbewahrung aufgeführt: zunehmender Verlust der Artenvielfalt, Gefährdung der natürlichen Ressourcen Wasser und Boden durch eine Intensivlandwirtschaft, fehlende artgerechte Tierhaltung und die Einführung der Gentechnologie in der Landwirtschaft. Ähnlich einer Sozialbindung des Eigentums wurde die Aufnahme einer Naturbindung des Eigentums ergänzend für das Grundgesetz der Bundesrepublik gefordert:

Aus Gründen zwischenmenschlicher Gerechtigkeit mußte die freie Verfügbarkeit über Eigentum und Vermögenswerte im Grundgesetz eingeschränkt werden. Da der Besitz und die Nutzung der Vermögenswerte erhebliche Auswirkungen auf die Art und Weise besitzen, in der mit Natur und Landschaft umgegangen wird, und sich die Grenzen der Nutzung immer deutlicher zeigen, erscheint eine ökologische Eigentumsbindung ebenso erforderlich wie die soziale.[62]

Diese ADL-Forderung fand aber niemals Eingang in offizielle kirchliche Positionen bzw. die agrarpolitische Auseinandersetzung. Äußerst modernisierungsskeptisch setzte sich die Stellungnahme mit dem technischen Fortschritt und seinen Folgen auseinander: der »überintensiven Nutzung der Böden« und »immensen Umweltbelastung«. In diesem Zusammenhang befasste man sich auch kritisch mit der Gentechnik in der Landwirtschaft. Insgesamt stellte man eine »ökologische und soziale Krise« fest:

Die bisherige Entwicklung führte einerseits zu einer ökologischen Krise, die von den Produktionsmethoden herrührt und die mit der einseitigen Übernutzung der Produktionsfaktoren zu umschreiben ist. Daneben ist eine sozio-ökonomische Krise zu verzeichnen, die daraus resultiert, dass sich die landwirtschaftliche Produktion tendenziell immer stärker in der Hand einiger weniger konzentriert:

- auf immer größer werdende Produktionseinheiten;
- auf die potenten Agrarregionen einzelner Länder bzw. der Welt;
- auf die industrialisierten Länder.

Dem einseitig auf dem wissenschaftlich-technischem Fortschritt im Sinne von Spezialisierung basierenden Prinzip ist ein anderes Fortschrittskonzept entgegenzusetzen. Wesentliches Element dieses Konzeptes ist erstens eine stärkere Berücksichtigung des Prinzips der Ganzheitlichkeit, zweitens mehr Transparenz, drittens system- und qualitätsorientiertes Denken anstelle der bisherigen Orientierung an Quantität. Dies bedeutet:

- ein besseres Verständnis des produktiven Potentials von Pflanzengemeinschaften und gemischten Betriebssystemen
- eine Rückbesinnung auf beschäftigungspolitische und soziale Angepasstheit betrieblicher Produktionsstrukturen
- überschaubare Kreisläufe und
- die Orientierung auf eine möglichst flächendeckende Landbewirtschaftung:[63]

Damit erfolgte die Formulierung eines alternativen Konzeptes landwirtschaftlicher Entwicklung, welche sich an neuen Zielen ausrichten solle, nämlich an

einem Mindestmaß regionaler Selbstversorgung in sozial und ökologisch angepassten Wirtschaftskreisläufen [...] weitgehende[r] Selbstbestimmung und Eigeninitiative als demokrati-

62. Ebda., 12.
63. Ebda., 14.

sche Ziele […] Selbstbegrenzung aus Einsicht in die Endlichkeit unseres Planeten, der begrenzten Belastbarkeit unseres Ökosystems und der Biosphäre.[64]

Als Leitbild dafür wurde ausdrücklich eine »bäuerliche Landwirtschaft« bezeichnet:

[…] Sie nutzt lokale und regionale Produktionsgrundlagen, ist in kleinräumige Wirtschaftsbeziehungen und Lebenszusammenhänge eingebunden und bietet wohnortnahe Arbeitsplätze auf dem Lande. Sie ist durch eine breite Streuung des Produktivvermögens gekennzeichnet, das vorrangig zur Verwertung der eigenen Arbeitskraft und der Erzielung eines ausreichenden Arbeitseinkommens genutzt wird. Arbeit und Leben bilden weitgehend eine Einheit, und so ist bäuerliche Landwirtschaft und Kultur eine ganzheitliche Lebensweise, die eine Kooperation mit der Mitwelt im Sinne eines pfleglichen und schonenden Umgangs mit einschließt. Sie ist daher eine flächengebundene Produktion, die in unterschiedlicher Form in allen Regionen stattfindet.[65]

Da die inhaltlichen Positionen dieser Stellungnahme sich kaum mit der Meinung der landwirtschaftlichen Praxis deckten, als auch den Zielen deutscher und europäischer Agrarpolitik widersprachen und auch innerkirchlich keine Diskussionen auslösten, sondern als Partikularmeinung eines kirchlichen Dienstes eher am Rande zur Kenntnis genommen wurden, blieben die teilweise recht fundamentalen Positionierungen für einen grundlegenden Paradigmenwechsel in Landwirtschaft und Agrarpolitik ohne weitere Wirkung.

Bis heute steht die Landwirtschaft innerhalb des konziliaren Prozesses zwar nicht im Blickpunkt der gesellschaftlichen Analyse und der politischen Forderungen, doch gibt es immer wieder thematische Anknüpfungspunkte, wenn es um schöpfungsgemäßen Landbau, artgerechte Tierhaltung, den Einsatz gentechnologischer Verfahren in der Landwirtschaft und ungleichgewichtige Handelsbeziehungen innerhalb des globalen Agrarmarktes geht. Je nach inhaltlichen Schwerpunkten ergeben sich dann entsprechende Interessensverbindungen kirchlicher und gesellschaftlicher Bündnisse aus Entwicklungspolitik, Tierschutz und Umweltbewegung.

64. Ebda., 17.
65. Ebda., 18.

3. Nachhaltigkeit als Leitbild künftiger Landwirtschaft

Nachdem sich die evangelische Kirche seit dem gemeinsamen Sozialwort mit der Deutschen Bischofskonferenz immer wieder in Beiträgen für eine nachhaltige und sozial gerechte Wirtschaftsordnung ausgesprochen hatte, galt mit dem Ökumenischen Agrarwort von 2003 das Prinzip der Nachhaltigkeit auch als Leitbild für die Landwirtschaft. Ursprünglich kommt der Begriff Nachhaltigkeit aus der Fortwirtschaft, wo er bereits vor über 200 Jahren eine Bewirtschaftungsform bezeichnete, bei der nicht mehr Holz geschlagen werden durfte als nachwächst. Ausgeweitet und angewendet auf die heutige Situation fordert das Konzept, nicht mehr Ressourcen zu verbrauchen als die Natur regeneriert; nicht mehr Schadstoffe in die Natur abzugeben als die ökologischen Systeme verarbeiten können.

Auch von politischer Seite wurde das Leitbild der Nachhaltigkeit für die gesamte wirtschaftliche und gesellschaftliche Entwicklung in Deutschland zum Leitmaßstab:

> Nachhaltige Entwicklung ist eine Entwicklung, die die Bedürfnisse der Gegenwart befriedigt, ohne zu riskieren, dass künftige Generationen ihre eigenen Bedürfnisse nicht befriedigen können,

so der Vorsitzende des ersten Nachhaltigkeitsbeirates der Bundesregierung Volker Hauff.[66] Mit dem Leitbild der Nachhaltigkeit ist damit eine ethische Orientierung aufgestellt, die von vielfältigen Entscheidungen und Werturteilen geprägt ist. Dabei werden die Zielsetzungen von unterschiedlichen Akteuren auch sehr unterschiedlich definiert, so dass es kontroverse Vorstellungen über die zu setzenden Maßnahmen und deren Dringlichkeit, Umsetzbarkeit und Finanzierbarkeit gibt. Das ist auch der Grund, warum Nachhaltigkeit zunehmend zu einem »Containerbegriff« wurde, in den je nach Interessen und unterschiedlichen inhaltlichen Kontexten alles Mögliche hineingefüllt werden kann. Damit besteht die Gefahr, wie auch anlässlich des zweiten Wittenberger Memorandums »Nachhaltigkeit als Aufgabe der Kirchen« betont wurde, dass Nachhaltigkeit

> [...] zu einer »Beschwörungsformel einer guten Zukunft« zu werden [droht], die so verwendet wird, dass sich viele dahinter versammeln können und ansonsten offen ausgetragene [...] Interessenskonflikte unter der Decke gehalten werden [...].
>
> Wenn sich die Kirchen für eine nachhaltige Entwicklung einsetzen, müssen sie diesen vertrackten Hintergrund der Nachhaltigkeitsdebatte beachten und ernst nehmen. Stärker, kompromissloser und polarisierender als bisher sollten Kirchen sich in den Nachhaltigkeitsdiskurs einbringen und dabei das Leitbild Nachhaltigkeit sozialethisch und politisch schärfen. Ein von der Kirche geschärfter Nachhaltigkeitsbegriff, der die heutige Nachhaltigkeitsdebatte zu beenden hilft, wäre ein wichtiger Meilenstein.[67]

---

66. Volker Hauff: Unsere gemeinsame Zukunft. Der Brundtland-Bericht der Weltkommission für Umwelt und Entwicklung, Greve 1987, 46.

67. Klaus Breyer: Die Kirchen – Promotoren für eine nachhaltige Entwicklung in Deutschland?!, in: epd-Dokumentation 27/28, 2006, 15–22, 17.

Konkret wird nachhaltige Entwicklung dann bezogen auf

- die Sicherung der unveräußerlichen Würde des Menschen, wozu die Erhaltung der Nahrungsgrundlagen und der Zugang zu sauberem Wasser ausdrücklich gezählt wird;
- die Beteiligung der Betroffenen als Partizipation und zielgerichtete Pluralität, um eine Kultur des Dialogs und der Wertschätzung zu leben;
- ein Alternativkonzept zum neoliberalen Marktradikalismus, um den Grenzen ökonomischer Ausbeutbarkeit und wirtschaftlicher Globalisierung eine Globalisierung der Solidarität entgegen zu setzen.

Bereits mit dem Ökumenischen Agrarwort von 2003 hatte die evangelische Kirche zwar verspätet, aber immerhin doch einen wichtigen Punkt gesetzt, um das Nachhaltigkeitsparadigma für den Agrarsektor zu umschreiben. Darauf aufbauend folgte ein Jahr später ebenfalls in ökumenischer Herausgeberschaft ein »Praxisbuch zum Mehr-Wert nachhaltiger Landwirtschaft«[68], um die Verantwortung der Kirchen für die Landwirtschaft im Hinblick auf ihre Schöpfungsverantwortung, die weltweite Ernährungssicherung und neue Zukunftsperspektiven zu dokumentieren und exemplarisch anhand einzelner Themenbereiche zu umreißen.

3.1 Schöpfungsbewahrung

Auch wenn Nachhaltigkeit kein biblischer Begriff ist, so wird der Gedanke seiner inhaltlichen Umsetzung in vielen kirchlichen Verlautbarungen und Beiträgen als »verborgener Kernbegriff biblischen Schöpfungsglaubens«[69] verstanden. Aufgrund ihrer besonderen Naturnähe und Natureinbindung, ihres Angewiesenseins auf die Natur wird die Landwirtschaft dann auch in besonderer Verantwortung für die Schöpfung gesehen. Nachhaltigkeit wird dann als Übersetzung christlicher Schöpfungsverantwortung in der Sprache heutiger Landwirtschaft und Agrarpolitik verstanden. Das Leitbild ermöglicht, die praktischen Konsequenzen des Schöpfungsglaubens zu konkretisieren und unter den Bedingungen und tatsächlichen Entscheidungsproblemen der modernen Gesellschaft zur Geltung zu bringen. Wie ein roter Faden zieht sich der kirchlich geprägte Nachhaltigkeitsgedanke, umgesetzt als biblischer Schöpfungsauftrag an den Menschen, die Erde zu bebauen und zu bewahren (Gen 2, 15) in ihren tieferen Zusammenhängen zu Boden, Wasser, Luft und Pflanzen. Und immer wieder wird auch darauf verwiesen, dass die Landwirtschaft als Repräsentantin dieses Schöpfungsauftrages geachtet wird, damit Saat und Ernte nicht aufhören mögen (Gen 8, 22). Demgegenüber steht der weitere biblische Auftrag »macht Euch die Erde untertan« (Gen 1, 28), woraus sich im schöpfungstheologischen Diskurs immer wieder entsprechende Spannungsfelder ergeben.[70]

Seit den 1980er Jahren wurden nicht zuletzt unter dem Eindruck des Berichtes »Grenzen des Wachstums« des Club of Rome in den evangelischen Landeskirchen

---

68. Beatrice van Saan-Klein/Clemens Dirscherl/Markus Vogt (Hg.): »... es soll nicht aufhören Saat und Ernte« (Gen 8, 22). Ein Praxisbuch zum Mehr-Wert nachhaltiger Landwirtschaft, München 2004.
69. K. Breyer, Kirchen (wie Anm. 67), 16.
70. Uwe Steffen: Machet Euch die Erde untertan!, in: Kirche im Dorf 29 (1978), 10–21.

schrittweise Arbeitsstellen für landeskirchliche Umweltbeauftragte eingerichtet, welche sich von Anfang an in einer Konferenz der Umweltbeauftragten der Gliedkirchen der EKD, später dann in der Arbeitsgemeinschaft der Umweltbeauftragten (AGU) zusammenschlossen.[71] Hier wurden und werden vorrangig alle Umweltfragen mit ihren ökologischen Spezialgebieten wie Verkehr und Mobilität, Elektrosmog, Energieverbrauch und Energieerzeugung oder Wohnen, behandelt – mitunter auch Fragestellungen, welche die Landwirtschaft betreffen.[72] Ausgangspunkt dafür war die Erkenntnis, dass mit der modernen Landwirtschaft zunehmend auch Umweltprobleme verbunden sind, worauf regelmäßig auch vom Sachverständigenrat für Umweltfragen der Bundesregierung in seinen Jahresberichten bis heute hingewiesen wird:[73]

- die Beeinträchtigung, Verkleinerung, Zersplitterung und Beseitigung naturbetonter Biotop-und Landschaftsbestandteile;
- die Gefährdung des Grundwassers durch Eintrag von Nitrat und vereinzelt auch von Pflanzenbehandlungsmitteln;
- die Gefährdung der Bodensubstanz;
- die mögliche Beeinträchtigung der Oberflächengewässer;
- die Belastung der Luft durch landwirtschaftliche Aktivitäten;
- die Emission klimarelevanter Gase wie Kohlendioxid, Methan, Lachgas und auch Ammoniak.

Dabei zeigten sich insbesondere auch die evangelischen Umweltbeauftragten gegenüber der Landwirtschaft als besonders kritische Beobachter – eben »nicht immer bequem«.[74] Aufgrund ihrer stark fachbezogenen Themenausrichtung, nämlich Schöpfungsbewahrung und Umwelt, konnten sie, anders als die kirchlichen Dienststellen für Landwirtschaft und den ländlichen Raum, welche in ihrem Selbstverständnis sich zunächst als Zielgruppenarbeit für die ländliche und insbesondere bäuerliche Bevölkerung verstanden, oftmals eindeutigere, auch extreme und sogar »prophetische« Meinungen und Stellungnahmen zum Zielkonflikt Landwirtschaft und Umwelt verlautbaren, ohne langfristig Adressaten ihres Wirkungskreises verprellen zu müssen.

Insgesamt nahm analog zu der EKD-Agrardenkschrift von 1984 sowie dem Ökumenischen Agrarwort von 2003 der Dialog über die ökologische Verantwortung der Landwirtschaft für Naturschutz, Bodenschutz, Gewässerschutz und Artenvielfalt unter dem Leitgedanken Schöpfungsbewahrung in den Kirchen eine besondere Rolle ein, wie auch im »Praxisbuch zum Mehr-Wert nachhaltiger Landwirtschaft« dezidiert in fachlicher Hinsicht ausgeführt wird:

---

71. Vgl. Gudrun Kordecki/Britta Roog/Wilhelm Wegner (Hg.): Und sie sahen eine neue Erde. 20 Jahre Arbeitsgemeinschaft der Umweltbeauftragten in der Evangelischen Kirche in Deutschland, Iserlohn 2003.

72. Vgl. Wilhelm Wegner/Klaus Nagorni/Konrad Barner (Hg.): Im Haus der Schöpfung leben. Die ökologische Frage in der evangelischen Kirche, Frankfurt/M. 1998.

73. Vgl. zusammenfassend zum Themenkomplex Landwirtschaft und Umwelt: Manfred Köhne: Die große Zeit des Wandels. Entwicklung der Organisationsstrukturen in der Landwirtschaft und deren Umfeld, in: H. Brand-Saßen, Landwirtschaft (wie Anm. 46), 129–177.

74. Hermann Barth: Die AGU aus der Sicht der EKD, in: G. Kordecki, Erde (wie Anm. 71), 29–32, 31.

[...] Eine Beschränkung auf wenige Naturschutzgebiete oder eine Einteilung in Nutzfläche und Naturschutzfläche ist langfristig wenig sinnvoll. Zu stark sind die gegenseitigen Wechselwirkungen, als dass wir eine solche Trennung vornehmen könnten. Anzustreben ist ein Verbundsystem mit Pufferzonen und Flächen, die einer natürlichen Entwicklung überlassen bleiben auf der einen Seite und landwirtschaftlich genutzter Fläche auf der anderen Seite, ein Miteinander von Naturschutz und landwirtschaftlicher Nutzung [...].

Der Boden ist ein sehr differenzierter Lebensraum für Flora und Fauna. Er ist Versickerungsfläche für das Regenwasser und hat dabei eine wichtige reinigende Funktion. Er kann in beschränktem Maße Schadstoffe aufnehmen und diese auch abbauen. Die Belastbarkeit des Bodens hat jedoch ihre Grenzen. Deshalb ist es wichtig, Bodennutzung und Bodenschutz aufeinander abzustimmen:

- Monokulturen der gleichen Pflanzenart beanspruchen den Boden einseitig und führen bei den Pflanzen nicht selten zu Anfälligkeiten gegen Schädlinge. Eine sinnvolle Fruchtfolge dagegen nutzt den Boden vielfältig und gibt ihm auch Zeit, sich zu regenerieren.
- Bodenverdichtung kann die Regenwasserversickerung, die Durchwurzelung und das Bodenleben hindern. Bei der Bodenbearbeitung und beim Einsatz von Erntefahrzeugen ist darauf zu achten, dass das Porengefüge des Bodens erhalten bleibt und sein Ökosystem nicht gestört wird.
- Der Anbau von bestimmten Pflanzen (z.B. Mais auf Hanglangen) führt bei starken Regenfällen häufig zu Bodenabtrag, Bodenverschlämmung und Nährstoffaustragung in die Gewässer. Die humushaltige Krumenschicht wird dadurch dünner, was sich auch negativ auf die Bodenfruchtbarkeit auswirkt. Hier kann die Umwandlung von Ackerland in Grünland eine wichtige Maßnahme zum Bodenschutz und damit zum Naturschutz sein.
- Um landwirtschaftliche Fläche gerade von Maschineneinsatz her besser nutzen zu können, wurden oft Hecken und kleine Gehölze an den Feldgrenzen beseitigt, ein Verlust von Lebensraum für zahlreiche Lebewesen. Eine weitere Folge kann Bodenabtrag durch Windverwehungen sein. Hecken, Bäume und Rainer sind charakteristisch für die intakte Kulturlandschaft. Sie sollte erhalten, gepflegt, wenn nötig neu angelegt werden [...]

Fließ- und Stillgewässer sind unentbehrliche Lebensräume für Tiere und Pflanzen. Einträge von Pflanzenschutzmitteln oder von Gülle, aber auch von Pflanzennährstoffen aus unmittelbar angrenzenden Äckern können sich störend auf dieses Ökosystem auswirken. Es heißt deshalb in den genannten Richtlinien zur naturschonenden und umweltgerechten Bewirtschaftung: Ackerland und Grünland entlang von Fließ- und Stillgewässern darf auf einer Breite von mindestens zehn Metern nicht gedüngt oder mit Pflanzenschutzmitteln behandelt werden.

In diesem Zusammenhang soll auch die landwirtschaftliche Nutzung in Wasserschutzgebieten angesprochen werden. Die Reinhaltung des Trinkwassers hat oberste Priorität. Durch extensivere Nutzung der Flächen im Einzugsgebiet können die Landwirte dazu einen Beitrag leisten. Notwendig sind aber auch Ausgleichszahlungen für dadurch bedingte Ertragseinbußen [...].

Intensiv gedüngtes Grünland mit mehrmaliger jährlicher Mahd bietet für die Entwicklung einer artenreichen Wiesenflora und Wiesenfauna wenig Möglichkeiten, denn eine Überdüngung mit Stickstoff fördert die Gräser auf Kosten der Kräuter und Leguminosen. Mahdtermine nach dem 15. Juli oder noch später könnten bei gleichzeitiger Düngereduktion Abhilfe schaffen und zusätzlich Jungtieren ausreichend Zeit zur Entwicklung geben, damit sie den Mähwerken entkommen können. Überständiges Gras verliert allerdings sehr schnell an Nährwert, weshalb der grasreiche Aufwuchs von intensiv gedüngtem Grünland nach Spätschnitten nur noch begrenzt verwertbar ist. Auf Sonderstandorten wie z.B. Feuchtwiesen und Magerrasen werden den Landwirten für die Ertragseinbußen Ausgleichszahlungen zur Verfügung gestellt, z.B. durch Vertragsnaturschutzprogramme [...].

Wo Maßnahmen des Naturschutzes zu Ertragseinbußen führen, insbesondere in Grenzertragslagen und z.B. in Wasserschutzgebieten oder bei späteren Mahdterminen, sind Ausgleichszahlungen unbedingt erforderlich. Bislang haben schon viele Landwirte ohne besondere finanzielle Entschädigung durch eine nachhaltige Wirtschaftsweise wesentlich zum Naturschutz und zum Erhalt der Kulturlandschaft beigetragen.

Für den dringend notwendigen Dialog zwischen Landwirtschaft und Naturschutz können die Kirchen wichtige Anstöße geben [...].[75]

Folglich wurde innerhalb der Diskussion um ein kirchliches Leitbild für die Landwirtschaft oftmals der ökologische Landbau im Vergleich zum konventionellen Landbau favorisiert. Tatsächlich können im ökologischen Landbau verschiedene wirtschaftliche und gesellschaftliche Vorteile gesehen werden.[76] Da geringere Naturalerträge erzielt werden, sind intensitätssteigernde Produktionsmittel kaum bzw. weniger im Einsatz. Damit verbunden sind wesentlich weniger Agro-Chemikalien. Sowohl die Überschuss-Problematik an organischen Düngestoffen als auch an Emissionen ist geringer. Der ökologische Landbau erfolgt näher an den Zielen des Wasser- und Naturschutzes. Dies resultiert ebenfalls aus der geringeren speziellen Intensität und der größeren Vielseitigkeit der Produktion.

Solche vielfältig auch empirisch belegte Vorteilhaftigkeit des ökologischen Landbaus für die Schöpfungsbewahrung wurde von der praktizierenden Landwirtschaft immer wieder aber auch als Vorwurf an die überwiegend konventionell wirtschaftenden Bauernfamilien verstanden. Zahlreich waren die daraus entstehenden Streitereien, Missverständnisse und persönlichen Verletzungen, die in der praktischen Arbeit mit Bäuerinnen und Bauern von kirchlicher Seite erlebt werden mussten. Die Bauern fühlten sich in ihrer professionellen Rolle als Schöpfungsbebauer und Schöpfungsbewahrer und »gute Christen« nicht mehr verstanden. Sie hatten doch in jahrhundertealter Tradition Schöpfungsbebauung betrieben, noch nicht einmal übermäßig viel Geld damit verdient und mussten sich als treue Kirchgänger nun dem Vorwurf der Kirche aussetzen, ihre Arbeit nicht im Interesse der Schöpfungsbewahrung zu verrichten. Bis heute können solche Grabenkämpfe innerhalb der kirchlichen Bauern- und Landarbeit beobachtet werden, bei denen es mit hohem empathischen Einfühlungsvermögen gilt zwischen den unterschiedlichen Erwartungshaltungen und Standpunkten zu vermitteln.

Im Zuge der Klimaschutzdiskussion, welche von Seiten der evangelischen Kirche von Anfang an mit starkem Engagement begleitet wurde, geriet auch die Landwirtschaft wiederum in den Blickpunkt:

- als Opfer der Klimafolgen aufgrund möglicher Ertragsausfälle durch Trockenheit, fehlende Niederschlagsmengen bzw. Unwetter;
- als Chance beim Klimawandel gegenzusteuern über den Anbau von regenerativen Energiepflanzen als Substitutionsmöglichkeit für CO_2-emittierende fossile Energieträger;
- aber auch als Verursacher des Klimawandels, wie in einer EKD-Studie bereits frühzeitig aufgeführt wurde.

Insbesondere der Beitrag der Landwirtschaft zur Klimaerwärmung bzw. ihr potentieller Beitrag zum Klimaschutz werden zunehmend diskutiert:

75. Gotthard Dobmeier: Dialog zwischen Landwirtschaft und Naturschutz, in: B. van Saan-Klein/C. Dirscherl/M. Vogt, »es soll nicht aufhören« (wie Anm. 68), 17–21.

76. M. Köhne, Zeit (wie Anm. 73), 148.

Mehr als 50 % des vom Menschen produzierten klimawirksamen Methan (CH_4) stammt aus der Landwirtschaft [...]. In Deutschland stammen 2 von 6 Mio Tonnen Methan pro Jahr aus der Landwirtschaft, hauptsächlich aus der Viehhaltung und der Güllewirtschaft.

Verschiedene direkt oder indirekt klimawirksame Stickstoffverbindungen kommen in der Landwirtschaft zum Einsatz oder stehen in verschiedenen Stoffkreisläufen. Sie gelangen von hier aus in der Atmosphäre. Die Ammoniak- (NH_3) und Ammonium (NH_4)-Emissionen sind vor allem mit der industriellen Massenviehhaltung und der damit zusammenhängenden Güllewirtschaft verbunden. Besonders Ammoniak ist über seine klimaschädigende Wirkung hinaus maßgeblich an der Versauerung und Nährstoffüberlastung (Eutrophierung) der Böden und Gewässer beteiligt. Damit werden unsere natürlichen Ökosysteme, wie z. B. die Wälder, geschädigt und fallen insoweit in ihrer Funktion als CO_2-Speicher aus.

Ähnlich komplex wirkt das Distickoxid (N_2O, genannt Lachgas) als Ozonzerstörer und als Treibhausgas. Es entstammt im wesentlichen dem übermäßigen Einsatz von mineralischen und organischen Stickstoffdüngern, die den überdüngten Böden gasförmig entweichen. Eine andere Wirkung der überschüssigen Stichstoffdüngung besteht darin, dass Nitrat (NO_3) in das Oberflächen-und Grundwasser ausgewaschen wird. Es belastet den gesamten Wasserkreislauf der Ökosysteme, beeinträchtigt die Trinkwasserversorgung und gelangt zum Teil auch über diesen Weg in Form von Distickoxid in die Atmosphäre. [...]

An der Entstehung von CO_2-Emissionen ist die Landwirtschaft regional unterschiedlich beteiligt [...]. In den Industrieländern setzt der hohe Einsatz technischer Produktionsmittel (Dünger, Pestizide, Mechanisierung) den Verbrauch fossiler Energieträger voraus und fördert die CO_2-Emissionen [...].

[...]

Der ökologische Landbau und andere Formen naturverträglicher Landwirtschaft sollten aus Gründen des Klimaschutzes und des generellen Schutzes der Ökosysteme politisch wirksamer unterstützt werden [...].[77]

In dem doppelten biblischen Auftrag, nämlich Gestaltung und Bewahrung der Schöpfung, ist das Spannungsfeld der Nachhaltigkeitsdiskussion für die Landwirtschaft am deutlichsten umrissen:

- dass der göttliche Herrschaftsauftrag nicht den Auftrag zur totalen, unbegrenzten Dominanz des Menschen über die Schöpfung einschließt;
- dass der Mensch als Ebenbild Gottes immer auch ein Teil der Schöpfung ist;
- dass die Schöpfungsgaben keine Garantie für ökologische Fülle und dauerhaftes ökologisches Gleichgewicht sind;
- und dass die im Glauben eröffnete Zukunft des Menschen ihn nicht von seiner Verpflichtung zur Treue gegenüber der Erde entbindet.

In diesem Zusammenhang wird die Frage des technischen Fortschritts im Kontext der Nachhaltigkeit immer stärker gerade auch für die Landwirtschaft diskutiert.

3.2 Bewertung des technischen Fortschritts

Die Schöpfungsverantwortung der Landwirtschaft wird in kirchlicher Reflektion konkret daraufhin überprüft, inwiefern der Mensch in die Schöpfung gestalterisch oder zerstörerisch eingreift. Dabei werden die ökologischen Probleme des moder-

77. Gefährdetes Klima – unsere Verantwortung für Gottes Schöpfung. Studie des Beirates des Beauftragten des Rates der Evangelischen Kirche in Deutschland für Umweltfragen (EKD-Texte 52), Hannover 1995, 32–35.

nen Zeitalters auch auf den quantitativen wie qualitativen Einsatz verschiedener Technologien, insbesondere auch innerhalb der landwirtschaftlichen Produktion zurückgeführt. Die »Wachstums-, Umwelt- und Energiekrise der Gegenwart« wird als Ausdruck eines gestörten menschlichen Verständigungssystems zwischen Technik und Natur gesehen.[78] Der wissenschaftlich-technische Fortschritt wird als Tendenz zur fortschreitenden Beherrschbarkeit natürlicher Prozesse durch den Menschen definiert. Für die Eingriffsdichte in die Natur gäbe es keine prinzipiellen Grenzen mehr, allenfalls aktuelle, welche man aus politisch-strategischen Gründen nicht überschreiten dürfe, weil es dazu an gesellschaftlicher Akzeptanz mangele. Tatsächlich bleibe es jedoch das Ziel des wissenschaftlich-technischen Fortschrittes, diese Grenzen kontinuierlich weiter hinaus zu schieben, um damit der Naturbeherrschung immer Stück für Stück näher zu kommen.

Ganz anders bewerten die modernen Agrarwissenschaften die Einsatzpotenziale des technischen Fortschritts im Interesse einer nachhaltigen Landwirtschaft: eine Substitution der begrenzten natürlichen Ressourcen durch andere, gänzlich neue stoffliche Nutzungen würde ermöglicht und zudem durch innovative Steuerungsmechanismen eine ständig verbesserte Kontrolle der Beanspruchung regenerativer Ressourcen erreicht. Entsprechend werden Indikatorensysteme, angepasst an Input- und Output-Relationen aufgestellt, um Knappheitsphänomene endlicher Ressourcen zu erfassen. Bestes Beispiel hierfür sind die Nachhaltigkeitsstandardisierungen, welche zu einem Öko-Agraraudit für die modernen landwirtschaftlichen Betriebe führen, wie es zum Beispiel auch durch die Deutsche Landwirtschaftsgesellschaft (DLG) etabliert wurde.[79] Dadurch sollen die Produktionsprozesse und die betriebliche Effizienz landwirtschaftlicher Betriebe unterstützt werden und einen wertvollen Beitrag zur Ressourceneinsparung leisten. Präzise Naturbeobachtung und angewandte wissenschaftliche Naturnutzung mittels Einsatz von Technik wird damit zur Grundlage der Schöpfungsbewahrung erhoben.

Unter Rückgriff auf Albert Schweitzers Äußerung »Ich bin Leben, das leben will, inmitten von Leben, das auch leben will« wird dazu auch aus kirchlichen Kreisen eine Gegenposition der menschlichen Anmaßung von Naturbeherrschung aufgestellt. Die Aufforderung zur Ehrfurcht vor dem Leben wird im Sinne der Ethisierung des menschlichen Naturumgangs als eine grundsätzliche Alternative zum kartesianischen Naturbegriff verstanden, wie er im naturwissenschaftlich-technischen Weltbild dogmatisiert wird. Natur dürfe nicht nur Objekt und Sache, Gegenstand menschlicher Nutzungs- und Ausbeutungsinteressen sein.[80] Kritik entzündet sich grundsätzlich an dem Verständnis von Landwirtschaft wie es seit dem Begründer der modernen Agrarwissenschaft Albrecht Thaer vorgenommen wird. Dieser definierte Landwirtschaft als »Gewerbe, welches zum Zweck hat, durch Produktion [...] vegetabilischer und thierischer Substanzen Gewinn zu erzeugen oder Geld zu erwerben«. Darin wird ein fehl geleitetes Schöpfungsverständnis gesehen, wenn Natur nicht mehr als die eigentlich produzierende Kraft wahrgenommen werde, sondern als Rohstoffbasis, die im Prinzip unbegrenzt zur Verfügung stehe und

78. Vgl. G. Altner, Gegenwart (wie Anm. 19).
79. Vgl. Ph. von dem Bussche, Nachhaltigkeit (wie Anm. 38).
80. Günter Rohrmoser: Ethische Verantwortung im Umgang mit der Natur, in: Agrarwirtschaft 43 (1994), 169–172.

deren Verbrauch nur mit den Gewinnungskosten in die Wirtschaftsrechnung einhergehe.[81] Somit seien die drei Dimensionen des landwirtschaftlichen Fortschritts aus Mechanisierung, Biologisierung und Systemorganisation unumkehrbar in ihren wirtschaftlichen Auswirkungen mit der Produktivitätsentwicklung und den beschäftigten Menschen verbunden. Die Leitziele technischen Fortschritts würden mit ihren Grenzüberschreitungen als »schneller, mehr, größer, weiter und höher« erfolgreich umgesetzt, wie sich in der allgemeinen agrarischen Produktivitätsentwicklung belegen lässt.[82]

Doch gerade an diesem technischen Verständnis der landwirtschaftlichen Produktion stößt sich zunehmend auch ein ganzheitliches Denken humanökologischer Mensch-Natur-Einbindung. Danach erzeugen Landwirte ihre Produkte nicht selbst wie Handwerker und Industriearbeiter. Sie gehen eher mit Pflanzen und Tieren um und daraus entstehen Erzeugnisse. Eier, Milch, Getreide, Kartoffeln, Obst und Gemüse werden nicht in mechanischen Produktionsprozessen wie Autos produziert, sondern von Tieren und Pflanzen. Von daher wird die Landwirtschaft mit ihren organischen Wachstums- und Entwicklungsprozessen auch gerne von den industriellen Organisationsprinzipien aus Mechanisierung, Automatisierung, Spezialisierung und Rationalisierung unterschieden.[83] Daran knüpft sich eine grundsätzliche Auseinandersetzung um die Bedeutung des technischen Fortschritts innerhalb der landwirtschaftlichen Arbeit an.

Während die kirchliche Bauernarbeit in den 1950er/60er Jahren den technischen Einzug in die Landwirtschaft noch begrüßte und als mögliche negative Folgeeffekte lediglich das Spannungsfeld zwischen wirtschaftlicher Vorteilhaftigkeit der Technisierung und die daraus entstehende Arbeitshektik und den größer werdenden Zeitdruck diskutiert hatte[84], wurde der technische Fortschritt im Zusammenhang mit den ökologischen Krisensymptomen, wie sie für die Landwirtschaft in der EKD-Agrardenkschrift von 1984 und dem Ökumenischen Agrarwort von 2003 beschrieben wurden, zunehmend zum Gegenstand einer kritischen Betrachtung. Besonders deutlich wurde dies im Umgang mit der Grünen Gentechnik. Während für den Arbeitskreis evangelischer Unternehmer in Deutschland e.V. (AEU) die Grüne Gentechnik

> [...] keinen unangemessenen oder ethisch illegitimen Eingriff in das Ökosystem darstellt, sondern eine verantwortbare Weiterentwicklung erfolgreicher Züchtungsverfahren mit anderen Mitteln

ist,

> die im Einklang mit dem Leitbild der »nachhaltigen Entwicklung« (Agenda 21, Rio 1992) steht und geeignet ist, sowohl ökologische Stabilisierung als auch ökonomischen Wohlstand und soziale Sicherheit zu fördern – für diese und kommende Generationen [...][85],

---

81. Ebda., 170.
82. Vgl. Günther Weinschenk: Die Rückkehr in den Kreis des Möglichen als agrarpolitische Aufgabe, in: Kirche im ländlichen Raum. Sonderheft zum 60. Geburtstag von Herbert Rösener, 1991, 24–27.
83. Günther Weinschenk: Wirtschaften nach Lust und Laune? Ökonomische Grenzhorizonte bei der Bewertung von Agrarkultur, in: Kirche im ländlichen Raum 55 (2004), Heft 2, 21–24, 22.
84. Vgl. C. Dirscherl, 50 Jahre (wie Anm. 17), 38f.
85. Arbeitskreis evangelischer Unternehmer in Deutschland e.V. (AEU): Grüne Gentech-

Modernisierung der Landwirtschaft durch technischen Fortschritt:
Mähdrescher 1936 und 2011
(Mit freundlicher Genehmigung der Claas KGaA mbH, Harsewinkel)

sehen die evangelischen Fachdienste für Landwirtschaft und ländlichen Raum, die evangelischen Umweltbeauftragten sowie die entwicklungspolitischen Organisationen die Grüne Gentechnik eher mit Skepsis.[86] Dabei werden Kritikpunkte an der Grünen Gentechnik formuliert:

- die Gefährdung der Verbraucherautonomie infolge fehlender Kennzeichnung und Rückverfolgbarkeit bei gentechnisch veränderten Produkten innerhalb der Nahrungsmittelkette;
- Gesundheitsrisiken beim Verzehr;
- Ökologische Risiken beim Anbau;
- Gefährdung der Artenvielfalt;
- Größenstrukturprägende Auswirkungen auf einen Konzentrationsprozess in der Landwirtschaft;

---

nik. Vom ritualisierten Streit zum sachorientierten Diskurs, München 2., aktualisierte Auflage 2000, 103.

86. Arbeitsgemeinschaft der Umweltbeauftragten der evangelischen Kirchen in Deutschland (AGU) u. a.: Ungelöste Fragen – uneingelöste Versprechen. 10 Argumente gegen die Nutzung von gentechnisch veränderten Pflanzen in Landwirtschaft und Ernährung. Ein gemeinsames Positionspapier [7. Oktober 2003], in: B. van Saan-Klein/C. Dirscherl/M. Vogt, »es soll nicht aufhören! (wie Anm. 68), 42–45.

- Gefährdung einer gentechnikfreien Landwirtschaft infolge nicht realisierbarer Koexistenz zwischen Gentechnikanbau und gentechnikfreier Landbewirtschaftung;
- Fehleinschätzungen im Hinblick auf Pestizid-und Herbizideinsparungen sowie Ertragssteigerungen;
- Zunehmende Monopolisierung der Nahrungsmittelerzeugung, insbesondere im Hinblick auf die Patentierung von Pflanzen und Tieren;
- Problematische Versprechen im Hinblick auf ihren Beitrag zur Beseitigung des Hungers in der Welt.

Offiziell positionierte sich die EKD zur Grünen Gentechnik nicht eindeutig, legte jedoch 1997 mit der Schrift »Einverständnis mit der Schöpfung« einen Beitrag zur ethischen Urteilsbildung vor.[87] Dabei kam man zu dem Schluss, dass es nicht möglich erscheint, die Frage »Dürfen wir, was wir können?« für die Anwendung der Gentechnik mit einem pauschalen Ja oder Nein zu beantworten. Vielmehr wurde die Notwendigkeit betont, in jedem Einzelfall sorgfältig das Für und Wider zu prü-

87. Einverständnis mit der Schöpfung. Ein Beitrag zur ethischen Urteilsbildung im Blick auf die Gentechnik und ihre Anwendung bei Mikroorganismen, Pflanzen und Tieren. Vorgelegt von einer Arbeitsgruppe der Evangelischen Kirche in Deutschland, 2., um einen Anhang erweiterte Auflage, Gütersloh 1997.

fen und hierdurch zu differenzierten Urteilen zu kommen (Kapitel III). Dazu werden zunächst allgemeine ethische Perspektiven wie die Abschätzung der Folgen, Bewertung der Risiken, Abwägung von Kosten und Nutzen, die Einbeziehung von Alternativen sowie die Dimension der Gerechtigkeit aufgeführt (Kapitel IV). Dann folgen ethische Kriterien für das menschliche Handeln gegenüber der Natur: der Respekt vor dem Gegebenen, dass die Natur nicht vom Menschen geschaffen wurde, sondern von Gott, dem Schöpfer. Zudem wird Solidarität mit den Mitgeschöpfen eingefordert in der Einsicht, dass Menschen in Gemeinschaft mit anderen Lebewesen in einem vielfältigen Zusammenhang stehen. Hier gelte es, über das Prinzip der Gerechtigkeit deren Lebensrecht und deren Lebensmöglichkeiten zu respektieren. Besondere Perspektiven für die Gentechnik werden dann aufgeführt im Hinblick auf ihre

- Artgerechtheit: dass Lebensraum und Lebensweise jeder Art in einem Wechselverhältnis von Anpassung lernen und fremder Einwirkung stehen und von daher nicht beliebig jeder Veränderung ausgesetzt werden könne;
- Artgrenzen: dass es zwischen den Arten eine natürliche Barriere gebe, welche als sinnhafte Gegebenheit anerkannt und nicht ohne Not übergangen werden sollte;
- Artenvielfalt: als Grundlage und Bedingung des Lebens;
- Fehlerfreundlichkeit: dass bei allen menschlichen Versuchen der Optimierung und Spezialisierung von Lebensbedingungen die Auswahl und der Einsatz von technischen Mitteln und Verfahren ein hohes Maß an Fehlertoleranz aufweisen sollte.

Damit wird eine differenzierte Sichtweise zur Anwendung der Grünen Gentechnik in der Landwirtschaft gefordert und allen vereinfachenden Polarisierungen zwischen »Fluch« und »Segen« eine Absage erteilt:

> […] In christlicher Tradition ist der Mensch zum Ebenbild Gottes geschaffen, woraus sich eine Verantwortungskultur seiner Mitgestaltung der Schöpfung ableitet. Dabei sind jedoch auch Grenzen zu ziehen, wie sie sich aus der Weisheit der göttlichen Schöpfungsordnung ergeben, um menschlichen Allmachtsphantasien entgegenzuwirken. Kirchliche Positionen sind also nicht per se »fortschrittsfeindliche«, sondern reflektieren die normativen Grundlagen, Ergebnisse und möglichen Auswirkungen einer jeweiligen Technik, um einer »naiven Technikgläubigkeit« eine rationale Technikabwägung und ethisch begründete Technikanwendung gegenüberzustellen. […]
>
> Grüne Gentechnik ist weder Fluch noch Segen, sondern als eine Technik wahrzunehmen, die in ihrer analytischen Präzisionsfähigkeit in Beziehung zur konventionellen Züchtung zu setzen ist (z.B. Gen-Screening). Es geht um ein reales Abwägen der aktuellen Anwendungssituation. Da gibt es sicher auch Optionen, welche als »Chancen« immer wieder die Diskussion prägen, deren Umsetzung jedoch nach wie vor auf sich warten lassen. Andererseits existiert noch ein erheblicher Bedarf an ökologischer und sozio-ökonomischer Sicherheitsforschung, die bis heute große Lücken aufweist […][88]

Eindeutig fällt das Votum der evangelischen Kirche zur Frage der Patentierung von Pflanzen und Tieren aus. Die evangelischen Fachorganisationen aus den Bereichen Landwirtschaft, Umwelt und Entwicklungspolitik fordern seit langem ein eindeutiges Verbot der Patentierung von Pflanzen und Tieren sowie pflanzlichen und

88. Clemens Dirscherl: Weder Fluch noch Segen. Die grüne Gentechnik – eine ethische Technikfolgenabschätzung aus kirchlicher Sicht, in: VDL-Journal 60 (2010), Heft 4, 8f.

tierischen Gensequenzen.[89] Dafür werden schöpfungstheologische wie sozialethische Einwände geltend gemacht. Pflanzen und Tiere sowie deren Gene seien Teile der Schöpfung Gottes und damit aus einem organischen Entwicklungsprozess über Jahrhunderte als Gut der Menschheit entstanden. Über sie dürften nicht einzelne Profiteure verfügen und sich deren ökonomische Verwertung formal-juristisch über die Patentierung aneignen. Anders als bei technischen Erfindungen, wo Innovationen aus dem menschlichen Kreativgeist entstünden, seien Pflanzen und Tiere Mitgeschöpfe mit eigener Integrität. Diese Einmaligkeit sei Ergebnis ihrer Fortpflanzung, auch unter menschlichem Einfluss, wie die Züchtung zeige, jedoch nicht als bloßes mechanisches Objekt zur instrumentellen Verwertung. Zudem erfolge durch die Patentierung eine weit reichende Monopolisierung der allgemeinen Lebensgrundlagen mit gravierenden Auswirkungen auf die Landwirtschaft und die genetische Vielfalt der Nutzpflanzensorten. Damit führten Patente auf Pflanzen und Tiere zu negativen Auswirkungen auf Forschung, Züchtung und die Landwirtschaft insgesamt. Die Entwicklungsländer würden durch Biopiraterie massiv benachteiligt. Gerade angesichts des Klimawandels sei es von hohem gesamtgesellschaftlichem Interesse, dass der Zugang zu den genetischen Ressourcen nicht privatisiert würde, sondern die Vielfalt des Lebens erhalten werde und zur Sicherung der Welternährung für alle Menschen zugänglich bleibe.

Infolge der in kirchlichen Kreisen breit geführten Diskussion über die Grüne Gentechnik stellte sich für die Kirche als Landbesitzer und Landverpächter die Frage, wie sie selbst formaljuristisch mit der möglichen Aussaat gentechnisch veränderten Saatguts umgehen sollte. Daraus entstand eine Bewegung innerhalb der EKD »Keine Gentechnik auf Kirchenland«[90], infolge deren sowohl die Grundstückskommission der EKD als auch die für den Immobilienbesitz Verantwortlichen in den einzelnen Landeskirchen ihre Musterpachtverträge daraufhin überprüften. So haben bis heute fast alle Landeskirchen innerhalb der EKD Ausbringungsverbote bzw. Empfehlungen zum Ausschluss von gentechnisch veränderten Pflanzen oder Saatgut vertraglich verankert und auch der Musterpachtvertrag der Grundstückskommission der EKD hat einen entsprechenden Passus aufgenommen.

Bis heute stellt die Grüne Gentechnik eine besondere Thematik für die Landeskirchen und Kirchengemeinden vor Ort dar. Einzelne Kirchengemeinden schlossen sich den Aufrufen zu gentechnikfreien Anbauzonen vor Ort an und die meisten Landessynoden haben sich mit der Grünen Gentechnik aus ethischer Sicht befasst. Regelmäßig werden Sachverständige der evangelischen Kirche zu gesellschaftlichen Foren und politischen Anhörungen zur Technikfolgenabschätzung geladen, um ihre Positionen zur Grünen Gentechnik als neue Fortschrittsdimension der Landwirtschaft aus christlich-ethischer Sicht darzulegen.[91] Immer wieder beteiligen sich

89. Vgl. epd-Pressemeldung 25/2009: Biopatente einschränken. Kirchliche Experten fordern eine Verschärfung der EU-Patentrichtlinie.

90. Vgl. Gudrun Kordecki/Michael Schickedanz: Keine Gentechnik auf Kirchenland, in: G. Kordecki, Erde (wie Anm. 71), 211–214.

91. Clemens Dirscherl: Abschluss der Diskursrunde Grüne Gentechnik – Stellungnahme als Vertretung der EKD zur gesellschaftlichen Debatte, Hohebuch 2003; Ruth Hammerbacher: Diskurs Grüne Gentechnik. Abschlussbericht der Moderation, Osnabrück 2003.

kirchliche Initiativen und Gruppierungen auch an gentechnikkritischen öffentlichen Kampagnen; dabei wird jedoch eine deutliche Distanz zu kriminellen Aktivitäten wie Felderbefreiungen gehalten.

3.3 Umgang mit dem täglich Brot: Ernährungsethik und Ernährungssouveränität

Im Ökumenischen Agrarwort von 2003 erfolgte erstmals von Seiten der evangelischen Kirche der deutliche Hinweis, dass eine unabdingbare Voraussetzung für eine nachhaltige Landwirtschaft eine angemessene Wertschätzung von Lebensmitteln durch die Verbraucher sei. Eine »neue Kultur bewusster Ernährung und aufmerksamer Essenszubereitung« wurde als Beitrag zur Achtung vor der Schöpfung und zur eigenen Gesundheit gefordert. Ausdrücklich wurde zu den ethischen Leitlinien für eine nachhaltige Landwirtschaft der Beitrag einer neuen Ernährungsethik dargelegt (Ziffer 69–72) und die Erfordernis von »Verbraucherverantwortung und Lebensstilwandel« (Ziffer 102–108) angemahnt. Dabei solle es nicht nur um Verzicht als solchen in Form von Askese gehen, sondern um ein neues Qualitätsbewusstsein, um als Verbraucher an einer aktiven Mitgestaltung der landwirtschaftlichen Zukunft beizutragen.

Der Wandel der Ernährungskultur wurde von kirchlicher Seite seit Anfang der 1990er Jahre immer wieder sowohl aus zivilisationskritischer Perspektive wie auch entwicklungspolitischer Sicht thematisiert. Grundsätzlich wurde dabei unter dem Blickwinkel »der Mensch ist, was er isst« reflektiert, dass Ernährung mehr als Essen, nämlich die physiologische Sättigung des Körpers mit Kalorien sei[92], sondern Ausdruck eines spezifischen Beziehungsgeflechts zwischen landwirtschaftlicher Erzeugerseite und Verbrauchern darstellt.[93] Hintergrund hierzu waren die immer größer gewordenen Be-, Verarbeitungs- und Handelsstrukturen in der Ernährungswirtschaft, welche zu einer Kluft zwischen Landwirtschaft und Verbrauchern geführt hatten. Unter dem Reizwort der »lila Kühe« wurde offenbar, dass immer mehr gerade jüngere Menschen nur noch sehr ungenaue Vorstellungen davon haben, wo Milch, Brot, Fleisch, Eier, Honig, Gemüse und Obst herkommen und wie diese Lebensmittel erzeugt werden. Um diese Entfremdung zu überwinden und die Verbindung zwischen Produzenten und Konsumenten zu verbessern, wurden immer wieder Initiativen für die regionale Vermarktung landwirtschaftlicher Produkte angestoßen. Das Wissen um das täglich Brot, seine Entstehungsgeschichte und die Schwierigkeiten seiner Erzeugung sollte dadurch thematisiert werden.[94] Damit wurde der Blick der klassischen gesundheitlichen Sicht auf das Thema Ernährung ausgeweitet, denn bei traditionellen Ernährungsempfehlungen geht es um Nährwert und Inhaltsstoffe der Lebensmittel, kaum aber um die Herkunft (aus der Region,

92. Kirche im ländlichen Raum 44 (1993), Heft 4: Ernährung – mehr als Essen.
93. Kirche im ländlichen Raum 43 (1992), Heft 1: Erzeuger und Verbraucher zwischen Supermarkt und Direktvermarktung.
94. Clemens Dirscherl: Ernährungsethik zwischen Verbraucherschizophrenie und Kundensouveränität, in: Agra-Europe: Länderberichte 45 (2004).

Deutschland, Europa oder Übersee), die Erzeugungsweise (z. B. Anbau im Freiland oder Treibhaus, konventioneller oder ökologischer Anbau), Transportwege (aus der Umgebung, über Bahn, Schiff, Flugzeug oder LKW) oder Verpackung. Die zunehmende Umweltbelastung, der enorme Energieverbrauch mit seinen Klima verändernden Folgen sowie die globalen Ungerechtigkeiten wie Armut, Hunger und Landlosigkeit in Ländern der Dritten Welt stellen die Verbindung einer nachhaltigen Lebensweise des Einkaufs- und Ernährungsverhaltens in seinen Wechselwirkungen mit ökologischen, sozialkulturellen, ökonomischen und politischen Aspekten her. Am Ende der vielfältigen Verknüpfungen steht der Verbraucher, der mit seiner Kaufentscheidung beeinflusst, welche ökologischen und sozialen Effekte Lebensmitteln zuzuschreiben sind und welche Produkte sich durchsetzen. Eine Ernährungsethik als Beitrag zu neuer Kundensouveränität wurde damit zunehmend von Nichtregierungsorganisationen aus dem umwelt- und entwicklungspolitischen Bereich, aber auch aus kirchlichen Kreisen gefordert.[95] Dabei wurde deutlich, dass im alltäglichen Konsumverhalten immer wieder eine Diskrepanz zwischen geäußerten Präferenzen und dem praktischen Verhalten offen zu Tage traten: ob dies die in Meinungsumfragen bekundete Zustimmung der Verbraucherschaft zu Ökolandbau, regionalen Lebensmitteln, Eiern aus Freilandhaltung oder Produkten aus fairem Handel war oder die Bevorzugung von Lebensmitteln direkt vom Bauern, jedes Mal zeigte sich in konkreten Marktanalysen, dass der Preis mehrheitlich das entscheidende Einkaufskriterium bei Lebensmitteln ist.[96] Forderungen nach einer »neuen Verbraucherethik« setzen daher auf einen gesamtgesellschaftlichen Wertewandel, zu dem u. a. die wahrhaftige Einsicht gehört,

> [...] dass der Verbraucher sich maßlos, verschwendungssüchtig, billig, ausschließlich egoistisch motiviert bei seinem Konsum verhält (Rabattschlachten, Schnäppchenjagd, etc.). Es fehlt also bei Verbrauchern eine Orientierung für »Preiswertigkeit«. Der Preis als alleiniger Orientierungsmaßstab wird hinterfragt – deshalb »Ethik des Konsums« bzw. »Verbraucherethik« [...]. Für eine »neue Ethik des Konsums« ist insbesondere auch das Einkaufs- und Ernährungsverhalten aus christlicher Sicht bedeutsam. Die Bitte um das »täglich Brot« im Vater unser lässt eine besondere Verantwortung für die Brotherstellung, den eigenen Brotgebrauch und die Zusammenhänge der Brotverteilung gegenüber den Nächsten in den Blick rücken. Darüber hinaus sind schöpfungstheologische Zusammenhänge mit der Erzeugungsgrundlage des täglich Brot verbunden, wobei Brot stellvertretend für alle Lebensmittel steht. Von daher ist auch der Bezug von Lebensmitteln als Mittel zum Leben im Unterschied zu Nahrungsmitteln zur reinen physiologischen Sättigung des Körpers mit Kalorien zu unterscheiden, weswegen eine besondere Wertebegründung für das Ernährungsverhalten aus christlicher Sicht über die ausschließliche materielle Begründung (satt, billig und viel) hinausweist.

Verbraucher sind in der modernen Konsumgesellschaft durch die Vielzahl und Vielfalt an Waren- und Dienstleistungen und die damit verbundenen Sachinformationen und Werbebotschaften einschließlich widersprechender Kommentierungen irritiert und überfordert. Daraus ergibt sich aus einem Gefühl der Ohnmacht eine »Gleich-Gültigkeit«, so dass die Waren- und Dienstleistungen unabhängig von ihrer qualitativen Beschaffenheit, Herkunft,

95. Clemens Dirscherl/Markus Vogt: Ernährungsethik: Ein Beitrag zu neuer Kundensouveränität, in: B. van Saan-Klein/C. Dirscherl/M. Vogt, »es soll nicht aufhören« (wie Anm. 68), 73–77.
96. Vgl. C. Dirscherl, Ernährungsethik (wie Anm. 94).

etc. für den Nutzen des Verbrauchers als »gleich-gültig« wahrgenommen werden. Diese »Gleich-Gültigkeit« ist nicht nur Ausdruck von Desinteresse an einer ethischen Begründung für die Auswahl, sondern eine Bewältigungsstrategie, um einer eigenen ethischen Begründung entgehen zu können. Diese wird an andere Kompetenzstellen delegiert [...]. Sobald diese Kompetenzstellen (zuständig, sachkundig und maßgebend) Schwächen aufweisen, müssen sie sich darum bemühen, gegenüber den Verbrauchern ihre ethische Legitimationsinstanz zu behaupten (Rückrufaktionen, Qualitätssicherungssysteme, »noch billiger« oder »öko fair«).

Unsere komplexe Lebenswirklichkeit ist Fakt. Daraus ergibt sich ein Spannungsfeld zwischen pragmatischem Verbraucherverhalten (Zeit, Geld, Informationsüberdruss, Bequemlichkeit) und einer Verbraucherethik [...]. Eine Ethikdiskussion des Konsums ist eine grundsätzliche Frage nach der Lebensqualität [...] Der Bezug zur individuellen Menschenwürde weist zu einer Antwort auf die Frage: was bin ich mir als Mensch wert (habe ich billig für mich, meine Familie, meine Gäste nötig?). Daraus ergibt sich erst eine Kundensouveränität, die losgelöst von rein pekuniären Kriterien (billig) oder Werbebotschaften (bunt) selbstbestimmt, genussorientiert und damit subjektiv begründet auswählt, entscheidet und verbraucht, woraus sich ein reflektiertes Selbstbewusstsein als Verbraucher entwickeln kann. Eine Ethik des Konsums erweitert den Horizont der Menschenwürde über den individuellen Bezugsrahmen hinaus, auch in Verantwortung für die Menschenwürde anderer. Konkret wird die eigene Entscheidung für den Konsum in seinen Folgewirkungen in einem räumlichen Verantwortungshorizont (lokal, regional, national, global) sowie in einem zeitlichen Verantwortungshorizont (die Tradition der Vorväter, hier und heute, die nachfolgende Generation) gestellt, was mit dem Leitbild der Nachhaltigkeit verbunden wird.

Eine Ethik des Konsums fragt nach konkreten Leitbildern:

- Was ist ein problematischer Konsum?
- Welcher Handlungsoptionen gibt es für mich alternativ?
- Nach welchen Werten richte ich meine Verbraucherentscheidung aus?
- Wo ergeben sich Zielkonflikte für mich?
- Wie bewerte ich grundsätzlich die Handlungsalternativen und wie entscheide ich mich unter einem konkreten situativen Kontext unter Umständen auch anders als es meiner Werteorientierung entsprechen würde.

Eine Ethik nachhaltigen Konsums bringt auch für den Verbraucher subjektive Vorteile. Er ist nicht mehr fremdbestimmt als rein konsumorientierter Verbraucher, sondern ein selbstbestimmter, kundiger Kunde, der begründet und wissend sich entschieden hat. Aufgrund dieses Entscheidungsprozesses über sein eigenes Konsumleitbild folgt nicht nur eine Wissensschärfung, sondern auch eine Gewissensschärfung. Daraus entspringt die Chance von Solidarerfahrung (gutes Gefühl der Gemeinschaft), im Dienste einer guten Sache (Gesundheit, Umwelt, Entwicklungsländer, Landschaft, Ästhetik, regionale Wirtschaftskreisläufe, soziale Fairness, heimische Landwirtschaft) für die man sich einsetzt. Innerhalb des Konsums kann aus sinnstiftendem Handeln die persönliche Identität gestärkt werden (Selbstvergewisserung).[97]

97. Clemens Dirscherl: Elf Thesen für eine Ethik des Konsums. Unveröffentlichtes Manuskript anlässlich der Fachtagung »Der Verbraucher – das unbekannte Wesen« des Ausschusses Dienste auf dem Lande in der EKD (ADL), Katholische Landvolkbewegung (KLB), dem Hauptverband des Lebensmitteleinzelhandels (HDE) und dem Bundesverband der Deutschen Ernährungswirtschaft (BVE) am 29. September 2006 in Berlin.

Entwicklung der Lebensmittelpreise in Relation zur Arbeitszeit		
1970	Arbeitszeit in Minuten für	2009
72	1 kg Rindfleisch zum Kochen	28
96	1 kg Schweinekotelett	23
16	1 kg dunkles Mischbrot	11
22	10 Eier	5
22	250 g Butter	3
6	1 kg Kartoffeln	3
9	1 l Milch	3

(Quelle: DBV nach Angaben des Statistischen Bundesamtes)

Von dem Widerspruch zwischen ethisch gegründetem Verbraucherbewusstsein und ethisch begründetem praktischem Verbraucherverhalten sind auch die Kirchen ganz konkret betroffen. Darauf hinzuweisen ist immer wieder Aufgabe, wenn es um kirchliche Beiträge für eine nachhaltige Landwirtschaft geht:

Die Kirchen wissen um die Gefährdung der Schöpfung, von Mensch und Natur. Sie verfassen Denkschriften zu Umwelt-, Entwicklungs- und Agrarpolitik [...].

Kirchliches Handeln tritt aber viel zu oft auf der Stelle. Denkschriften, Synodenbeschlüsse und Speisepläne kirchlicher Einrichtungen haben mit wenigen Ausnahmen nichts miteinander zu tun. Entwicklungs-, agrar- und umweltpolitische Forderungen oder Empfehlungen bleiben Lippenbekenntnisse. Der »kirchliche Bauch« partizipiert am weltweiten TischleindeckDich der Agrarindustrie mit all den verheerenden Folgen für Mensch und Natur.

Ausschließlich orientiert an betriebswirtschaftlicher Kostensenkung, dem Einsparen im Küchenbereich, bleibt kirchliche Einkaufspraxis »parasitär«: sie zieht Gewinn aus Preisen, die nicht die Wahrheit sagen, weil Umwelt- und Sozialkosten nicht enthalten sind und beteiligt sich so an der Ausplünderung und Vergiftung der Schöpfung [...].

So unterscheiden sich die meisten der kirchlichen Küchen in keiner Weise von der Einkaufs- und Zubereitungspraxis der übrigen Kantinen in der Bundesrepublik. Der Blick auf Speiseplan oder Einkaufszettel verrät nicht die christliche Orientierung [...].

Der an Personalsituation, überkommenen Essgewohnheiten und vor allem am zustehenden Finanzrahmen orientierte Einkauf hat seinen Preis [...].

Dabei hätte Kirche mit ihren EKD-weit ca. 1.600 Großküchen in Krankenhäusern, Heimen und Tagungsstätten, Feriendörfern, Kindertagungsstätten und Verwaltungskantinen bundesweit eine beachtliche Marktmacht. Bei der Annahme, dass in diesen Einrichtungen durchschnittlich täglich 250 Essen ausgegeben werden [...] und bei einem so genannten Rohverpflegungssatz von ca. 2,50 Euro beläuft sich das tägliche Lebensmitteleinkaufsvolumen dieser Küchen auf etwa 1 Million Euro. Dies wären EKD-weit ca. 350 Millionen pro Jahr! [...] Kirchen könnten so bei einer flächendeckenden ökologischen Einkaufspolitik ein gewichtiger Markt- und Machtfaktor im Lebensmittelbereich werden. Sie könnten mit regionalem Einkauf sehr viele bäuerliche Familienbetriebe erhalten.[98]

98. Jobst Kraus: Zwischen Denkschrift, Speisezettel und Marktmacht, in: B. van Saan-Klein/C. Dirscherl/M. Vogt, »es soll nicht aufhören« (wie Anm. 68), 86–89.

Dass das täglich Brot nicht nur in unmittelbarer Ernährungsweise das christliche Handeln berührt, sondern auch in globaler Dimension, wird zunächst über die sozial-diakonische Handlungsebene der evangelischen Entwicklungszusammenarbeit wie dem Hilfswerk Brot für die Welt deutlich. Darüber hinaus aber auch in agrarpolitischen Beiträgen, welche den Bezug zu den internationalen Agrarmärkten aufzeigen. Dabei wies die Kammer der EKD für Kirchlichen Entwicklungsdienst im Hinblick auf die internationale Verteilungsgerechtigkeit schon frühzeitig auf die Erkenntnis hin,

daß eine Veränderung des Lebensstils der 1,4 Milliarden Menschen, die heute der »globalen« Mittelschicht angehören, unumgänglich ist.[99]

Immer stärker rücken aus wirtschafts-, agrar-handels- und klimapolitischer Sicht die Weltagrarbeziehungen in den Vordergrund, wobei der Fokus auch auf die Frage gerichtet ist, inwiefern die Landwirtschaft der Industrieländer an der existenzbedrohlichen Situation der Entwicklungsländer mitschuldig ist.[100] Insbesondere die Auswirkungen der EU-Agrarexportsubventionen auf die Landwirtschaft der Entwicklungsländer wurde durch kirchliche Initiativen immer wieder auch anhand von empirischen Studien kritisch hinterfragt:[101] ob Entwicklungsländer als Ventil für die Überschussproduktion der Agrarsektoren des Nordens dienten und damit die Landwirte in der Dritten Welt zunehmend von den heimischen Märkten verdrängten, wie es auch in der EKD-Agrardenkschrift von 1984 und im Ökumenischen Agrarwort 2003 problematisiert wurde. Auf fehlende politische Kohärenz und Interessenskonflikte bei der Zielerreichung von Welternährungssicherung, Forderungen nach Förderung der Landwirtschaft in den Industrieländern und der propagierten Liberalisierung des weltweiten Agrarhandels weist aus entwicklungspolitischer Sicht auch eine Studie der EKD-Kammer für Entwicklung und Umwelt hin.[102] Das Leitbild einer nachhaltigen Landwirtschaft wird dabei unter der vorrangigen Option für Schwache und Arme im weltweiten Beziehungsgeflecht diskutiert. Die Verantwortung des täglich Brot steht unter dem Stichwort der »Ernährungssicherung« mit der Zielvorgabe der »Anfachung der landwirtschaftlichen Produktion«, »Sicherheit bestimmter gefährdeter Gruppen«, »einer armutsorientierten, zielgruppengerechten Agrar- und Ernährungspolitik«, sowie »Umwelt- und Ressourcenschutz«.[103] In diesem Zusammenhang wird die Zukunftsfähigkeit der Landwirtschaft weltweit als gefährdet gesehen durch den Verlust von Regionalität und biologischer Vielfalt und dem Vorwärtsdrängen der Gentechnik in die Landwirtschaft. Demgegenüber wird ein Gegenentwurf zu einer nachhaltigen Strategie der

99. Wie viele Menschen trägt die Erde? Ethische Überlegungen zum Wachstum der Weltbevölkerung. Studie der Kammer der EKD für Kirchlichen Entwicklungsdienst (EKD-Texte 49), o. O. o. J. [Hannover 1994], 17.
100. Vgl. Kirche im ländlichen Raum 42 (1991), H. 2: Hunger und Handel.
101. Bernhard Walter: Die Auswirkungen der EU-Agrarexportsubventionen auf die Landwirtschaft der Entwicklungsländer am Beispiel der Getreideexporte nach Afrika. Eine Studie der Fachstelle Entwicklungspolitische Bildungsarbeit auf dem Lande in der EKD (epd-Entwicklungspolitik, Materialien 1), Frankfurt/M. 1994.
102. Ernährungssicherung und nachhaltige Entwicklung. Eine Studie der Kammer der EKD für Entwicklung und Umwelt (EKD-Texte 67), Hannover 2000.
103. Ebda., 14 f.

globalen Ernährungssicherung im Leitbild eines »standortgerechten Landbaus« beschrieben:

Das Grundprinzip des »Standortgerechten Landbaus« ist die geschickte und möglichst effiziente Nutzung der lokalen Bedingungen des Betriebes. Dazu gehört neben dem Management eines stabilen, kleinräumlichen Gleichgewichts von Nützlingen und Schädlingen auch die kleinräumliche optimale Anpassung der Kulturen und Pflanzensorten an die Böden, an das Kleinklima und an die Wasserverfügbarkeitsverhältnisse im Saisonablauf. Dazu gehört außerdem die Optimierung weitgehend geschlossener betrieblicher Kreisläufe – Kreisläufe zwischen den Kulturen, den Nutztieren und den Menschen [...].

Dieser Entwicklungspfad ist besonders geeignet für die Überwindung der drei großen Vernachlässigungen der Grünen Revolution:

1. die Vernachlässigung der gesamten Bandbreite der pflanzengenetischen Ressourcen, d.h. die Ausnutzung der Vielfalt der unterschiedlichsten Genotypen einer Kulturpflanze;
2. die volle Nutzung auch der produktivitätssteigernden Kapazitäten von marginalen Anbaugebieten, die für den intensiven Bewässerungslandbau nicht geeignet sind und deren Kulturarten und Saatgutbedürfnisse von der Grünen Revolution weitgehend vernachlässigt worden sind;
3. die Nutzung der unternehmerischen Fähigkeit auch auf marginalen Flächen, bei denen die Akteure als Subsistenz- oder Semi-Subsistenzlandwirte, als Pächter oder Nebenerwerbsbauern von dem technischen Fortschritt weitgehend ausgeschlossen wurden, weil sie nicht die Finanzierungsmöglichkeiten hatten, um die modernen Betriebsmittel zu kaufen [...]

In dieser Landwirtschaft ist der Erzeuger selbst Hauptträger des Wissens, das auf das Gleichgewicht zwischen der Ertragssteigerung der Pflanzen und Tiere und den ökologischen, sozialen und ökonomischen Belangen abstellt.[104]

Die Zukunft einer erfolgreichen Welternährungssicherung wird folglich in der politischen Stärkung von Regionalisierung und Dezentralisierung im Bereich der Landwirtschaft gesehen. Darauf richten sich dann auch die Forderungen an die politischen Adressaten:

Die internationale Politik ist in diesem Zusammenhang aufgerufen, zu dieser Stärkung beizutragen [...].

Vor diesem Hintergrund gibt es einen erheblichen Reformbedarf bei den internationalen Agrarbeziehungen. Anstatt eine weitere Liberalisierung im Agrarbereich voranzutreiben, bietet sich [...] die Chance einer grundlegenden Reform der WTO. Die Stärkung der Stellung der Entwicklungsländer im Welthandelssystem, der Aufbau eines globalen, an Prinzipien der Gemeinnützigkeit orientierten Netzes zur Verbesserung der Ernährungssicherung [...] sind grundlegende Elemente einer solchen Reform.

Insbesondere die multilateralen Umweltabkommen – etwa die Abkommen zur Artenvielfalt, zur biologischen Sicherheit, zum Artenschutz, zur Verhinderung der Wüstenbildung, zum Klimaschutz oder die umweltrelevanten Elemente der Agenda 21 – sollten auch für die WTO einen verbindlichen Rahmen darstellen.[105]

An die Kirchenverantwortlichen erfolgt entsprechend regelmäßig der Appell, in ihren agrar-, umwelt-, verbraucher- sowie entwicklungspolitischen Anliegen kohärenter zu werden, um »erstmalig wirklich in eine ernsthafte Kontroverse einzustei-

104. Ebda., 41f.
105. Ebda., 59f.

Welternährung
Weltweit schrumpft die Ackerfläche pro Kopf

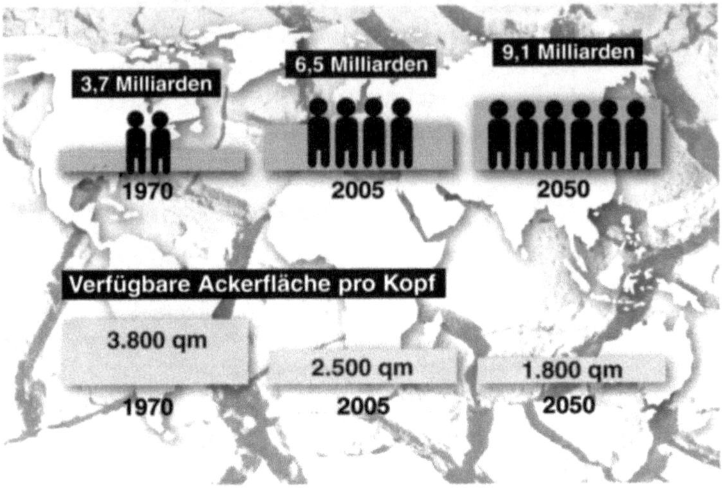

Quelle: FAO, DBV-Berechnungen

(aus: Deutscher Bauernverband: Situationsbericht 2011. Trends und Fakten zur Landwirtschaft, Berlin 2010, 189)

gen und zu gemeinsamen Positionen zu finden, die auch theologisch begründbar sind«.[106]

3.4 Agroenergie aus Biomasse

Die Nachhaltigkeitsdiskussion wird in globaler Perspektive immer mehr unter der Frage der Welternährungssicherung sowie des Klimaschutzes geführt. Laut FAO-Bericht leben heute rund sieben Milliarden Menschen auf der Erde. Prognosen sprechen von bis zu 9 Milliarden Menschen, welche bis zum Jahr 2050 zu ernähren sind. Angesichts der Klimaerwärmung ist zugleich mit einer Verschiebung der agrarischen Nutzungszone zu rechnen, so dass damit eine Reduzierung der heute verfügbaren Anbaufläche einhergeht. Auch wenn bisher noch nicht agrarisch genutzte Reservepotentiale weltweit, insbesondere in den ehemaligen GUS-Staaten, Asien und Südamerika, erschlossen werden können, stellt sich die Steigerung landwirtschaftlicher Produktivität als große Herausforderung dar. Zugleich erleben Schwellenländer wie China, Indien, Brasilien oder Thailand als so genannte »nachholende Entwicklung« ein enormes Wirtschaftswachstum. Dadurch ergibt sich ein erhebli-

106. Rudolf Buntzel-Cano: Wie die WTO unsere Landwirtschaft bestimmt, in: B. van Saan-Klein/C. Dirscherl/M. Vogt, »es soll nicht aufhören« (wie Anm. 68), 145–149.

cher Bedarf an fossilen Energien verbunden auch mit neuen Konsumpräferenzen im Hinblick auf Ernährung und Mobilitätsverhalten.

Seit längerem ist bekannt, dass die fossilen Energieträger Mineralöl, Erdgas und Kohle ebenso wie das für die Atomenergie erforderliche Uran zur Neige gehen. Gerade für den Einsatz von Erdöl ist das weltweite Fördermaximum (peak oil) und die damit verbundene Verfügbarkeit in greifbare Nähe gerückt. Selbst wenn diese fossilen Energieträger noch länger reichen würden, so hält unser Ökosystem es nicht noch weitere Jahrzehnte aus, diese so exzessiv zu verbrauchen wie bisher. Zudem sind mit der Nutzung fossiler Energieträger auch Klima schädigende Emissionen insbesondere Kohlendioxid (CO_2) aber auch Distickoxid und Methan verbunden. Als Ausweg bietet sich daher Biomasse weltweit als wichtigster und vielseitigster erneuerbarer Energieträger an. Anders als Kohle, Erdöl oder Erdgas steht hiermit ein nachwachsender Rohstoff zur Verfügung, der als gespeicherte Sonnenenergie nach Bedarf abgerufen werden kann. Besonders attraktiv ist Biomasse, weil sie in fester, flüssiger oder gasförmiger Form in unterschiedlichen Verfahren zur Energiegewinnung eingesetzt werden kann: für den Wärmebedarf, zur Stromerzeugung oder als Treibstoff für Kraftfahrzeuge, so genannte Agrotreibstoffe. Darin liegt eine große Bedeutung für die künftige Landwirtschaft als Energie- und Rohstoffproduzent. Neben den in der Agrar- und Ernährungswirtschaft anfallenden breiten Palette pflanzlicher und tierischer Abfälle bieten sich auch zahlreiche traditionelle oder spezielle Nutzpflanzen an: neben Holz, Kartoffeln, Rüben, Mais und Getreide kommen dabei auch alte zurückgedrängte bzw. vergessene Pflanzenarten wie Topinambur, Zicchorie, säurehaltiger Raps, Mohn, Lein, Wolfsmilch, Flachs, Hanf, Lupinen, Erbsen und Gräser in Frage. Darüber hinaus sind viele Pflanzen weltweit für ihre stoffliche bzw. energetische Verwertbarkeit noch gar nicht ausreichend erforscht.

Aus globaler Sicht kommt es gegenwärtig zu einem erheblichen Agrarenergieboom. Nicht nur aus Klimaschutzgründen, sondern auch aus strategischen Gesichtspunkten der Energiesicherung setzen immer mehr Länder auf die Energie vom Acker. Es bahnt sich eine Flächenkonkurrenz zwischen Food (Nahrung), Feed (Futter) und Fuel (Bioenergie) an. Eine Konkurrenz zwischen »vollen Tellern« und »vollen Tanks« wird immer stärker auch unter ethischen Gesichtspunkten diskutiert.[107] Die Wohlstandsbürger des Nordens würden sich reichlich satt essen, schnelle Autos fahren, während die künftigen Wohlstandsschwellenländer wie Brasilien, Indien und China diesen Lebensstil als Vorbild für ihre nachholende wirtschaftliche und technische Entwicklung sähen und zugleich die Bevölkerung der Entwicklungsländer noch nicht einmal genügend Feldfrüchte von ihrem heimischen Acker für ihre Nahrung hätten.

Zahlreiche Stellungnahmen kommen daher zu dem Ergebnis, dass die Diskussion um nachwachsende Rohstoffe vom Acker differenzierter und verantwortungsbewusster geführt werden muss als dies in Verlautbarungen und politischen Aktionsprogrammen wie der Debatte um die Beimischungsverpflichtung von Biosprit in herkömmliche Treibstoffe oder den euphorischen Appell, den Landwirt zum Ener-

---

107. Clemens Dirscherl: Ethische Verantwortung für Ernährungs- und Energiesicherung, in: Agrarpotenziale nutzen. Herausforderungen für Landwirte und Gesellschaft (Archiv der DLG, 102), Frankfurt/M. 2008, 231–246.

giewirt zu machen, erahnen lässt. Die Ergebnisse wissenschaftlicher Gutachten, wie des Sachverständigenrates für Umweltfragen sowie des wissenschaftlichen Beirates im Bundeslandwirtschaftsministerium, Studien des Umweltbundesamtes sowie der OECD, des UN-Energierates sowie diverse Klimabilanzanalysen lassen aus schöpfungsethischer, sozialethischer wie wirtschaftsethischer Prüfung die Schlussfolgerung zu, dass die vorrangige Aufgabe der Landwirtschaft in der Nahrungserzeugung stehen muss. Diesem Votum hat sich auch die Evangelische Kirche in Deutschland mit ihrer Stellungnahme der Kammer für nachhaltige Entwicklung angeschlossen.[108] Ausdrücklich befasst man sich hier mit der Ambivalenz der Nutzung von Biomasse als preisgünstige und scheinbar klimaverträgliche Alternative zu fossilen Energieträgern. Die problematischen Auswirkungen auf die Sicherung der Welternährung, der Existenzsicherung von Kleinbauern, den Erhalt der Urwälder sowie die Artenvielfalt werden dabei behandelt:

> Der Anbau von Pflanzen zur Agrotreibstoffgewinnung könnte dazu führen, dass im großen Stil Land für den Anbau von Energiepflanzen in Ländern des Südens genutzt wird, das der Ernährung der Bevölkerung entzogen wird [...] Es ist derzeit zu beobachten, dass die Agrarmärkte für spekulative Investitionen zunehmend interessanter werden. Eine weitere Ausdehnung der Agrarflächen würde mit den Zielen des Naturschutzes massiv in Konflikt geraten [...]
>
> [...] Dies gefährdet die Ernährungssicherheit der armen Bevölkerung, die ohnehin einen Großteil ihres Einkommens für Nahrung aufwenden muss [...]. (21 f.)
>
> Angesichts der hohen Gewinnerwartungen durch den Anbau von Energiepflanzen für den Agrotreibstoffmarkt werden Kleinbauern von ihrem Land verdrängt. Damit werden grundlegende Menschenrechte verletzt und soziale Fehlentwicklungen, die in den Ländern des Südens bereits bestehen, weiter verschärft. Handelt es sich um fruchtbaren Ackerboden, tritt hier eine Verdrängung der Nahrungsmittelproduktion zugunsten der Agrotreibstoffe ein [...]
>
> Ein weiterer Konflikt besteht zwischen der landwirtschaftlichen Nutzung von Flächen und dem Erhalt der biologischen Vielfalt. Dieser Konflikt ist besonders brisant, wenn es um die Zerstörung von Primärwäldern, von artenreichen Wald- und Graslandflächen und die Trockenlegung von Feuchtgebieten geht. Weltweit sind davon mehrere 10.000 Quadratkilometer betroffen. Besonders dramatisch ist diese Entwicklung in den so genannten »Hot spots« der Artenvielfalt. Dabei handelt es sich um Gebiete, die die größte Artenvielfalt der Welt aufweisen [...] (25 f.).

Grundsätzlich wird dann die Effizienzstrategie als vorrangige klimapolitische Maßnahme gesehen:

> [...] An erster Stelle steht [...] die konsequente Einsparung von Energie, die durch politische Rahmenbedingungen vorangetrieben werden muss. Mit Energieeinsparung durch Energieeffizienz kann in den Industrienationen bis zu 50 % Energie eingespart werden, ohne dass ein wesentlicher Verlust an Lebensqualität eintritt. Durch die rationelle Nutzung von elektrischem Strom, von Brenn- und Kraftstoffen können Dienstleistungen und Produkte mit erheblich weniger Verbrauch hergestellt und transportiert werden (34).

Kritisch wird dabei auch die energetische Biomassenutzung im Hinblick auf ihre tatsächliche Vorteilhaftigkeit bezüglich ihrer Klimaschutzpotentiale insbesondere der CO_2-Einsparung überprüft:

---

108. Ernährungssicherung vor Energieerzeugung – Kriterien für die nachhaltige Nutzung von Biomasse (EKD-Texte 95), Gütersloh 2008.

Zur Effizienzbetrachtung gehört auch die Frage nach der ökonomischen Effizienz der Biomassenutzung. Auch hier zeigt sich, dass der Agrotreibstoff-Einsatz, z.B. im Vergleich zur Strom- und Wärmegewinnung aus Gülle, Stroh, Waldrestholz oder Holz von Kurzumtriebsplantagen, nimmt man die Kosten der CO_2-Vermeidung als Maßstab, eine wesentlich schlechtere Bilanz aufweist. Mit den Agrotreibstoffen wird gerade jene Biomasse-Nutzungsform hoch subventioniert, die vergleichsweise teuer und ineffizient ist. Neben Kohlendioxid sind weitere Klimagase, insbesondere die in der Landwirtschaft relevanten Gase Methan und Distickstoffmonoxid in Bilanzierung zur Klimarelevanz einzubeziehen. (34f.)

Gleichwohl wird auch aus kirchlicher Sicht deutlich gemacht, dass die Landwirtschaft sowohl in den Industrieländern als auch in der Dritten Welt unter bestimmten Bedingungen mit dem Anbau nachwachsender Rohstoffe durchaus einen sinnvollen Beitrag der Energieerzeugung leisten kann. Voraussetzung hierfür sind ökologisch verträglicher Anbau, Verarbeitung und Transport, Einbindung in regionale Wirtschafts- und dezentrale Energiekreisläufe. Dabei muss ein eindeutiger Vorrang der Bioenergieerzeugung für die Verwertung von Rest- und Abfallstoffen aus der Land- und Forstwirtschaft, wie tierischer Exkremente, Restholz oder sonstiger Reststoffe angestrebt werden. Darüber hinaus gäbe es noch weitere Nutzungspotentiale durch die Verwertung von organischen Rest- und Abfallstoffen, z.B. aus der Lebensmittelindustrie oder kompostierbaren Haushaltsmüll, welcher durch die Landwirtschaft, sei es thermisch durch Verbrennung oder auch im Rahmen von Biogasanlagen genutzt werden könnte. Es geht also um eine grundsätzliche Nachhaltigkeitsbilanzierung der energetischen Biomassenutzung aus ökologischer, ökonomischer und sozialer Sicht:

- Die Beurteilung der energetischen Nutzung im Hinblick auf ihre Umweltauswirkungen: die Reduzierung treibhausrelevanter Klimaemissionen, die Erhaltung der Artendiversität und Bodengesundheit (Verhinderung von Überdüngung und Stickstoffeinträgen in Grund- und Oberflächengewässer, Versauerung von Böden, Pestizideinträge und Flächenumbrüche);
- Die Kosteneffizienz im Hinblick auf den Subventionsbedarf einzelner energetischer Nutzungswege und der CO_2-Verminderungskosten;
- Die sozialen Folgewirkungen des Anbaus, der Gewinnung und des Vertriebs von Bioenergie im Hinblick auf die Förderung regionaler und dezentraler Wirtschaftskreisläufe, dem Ausbau sozioökonomischer Partizipationspotentiale vor Ort (z.B. durch Genossenschaften) und der Sicherung von Sozialstandards zur Verhinderung von unwürdigen Arbeits- und Lebensbedingungen, wie z.B. die Vertreibung von Kleinbauern im Interesse der Errichtung von großflächigen Energieplantagen.[109]

In diesem Zusammenhang wird daher von Nichtregierungsorganisationen nicht nur die Vorrangigkeit der Ernährungssicherung gesehen, sondern im Hinblick auf den Anbau für die Biomassenutzung auch die Einführung von Nachhaltigkeitsstandards für die landwirtschaftliche Produktion, wie dies auch in der Studie »Ernährungssicherung vor Energieerzeugung« der EKD-Kammer gefordert wird:

Weltweit müssen die Menschen sich der Tatsache stellen, dass die natürlichen Ressourcen endlich sind. Dies gilt in hohem Maße für fruchtbaren Boden, für Wasser und für Nährstof-

109. C. Dirscherl, Verantwortung (wie Anm. 107), 236.

fe. Eine gerechte Nutzung dieser Ressourcen, die deren Erhaltung für kommende Generationen mit in den Blick nimmt, kann nur mit Nachhaltigkeitskriterien verwirklicht werden, die auch bei der Nahrungs- und Futtermittelproduktion Anwendung finden. Erst wenn die gesamte landwirtschaftliche Produktion unter diesem Blickwinkel kritisch analysiert wird, können Wege gefunden werden, um die Abholzung von Primärwäldern und damit Klimaschutz und Schutz der Biodiversität zu gewährleisten (38 f.).

Die Diskussion »Vom Landwirt zum Energiewirt«, wie sie vielerorts auch von kirchlicher Seite geführt wurde und auch im Ökumenischen Agrarwort 2003 angesprochen wurde[110], ist daher immer unter standortspezifischen Bedingungen zu führen. Aus einer dezentralen Organisation der Biomassenutzung von einzelnen Landwirten oder in landwirtschaftlichen Zusammenschlüssen wie Maschinenringen oder Betriebsgemeinschaften lassen sich durchaus auch regionale Wertschöpfungsketten auf den Höfen vor Ort bilden. So ist es z. B. auch ohne großen technischen Aufwand möglich, fossile Brennstoffe für Dieselmotoren und Blockheizkraftwerke durch kalt gepresstes Rapsöl zu ersetzen. Außerdem wären weitere Anwendungsmöglichkeiten gegeben durch Kettensägeöl, Speiseöl oder Trennmittel. Zudem könnte der dabei anfallende Rapskuchen wiederum in geschlossenem Kreislauf an Tiere verfüttert werden. Auch neue Formen der Grünlandnutzung sind durchaus vorstellbar, so dass die heimische Landwirtschaft ihren Beitrag zur Energieerzeugung leisten kann.

Eine besondere Bedeutung für die kirchliche Auseinandersetzung kommt der energetischen Biomassenutzung durch Getreideverbrennung zu, was zu erheblichen emotionsgeladenen ethischen Diskussionen führte. Ökonomisch gesehen kann das Verbrennen durchaus sinnvoll erscheinen, wenn der Weltmarkt den Energiewert von Getreide monetär höher beurteilt als seinen Wert als Nahrungsmittel. Auch ökologisch werden Argumente für das Verheizen von Getreide angeführt: angesichts der Debatte um Treibhauseffekt und Klimawandel erwachse durch das »Heizen vom Acker« auch eine mögliche Alternative zur fossilen Energienutzung oder zur Kernenergie wie in dem Spruch »Kornkraft statt Kernkraft« zum Ausdruck komme.[111]

Innerhalb der evangelischen Kirche wurden dazu sehr kontroverse und heftige Debatten geführt, gibt es doch kulturell und spirituell gesehen erhebliche Vorbehalte gegen die Verbrennung von Getreide. Getreide ist ein Grundnahrungsmittel. Es hat einen hohen symbolischen und religiösen Wert. Wenn einerseits im Vater unser für das täglich Brot gebetet wird und weltweit Menschen hungern, stellt sich die Frage, ob andererseits das Getreide verbrannt werden kann. Für viele Christen geht es hier nicht nur um ökologische Fragen des Klimaschutzes, sondern auch um eine besondere Form des »Symbolschutzes«. Eine ethische Technikfolgenabschätzung der thermischen Nutzung von Getreide kann jedoch nicht ausschließlich an emotionalen und tradierten Symbolwirkungen festhalten, sondern muss umfassender

110. Sepp Rottenaicher: Vom Landwirt zum Energiewirt – und zurück, in: B. van Saan-Klein/C. Dirscherl/M. Vogt, »es soll nicht aufhören« (wie Anm. 68), 109–112; Neuorientierung für eine nachhaltige Landwirtschaft (wie Anm. 27), Ziffer 93.

111. Markus Vogt/Clemens Dirscherl: Ist die Verbrennung von Brotgetreide ethisch vertretbar?, in: B. van Saan-Klein/C. Dirscherl/M. Vogt, »es soll nicht aufhören« (wie Anm. 68), 115–121.

und differenzierter argumentieren, wie dies auch durch den EKD-Agrarbeauftragten 2005 mit einer Stellungnahme dargelegt wurde.[112]

Darin zeigt er auf, dass es für die Bedeutung des Brotgetreides als Symbolressource keine kulturunabhängigen, in der Natur als solche objektiv festmachbaren Kriterien gibt. Die Verbrennung von Raps, der als Öl zur Nahrung verwendet werden könnte, die Verbrennung von Getreide zu Industriealkohol oder der Anbau von Mais für die Biogasanlagen verletzten keine kulturellen oder religiösen Empfindlichkeiten. Von daher seien ethisch-kulturelle Einwände gegen die Verbrennung von Brotgetreide zwar gewichtig, aber nicht absolut oder unwandelbar. Hilfreich sei daher eine Differenzierung zwischen Brotgetreide und anderen Getreidearten, die für die thermische Nutzung zugelassen seien. Viel eher sprächen spezifische technische und ökologische Fragen gegen die Getreideverbrennung, weil Fragen der Energieeffizienz, der Staub- und Emissionsgrenzwerte noch nicht gelöst seien. Ein Blick in die Geschichte zeige zudem, dass es durchaus auch Vorläufer der Verwertung von Getreide als Energie vom Acker gegeben hätte, nämlich in der traditionellen Landwirtschaft, wo damalige Pferdestärken (PS) in Form von Zugtieren mit Hilfe von Futtermitteln erzeugt worden seien. Aus solchen Überlegungen ergebe sich die Erfordernis eines vernünftigen Kompromisses, dass man das Verbrennungsverbot auf das tatsächlich für Brot verwendbare Getreide einsetze. Spezialgetreide wie z. B. Triticale oder Getreide, das von Pilzen oder Insekten befallen ist, so genanntes Ausschussgetreide und nicht zuletzt Getreideabfälle und minderwertiges Getreide könnten durchaus auch aus ethischer Sicht zur Verbrennung zugelassen werden. Auch das Argument des Welthungers treffe den ethischen Beurteilungsmaßstab nicht, da selbst bei einem Verbrennungsverbot das Getreide für Nahrungszwecke nicht nutzbar wäre bzw. die Transport- und Verteilungsfrage gelöst werden müsste. Eine dauerhafte Versorgung von Entwicklungsländern durch unser heimisches Getreide sei nicht der geeignete entwicklungspolitische Weg der Welternährungssicherung. Hier gehe es viel eher um die Förderung der eigenen Kräfte sowie um politische Fragen der Verteilungsgerechtigkeit von Ressourcen und Weltmarktzugängen.

Angesichts der weltweiten Entwicklungen wird die Frage der energetischen Nutzung vom Acker künftig immer stärker eine ethische Abschätzung von Seiten der Kirche erforderlich machen. Dies betrifft einerseits die heimische Landwirtschaft in Deutschland, wie die politische Umsetzung auf europäischer Ebene, ganz besonders aber vor dem Kontext der Welternährungssicherung.

3.5 Tierschutz

Die Thematik Tierschutz und Tiergerechtigkeit, zusammengefasst unter tierethischen Fragestellungen, wird auch von Seiten der Kirche immer wieder behandelt. Dabei erfolgt die Diskussion im Kontext der Verantwortung für die Schöpfung, des Lebensschutzes oder auch der Neuorientierung der modernen Landwirtschaft. Ein

112. Clemens Dirscherl: Für und Wider der Getreideverbrennung zur energetischen Nutzung. Eine Zusammenfassung der Argumente als Beitrag zu einer ethischen Urteilsbildung (www.ekd.de, 2005).

eigenständiger Beitrag, der die besondere Problematik des Mensch-Tier-Verhältnisses grundsätzlich im theologisch-christlich-ethischen Zusammenhang bearbeitet und der dem Gewicht der Frage nach dem Verhältnis zum Tier als Mitgeschöpf gerecht wird und die Konsequenzen aus grundsätzlichen ethischen Überlegungen für die verschiedenen konkreten Aufgabenfelder des Tierschutzes zieht, ist von Seiten der EKD bisher nicht geleistet worden. Das macht deutlich, dass die ethische Diskussion um Tierschutz bezogen auf die Landwirtschaft von einer tiefen Diskrepanz geprägt ist. Auf der einen Seite steht das zunehmende Wissen über Empfindungen, Bedürfnisse und Sozialverhalten von Tieren, gleichzeitig zeigt sich eine zunehmende gesellschaftliche Entfremdung von Tieren innerhalb der modernen Nutztierhaltung, weil innerhalb der urbanisierten Zivilisation im Alltag vieler Menschen die Begegnung mit Tieren auf Haustiere in sehr emotionaler Zuwendung festzustellen ist bzw. Tiere als Unterhaltungsmedium z. B. in Zirkus, Wildparks, Tiergehegen oder Zoos erlebt werden. Zugleich werden im Rahmen des alltäglichen Verbraucherverhaltens, insbesondere bei der Ernährung, Produkte gekauft und konsumiert, welche aus der Nutztierhaltung entstanden sind: Milch- und Molkereierzeugnisse, Eier, Fleisch- und Wurstwaren in ihrem Rohzustand bzw. in vielfältigen Verarbeitungsketten. Diese Diskrepanz eines gespaltenen gesellschaftlichen Bewusstseins bietet gerade für die Kirchen Anlass zu einem ethischen Diskurs und im Rahmen einer sozialethischen Bewertung auch nach gesellschaftlich verbindlichen Konfliktlösungen.

Das grundsätzliche Problem des Mensch-Tier-Verhältnisses liegt darin, dass mit der technischen Zivilisation eine Fremdheit des Menschen gegenüber seinen elementaren Lebensgrundlagen eingetreten ist, welches nicht nur in seinem Bezug zu Boden, Wasser oder der Landwirtschaft zum Tragen kommt, sondern auch in der Einschätzung der Tiere als bloße Sachen, als Gebrauchs- und Verbrauchsgüter ohne Respekt vor ihrem Eigenwert. Darüber hinaus stellt sich die Frage, unter welcher Perspektive das Mensch-Tier-Verhältnis mit der Zielausrichtung auf Tierschutz oder Tiergerechtigkeit vorgenommen wird:

- als philosophisch-theologische Orientierung, bei der die geistigen Grundlagen im Vordergrund stehen;
- die juristische Perspektive als Ordnungsrahmen der nationalen oder europäischen Rechtsprechung (z. B. Aufnahme des Tierschutzes in das Grundgesetz oder die Umsetzung europäischer Richtlinien in Nutztierhaltungsverordnungen);
- die emotionale Perspektive infolge einer zunehmend entwickelten Individualbeziehung zu Tieren, wobei sich ein hohes Maß an Ausdifferenzierung ergibt zwischen »niedlichen« Tieren (»Kuscheltierperspektive«) und störenden Tieren (Schadinsekten oder »ekligen« Tieren);
- und schließlich die naturwissenschaftliche Perspektive, in der Tiergerechtigkeit nach operationalisierbaren Kriterien der Nutztierhaltung definiert wird.

Eine einheitliche Begriffsdefinition von »Tiergerechtheit« existiert nicht; allerdings lassen sich aus wissenschaftlicher Sicht drei Ansätze unterscheiden, mit denen Tiergerechtheit untersucht wird:

- Die Orientierung an den biologischen Faktoren der Tiere, ob diese aufrechterhalten werden. Hier wird insbesondere der Aspekt der Tiergesundheit berücksichtigt, da Dysfunktionen und Erkrankungen resultieren können

- Die Orientierung an Empfindungen von Tieren, wobei untersucht wird, ob es Anzeichen für negative Emotionen, z. B. Leiden und Angst gibt
- Orientierungen an dem Ausmaß und Grad, ob es Tieren möglich ist, ihr natürliches Verhaltensrepertoire ausüben zu können.

Tatsächlich geht es dann darum Grenzen festzustellen, ab derer innerhalb einer Haltung das Tier je nach seiner Art im Hinblick auf die Anpassungsfähigkeit der Haltungsbedingungen Schmerzen und Leiden empfindet, sein Wohlbefinden also erheblich eingeschränkt wird, was an physiologischen, pathologischen und ethologischen Indikatoren messbar wird.[113]

Theologisch umstritten ist, wie nahe sich Mensch und Tier, biblisch orientiert, stehen: als »nahe Verwandte« oder in einem besonderen Beziehungsgeflecht der »Mitgeschöpflichkeit«.[114] Dazu äußerte sich mit dem wissenschaftlichen Beirat des Beauftragten für Umweltfragen des Rates der EKD 1991 erstmals ein kirchliches Gremium »zur Verantwortung des Menschen für das Tier als Mitgeschöpf«.[115] Dabei wurden grundlegende theologische Einsichten in biblischer Orientierung genannt:

> [...] Mensch und Tier gehören zusammen als Geschöpfe: beide geben sie sich ihre Lebensmöglichkeiten, ihren Lebensraum und ihre Lebensversorgung nicht selbst. Sie verdanken ihr Leben Gott, dem Schöpfer und Erhalter. Das schließt sie zusammen in Abhängigkeit und Angewiesensein (Psalm 104, 27–30) und verwehrt dem Menschen, sich in Hochmut grundsätzlich vom Tier abzusetzen und sich über es zu erheben. (5)
>
> [...] Schon dies legt den Menschen bei ihrem Umgang mit der Natur und so auch mit den Tieren Rücksichten auf; sie dürfen sich nicht nur an ihren eigenen Interessen ausrichten, sondern müssen die möglichen Auswirkungen auf die Lebensmöglichkeiten anderen Lebens mit bedenken. Vor allem aber haben die Mitgeschöpfe der Menschen unabhängig von ihrem Nutzwert einen *eigenen Sinn und Wert*.
>
> In diesem Kontext ist die Beauftragung des Menschen zur *Herrschaft über die Tiere* und über die Erde insgesamt (1. Mose 1, 27 f.; Psalm 8, 7–9) zu lesen und zu deuten. Sie macht auf fundamentale Unterschiede zwischen den Menschen und ihren Mitgeschöpfen aufmerksam. Von der unveräußerlichen Würde und dem uneingeschränkten Lebensrecht jedes Einzelnen kann nur beim Menschen die Rede sein. Insofern bleibt es auch durchaus sachgemäß, von einer Sonderstellung des Menschen gegenüber der Natur zu sprechen [...].
>
> Die Sonderstellung des Menschen unter seinen Mitgeschöpfen schließt die Aufgabe ein, in besonderer Weise Verantwortung wahrzunehmen [...].
>
> Die biblischen Texte leiten aber nicht nur an, über das Wunder des Lebens zu staunen und die Größe der Verantwortung des Menschen zu erkennen. Sie zwingen auch zu einer

113. Kuratorium für Technik und Bauwesen in der Landwirtschaft e. V. (KTBL): Nationaler Bewertungsrahmen Tierhaltungsverfahren.Methode zur Bewertung von Tierhaltungsanlagen hinsichtlich Umweltwirkungen und Tiergerechtheit(KTBL-Schrift 446), Darmstadt 2006, 14.

114. Rainer Henning: Nahe Verwandte – Mensch und Tier biblisch gesehen, in: W. Wegner, Im Haus der Schöpfung (wie Anm. 72), 82–85.

115. Zur Verantwortung des Menschen für das Tier als Mitgeschöpf. Ein Diskussionsbeitrag des wissenschaftlichen Beirats des Beauftragten für Umweltfragen des Rates der Evangelischen Kirche in Deutschland (EKD-Texte 41), Hannover 1991; vgl. auch Hermann Barth: Die Mensch-Tier-Beziehung in Theologie und Kirche, in Klaus Nagorny/Ralf Stieber (Hg.): Das Tier als Mitgeschöpf. Leerformel oder Leitgedanke im Tierschutzrecht? (Herrenalber Protokolle. Rundschriftenreihe der Evangelischen Akademie Baden 88), Karlsruhe 1992, 48–58.

nüchternen, illusionslosen Sicht der kreatürlichen Welt: alles Leben wird in engen Grenzen gelebt. Damit entstehen Konkurrenz, Aggression und der Kampf ums Überleben. Das Verhältnis der Tiere untereinander ist von Gewalt geprägt und lässt den menschlichen Betrachter nicht selten erschrecken über die Grausamkeit und Brutalität des kreatürlichen Lebens. Aber auch zwischen Menschen und Tieren herrscht *Gewalt* (1. Moses, 6, 13; 9, 1–4). Solange es Leben auf der Erde gibt, wird dieser Zustand andauern. Tierliebe und Menschenliebe können zueinander in Spannung treten [...] (7–10).

Im Verhältnis zu den Tieren geht es jedoch nicht allein um Barmherzigkeit und Humanität, sondern auch um *Gerechtigkeit* [...]. Die Forderung nach Gerechtigkeit zielt dabei keineswegs darauf, Tiere wie Menschen zu behandeln. Die Mensch-Tier-Unterschiede werden nicht eingeebnet, sondern beachtet: das Tier ist nicht nur wegen seiner Nähe zum Menschen und nach Maßgabe seiner Menschenähnlichkeit zu akzeptieren, sondern gerade auch in seiner Andersartigkeit, die nicht als abwertender Mangel zu verstehen ist [...] (14).

Die Autorenschaft aus dem wissenschaftlichen Beirat räumte jedoch ein, dass es »unterschiedliche Auffassungen über die konkrete Verminderung der Gewalt gegenüber der Nutzung von Tieren gibt« (17). Das mitgeschöpfliche Verhalten wird dann ganz konkret benannt auch unter dem begrenzenden Faktor:

Quantifizierende Fragen sind legitim und wichtig: wie viel Bewegungsraum ist für eine artgerechte Haltung erforderlich? Auch: welche Kosten verursacht eine bestimmte Anforderung? [...] (22)

Mit dieser Grundlegung wird dann der Umgang mit dem Nutztier am Beispiel der Schlachtung, der Nutztierhaltung, der Züchtung, bei Tierversuchen, Jagd, Pelzgewinnung, Delikatessen, Schmuck und Modeartikeln, Heim- und Hobbytieren, Tierhandel, Zoo- und Zirkustiere, Wildtiere behandelt. Bezogen auf die Landwirtschaft wird eindeutig betont:

[...] daß Menschen unter ethischen Gesichtspunkten das Recht haben, Tiere zu eigenem Nutzen zu halten [...] Dies gilt jedenfalls für die Haltung von Milchvieh, von Legehühnern, von Wollschafen u. ä. [...] (31)

Wie eine Haltung von Nutztieren, bei der sie als Mitgeschöpfe geachtet werden, in den verschiedenen Bereichen konkret aussehen muss, führt zu zahlreichen kontroversen Einzelfragen [...] (32).

Unter Verweis auf die EKD-Agrardenkschrift von 1984 und die dort aufgeführten Abhandlungen zum Thema Tierschutz, welche allgemeine Forderungen nach Bestandsgrößen und Haltungssystemen zu einer artgemäßen Betreuung und einem verantwortungsvollen Umgang mit den Nutztieren enthalten, verzichtet dann das Tierschutzpapier auf weitere konkrete Ausführungen zur Landwirtschaft. In einem Anhang werden jedoch die kirchlichen Verlautbarungen zur Tierhaltung und Tierethik, welche sich in verschiedenen Stellungnahmen finden lassen, auszugsweise aufgeführt, so

- der EKD-Agrardenkschrift von 1984 (Ziffer 78, 87, 89–92, 147);
- der gemeinsamen Erklärung des Rates der Evangelischen Kirche in Deutschland und der Deutschen Bischofskonferenz »Verantwortung wahrnehmen für die Schöpfung« (Ziffer 34 bis 35, 48, 51, 56–58 sowie 95);
- der Stuttgarter Erklärung des Forums »Gerechtigkeit, Frieden und Bewahrung der Schöpfung der Arbeitsgemeinschaft christlicher Kirchen in Deutschland« von 1988 (Kapitel 4.1, 4.2, 4.3.5);

- der gemeinsamen Erklärung des Rates der EKD und der Deutschen Bischofskonferenz »Gott ist ein Freund des Lebens. Herausforderungen und Aufgaben am Schutz des Lebens« von 1989 (Ziffer 4 und 6 in II, Kapitel 3 und 4 in III).
- der EKD-Studie »Einverständnis mit der Schöpfung. Ein Beitrag zur ethischen Urteilsbildung« im Blick auf die Gentechnik und ihre Anwendung bei Mikroorganismen, Pflanzen und Tieren« von 1991 (I, Va–d).

In allen Verlautbarungen wird der direkte, unmittelbare Bezug zur landwirtschaftlichen Nutztierhaltung jedoch nicht vorgenommen. Dies findet sich nach der EKD-Agrardenkschrift von 1984 erst wieder im Gemeinsamen Ökumenischen Agrarwort der Kirchen von 2003, wo der enorme Druck zur Produktionssteigerung für die Landwirtschaft mit seinen Auswirkungen auf das Mitgeschöpf Tier beklagt wird:

> Die gesamte landwirtschaftliche Tierhaltung ist einem extremen ökonomischen Verwertungsdruck ausgesetzt, der bereits globalisiert ist. Die problematischen Methoden sind Teil einer Intensivtiernutzung, bei der das einzelne Tier unter dem Gesichtspunkt der Erzielung maximaler Leistungen in immer kürzerer Zeit betrachtet wird. Auf dieses einseitige Ziel hin wurde mit wissenschaftlicher Akribie die Züchtung der Hochleistungsrassen betrieben, die Fütterungsmethoden entwickelt, die Stalltechnologie erprobt und die Verarbeitungs- und Vertriebswege konzipiert (15).

Konkret orientieren sich dann die Ausführungen zur Nutztierhaltung an dem anerkannten wissenschaftlichen Bewertungsrahmen zu Tierhaltungsverfahren: so wird das Sozialverhalten, Fortbewegungsverhalten, Ruhe- und Schlafverhalten, Nahrungsaufnahmeverhalten, Ausscheidungsverhalten, Fortpflanzungsverhalten und Komfortverhalten sowie Erkundungsverhalten als wesentlich für eine tiergerechte Haltung aufgeführt. Jedoch gibt auch das Ökumenische Agrarwort keine konkreten Antworten auf den wissenschaftlich unpräzisen und immer wieder gerade auch von kirchlicher Seite emotional vorgebrachten Vorwurf der »Massentierhaltung«. So griffig diese Formulierung sein mag, um die Stallhaltung von Nutztieren in großer Zahl auf begrenztem Raum unter rationaler Gestaltung von Versorgung (Fütterung und Tränkung) und Entsorgung der Abfälle (Kot, Harn, Gülle) zu bezeichnen, so sehr macht in einer modernen Konsumgesellschaft die massenhafte Nachfrage nach tierischen Erzeugnissen wie Fleisch, Milch und Molkereiprodukten großbetriebliche Tierhaltungsverfahren, nämlich »Massentierhaltung« erforderlich. Zugleich zeigt die aktuelle Forschung[116], dass auch in großbetrieblichen Haltungsverfahren im Hinblick auf Hygiene, Ernährung oder Bewegungsfreiheit trotz aller Probleme auch Chancen für Verbesserungen der Haltungsbedingungen gegeben sind, wenn ein entsprechendes Gesundheitsmanagement bestehend aus der Umsetzung grundlegender Hygieneprinzipien wie Reinigung und Desinfektion, kontrollierte Herkunft von Tierzukäufen mit entsprechender Dokumentation von Leistungsdaten, Gesundheitsstatus und Verlusten wahrgenommen wird. Neben den baulich-technischen Gegebenheiten und dem Gesundheitsmanagement hat auch die Mensch-Tier-Beziehung weniger aus philosophischer Betrachtung, sondern aus

116. Vgl. Kuratorium für Technik und Bauwesen in der Landwirtschaft KTBL (Hg): Aktuelle Arbeiten zur artgemäßen Tierhaltung 2005. Vorträge anlässlich der 37. Internationalen Arbeitstagung Angewandte Ethologie bei Nutztieren der Deutschen Veterinärmedizinischen Gesellschaft e.V., Fachgruppe Verhaltensforschung vom 17. bis 19. November 2005 in Freiburg/Breisgau (KTBL-Schrift 441), Darmstadt 2005.

der praktischen Einstellung zu und dem Umgang mit den Tieren einen erheblichen Einfluss auf Gesundheit und Verhalten der Nutztiere. Dies beinhaltet das Vorgehen beim Ein-, Um- und Ausstallen, sowie der Behandlung der Tiere (z.B. Klauen schneiden oder veterinärmedizinische Versorgung). Die technische Ausstattung, bestimmte Haltungseinrichtungen und Hilfsmittel, sind für die Art und Weise des Umgangs mit Tieren entscheidend und können innerhalb einer besonderen Mensch-Tier-Beziehung dazu beitragen, die Verhaltensabläufe von Tieren zu erkennen und zu begreifen, um daran zu erlernen, wie mit Tieren umzugehen ist. Gerade darauf fußt auch die besondere Beziehung der Bauern zu ihren Nutztieren in Jahrhunderte langer Tradition, weswegen von Seiten der Landwirtschaft in der Regel Unverständnis an der Kritik moderner Nutztierhaltung geäußert wird.

Die traditionelle Agrarkultur machte die Nutzung von Tieren zur Beförderung von Lasten, zur Rohstoffproduktion (Horn, Fell, Leder) und zum Verzehr zur Selbstverständlichkeit. Die heute geführten Tierschutzdiskussionen werden von Seiten der landwirtschaftlichen Praxis als ausufernd, beängstigend wegen ihrer großen emotionalen Mobilisierungsfähigkeit in der Gesellschaft und als »Luxusthema einer satten und egozentrisch individualisierten Gesellschaft« wahrgenommen.[117] Entsprechend stieß auch die Stellungnahme der nordelbischen Landeskirche für ein »Ethos der Mitgeschöpflichkeit« von 1998 auf großes Befremden und Abwehr von Seiten des landwirtschaftlichen Berufsstandes und der landwirtschaftlichen Praxis. In der Grundlinie des EKD-Tierschutztextes von 1991 wurden Barmherzigkeit, Humanität und Gerechtigkeit zu den leitenden Prinzipien der Überlegungen zur Mitgeschöpflichkeit gemacht, wobei man sich äußerst kritisch mit den modernen Tierhaltungsformen in der Landwirtschaft auseinandersetzte. Dies führte zu einem lang anhaltenden Konflikt zwischen Kirche und Landwirtschaft in Nordelbien, weswegen anschließend im Auftrag der Kirchenleitung eine Konsultationsgruppe einberufen wurde, um die Beschreibung von Tiergerechtigkeit und Tierschutz auf der Grundlage physiologischer und verhaltenswissenschaftlicher Erkenntnisse in Verbindung zu humanitär, ethisch und christlich verantworteten Werten zu setzen. Daraus entstand die bis heute wohl fundierteste und umfassendste evangelische Stellungnahme zur landwirtschaftlichen Nutztierhaltung.[118] Sehr differenziert werden nicht nur allgemeine Ausführungen zum grundsätzlichen Mensch-Tier-Verhältnis aufgeführt, wie sie in anderen kirchlichen Stellungnahmen immer wieder zu finden sind, sondern konkret an den Kriterien Anteilnahme an der Umgebung, ungestörtes Verhalten gegenüber Artgenossen, Fortpflanzungsfähigkeit und Leistungsbereitschaft gesondert für Rinder, Schweine und Hühner am Aspekt der Tiergerechtigkeit überprüft. Darüber hinaus werden die Fragen der Tiertransporte, Schlachtung, Jagd und des Fischens ebenso sachlich wie ausgewogen behandelt.

Kaum ein anderes Thema wie die Frage der Tierschutzes, der Tiergerechtigkeit und der tierethischen Auseinandersetzung zwischen Landwirten und Tierrechtlern hat zu solch emotional geführten Kontroversen bis hin zur gegenseitigen Verständ-

117. Clemens Dirscherl: Fleisch im Spannungsfeld, in: Allgemeine Fleischer-Zeitung, Journal Nr. 12, 5. Dezember 2007, 1.
118. Nordelbisches Kirchenamt (Hg): Zum verantwortlichen Umgang mit Tieren – auf dem Weg zu einem Ethos der Mitgeschöpflichkeit, Kiel 2005: online: http://www.tierethik-nordelbien.de/inhalt.php.

nislosigkeit in der kirchlichen Diskussion geführt.[119] Umso wichtiger ist, dass von kirchlicher Seite ausgehend von der Realität des Fleischkonsums Haltungsbedingungen von Nutztieren gefordert werden, welche operationalisierbaren Kriterien der Artgerechtigkeit entsprechen. Denn auch die wirtschaftlichen Interessen der Landwirte führen zunehmend zu einem Bewusstsein für artgerechte Tierhaltung, um Verluste zu vermeiden, Krankheiten abzuwehren und die Qualität des Endproduktes, z. B. Fleisch zu verbessern. So bemüht man sich von beiden Seiten um ebenso ethologisch wie ethisch korrekte Verbesserungen im Hinblick auf Minimalstandards zur Nutztierhaltung z. B. im Hinblick auf Haltungsformen, Ausgestaltung der Ställe, Fütterung, Tierkomfort und vieles mehr.

Ein besonderes Problemfeld des Umgangs mit Tieren sind die Transporte. Dabei kommt es als Folge des Nachhaltigkeitsdiskurses zunehmend zu Kooperationen zwischen der heimischen Landwirtschaft und den Interessen des Tierschutzes: Tiertransporte sollten grundsätzlich zum nächstgelegenen Schlachthof vorgenommen werden, um das Tierleid zu verringern, die Wertschöpfungskette in der Region zu halten, den Verkehr zu entlasten und Produktlinien im Hinblick auf die Qualitätssicherung besser nachvollziehen zu können.[120]

In der Erkenntnis, dass artgemäße Tierhaltung immer auch ein Kompromiss zwischen Nutzung durch den Menschen und den natürlichen Ansprüchen der Tiere ist, haben sich auch die evangelischen Dienste auf dem Lande gemeinsam mit der katholischen Landvolkbewegung und dem Deutschen Bauernverband 2005 zu einer »Verpflichtung für den Schutz der Tiere in der Landwirtschaft« verständigt. Darin wird übereinstimmend festgestellt:

Dem Tierschutz verpflichtet
Die Tiere wurden im Laufe der Geschichte als ständige Begleiter des Menschen domestiziert. Daher ist der Mensch ihnen gegenüber verantwortlich. Nach dem christlichen Schöpfungsverständnis sind Tiere Mitgeschöpfe und nicht Rohstoff oder Material für menschliche Zwecke. Das menschliche Handeln sollte von der Ehrfrucht vor Gottes Schöpfung, vor dem Leben geprägt sein. Dieser Grundsatz wird in der öffentlichen Diskussion in Deutschland für die landwirtschaftliche Nutztierhaltung nachdrücklich eingefordert, besonders alle Fragen rund um die Haltung und den Schutz der Tiere. In der oftmals durch Emotionen geprägten Diskussion wird teilweise nicht gewürdigt, dass zum Beispiel die Stallbauten im Jahre 2005 mit Lüftungs- und Klimaanlagen, mit tiergerechten Liegeplätzen und Futterautomaten keinerlei Ähnlichkeiten mehr haben mit den dunklen, stickigen und häufig nassen Ställen vor hundert Jahren. Heute wie damals darf die Nutztierhaltung aber nicht mit den Maßstäben der Hobbytierhaltung beurteilt werden. Die ethischen Herausforderungen, die sich daraus für die Nutztierhaltung ergeben, werden vom landwirtschaftlichen Berufsstand erkannt, ernst genommen und sowohl in der Diskussion um Tierschutzfragen wie der Weiterentwicklung verbesserter Haltungsformen im Dialog mit Wissenschaft, Kirchen und Tierschutz voran getragen.

---

119. Vgl. Christa Plancke: Da krähte der Hahn. Kirche für Tiere? Eine Streitschrift, Eschbach 1995; Ulrich Oskamp: Vom Verhältnis Mensch-Tier, in: B. van Saan-Klein/C. Dirscherl/M. Vogt, »es soll nicht aufhören« (wie Anm. 68), 21–24; sowie Wilhelm Wegner: Sie haben den gleichen Atem, Mensch und Tier. Zum schwierigen Verhältnis der Kirche zu den Tieren, in: G. Kordecki, Erde (wie Anm. 71), 101–108.
120. Wilhelm Wegner: Zur Ethik der Mitgeschöpflichkeit. Artgerechte Tierhaltung, in: B. van Saan-Klein/C. Dirscherl/M. Vogt, »es soll nicht aufhören« (wie Anm. 68), 30–33.

Heute ist Tierschutz als Staatsziel im Grundgesetz verankert; Deutschland hat eines der weltweit umfassendsten Tierschutzgesetze, das gesellschaftlich den tierschutzrechtlichen Anforderungen zum Durchbruch verhilft. Diese Anforderungen werden von amtlichen Tierärzten in den Ställen überprüft. Landwirte müssen dafür erhebliche Investitionen tätigen. Durch die Billigpreiskampagnen des Lebensmittelhandels und der Discounter wird dieses Engagement aber nicht belohnt, sondern im Gegenteil der Druck auf die Landwirtschaft verstärkt, um tierische Nahrungsmittel wie Fleisch, Milch oder Eier möglichst preisgünstig zu erzeugen.

Mit ihrer gemeinsamen Erklärung anlässlich der anhaltenden Billigpreiskampagnen des Lebensmitteleinzelhandels und der Discounterketten mit Lebensmitteln tierischer Herkunft setzen die ländlichen Organisationen der beiden Kirchen in Deutschland, der Ausschuss für den Dienst auf dem Lande in der EKD (ADL) und die die [sic!] katholische Landvolkbewegung (KLB), der Deutsche Bauernverband (DBV) und der Deutsch LandFrauenverband (dlv) den Dialog über die landwirtschaftliche Nutztierhaltung nach ihrer Erklärung von 1995 fort und wollen einen aktuellen Beitrag zur öffentlichen Diskussion leisten.

Nutztierhaltung – eine Grundlage menschlicher Ernährung

Gemeinsam betonen ADL, KLB, DBV und dlv die Verantwortung des Menschen für das Mitgeschöpf Tier. Jedes Leben hat seine Aufgabe im Gefüge der Schöpfung. Die Menschen ernähren sich seit Urzeiten mit Lebensmitteln pflanzlicher und tierischer Herkunft. Die Tötung von Tieren ist dadurch in der von Konflikten geprägten Schöpfungsordnung unvermeidlich. Doch geht es um einen respektvollen Umgang mit den Tieren als Mitgeschöpfe, die uns Menschen zur Ernährung dienen.

Aus ernährungsphysiologischer Sicht sollte sich der Verbraucher vielseitig und ausgewogen ernähren, hierzu gehören auch Fleisch und tierische Produkte wie Milch und Eier. Ernährungswissenschaftliche Erkenntnisse sollten Grundlage objektiver Verbraucherberatung sein. Voraussetzung für eine gesunde Ernährung ist eine nachhaltige Wirtschaftsweise der Landwirte. Dabei ist die Nutztierhaltung im Sinne einer Kreislaufwirtschaft ein elementarer Bestandteil landwirtschaftlicher Produktion.

Nutztierhaltung – ein bedeutender Wirtschaftszweig

Mehr als die Hälfte des Umsatzes der deutschen Landwirtschaft in Höhe von insgesamt 41 Mrd. Euro stammen von tierischen Erzeugnissen. Von den 1,3 Mio. Arbeitskräften in der Landwirtschaft ist der größte Teil in der Tierhaltung beschäftigt. Auch innerhalb der Lebensmittelkette werden dafür die größten Investitionen getätigt und die meisten Arbeitsplätze geschaffen wie z.B. bei der Futtermittelherstellung, bei Stallbauten und im Verarbeitungsprozess. Die landwirtschaftliche Nutztierhaltung ist zudem Voraussetzung für den Erhaltung einer intakten Kulturlandschaft. 30 % der landwirtschaftlichen Flächen, also 5 Mio. der 17 Mio. Hektar in Deutschland, sind Grünland, die vielfach in den landschaftlich reizvollen Regionen und Erholungsgebieten liegen und nur über die Tierhaltung effizient gepflegt und erhalten werden können.

Nutztierhaltung – Verantwortung von Landwirten und Verbrauchern

Die deutschen Bauern sind sich ihrer Verantwortung für eine tiergerechte Haltung bewusst. Schließlich können nur gesunde Tiere, die ihren Bedürfnissen entsprechend ernährt, gepflegt und gehalten werden, die von Verbrauchern und Landwirten verlangten Leistungen erbringen. Der technische Fortschritt bietet neue Möglichkeiten, die Haltungsbedingungen der Tiere zu verbessern. Positive Beispiele des verbesserten Tierschutzes in Deutschland sind die heutige Haltung von Kälbern in Gruppen, von Kühen und Rindern in modernen Boxenlaufställen, die Entwicklung von modernen Kuh-Liegeflächen oder von Kleinvolieren für Legehennen. Frühere Missstände bei den Tiertransporten sind durch Gesetze zur Regelung der Transportzeiten und -bedingungen für Schlachttiere und deren Kontrolle nach heutigem

Kenntnisstand abgestellt. Wir fordern und bestärken jedoch hinsichtlich wirksamer Kontrollen und eine stetige kritische Reflexion der wissenschaftlichen und technischen Entwicklungen. Dazu gehört auch ein Überdenken in der Tierzucht z.B. bei Puten. Überzogene Leistungsanforderungen müssen abgestellt werden.

Landwirtschaft und Kirchen mahnen an, die Forschungen über weitgehend stressarme und schmerzfreie Haltungs- und Transportformen und nicht zuletzt über die Schlachtung der Nutztiere zu intensivieren und diese nicht allein unter betriebswirtschaftlichen Aspekten zu entscheiden. Darüber hinaus muss sich eine aktive nationale Tierschutzpolitik auch im Rahmen des europäischen Binnenmarktes durchsetzen, um Wettbewerbsverzerrungen in einzelnen Ländern auf Kosten der dort gehaltenen Tiere und zu Lasten der hiesigen Tierhalter zu verhindern. Tierschutzstandards sind unbedingt auch bei den Verhandlungen zum Welthandel (WTO) zu verankern. Die Politik ist gefordert, den Tierschutz weltweit konsequent durchzusetzen. Sollte dies der Bundesregierung und der EU-Kommission nicht möglich sein, ist ein entsprechender Außenschutz für die Produkte der europäischen Tierhalter notwendig. Denn besonders der deutsche Markt ist für den internationalen Agrarhandel aufgrund seiner Kaufkraft äußerst attraktiv. Einseitige Wettbewerbsvorteile durch Importe aus einer weniger tier- und umweltgerechten Tierhaltung, die aber kostengünstiger ist, werden strikt abgelehnt.

Bei allen – auch ethischen – Diskussionen über die landwirtschaftliche Tierhaltung ist zu berücksichtigen, dass der Tierhalter mit seinen erzeugten Produkten wie Fleisch und Milch ein adäquates Einkommen erwirtschaften muss. Erst damit können die Tierhalter auch die notwendigen Investitionen zur Qualitätserzeugung und zur tierschutzgerechten Modernisierung der Ställe tätigen. Die Verbraucher werden deshalb aufgefordert, beim Einkauf den erreichten hohen Tier- und Umweltschutz der deutschen Tierhaltung sowie die Maßnahmen zur Lebensmittelsicherheit, Transparenz und Rückverfolgbarkeit zu honorieren. Ein aufwändiges Qualitäts-Sicherungssystem wie QS, das auch ein Bekenntnis für Transparenz und Lebensmittelsicherheit der gesamten Lebensmittelkette darstellt, wird durch Billigpreiskampagnen des Lebensmittelhandels grundsätzlich in Frage gestellt. Erklärtes Ziel der deutschen Landwirtschaft muss es aber bleiben, die kontrollierte Qualitäts- und Herkunftsbezeichnung in der gesamten Produktionskette durchzusetzen. Billigpreiskampagnen auf den Lebensmittelmärkten gefährden grundsätzlich den Tierschutz.

ADL, KLB, DBV und dlv betonen in ihrer gemeinsamen Erklärung, dass die Verantwortung für eine tiergerechte Haltung vorrangig beim Landwirt liegt, von allen Teilen der Gesellschaft aber gemeinsam zu tragen ist. Dies ist von Politik und Tierschutzorganisationen nachhaltig zu unterstützen. Eine undifferenzierte, polarisierende Diskussion über den Tierschutz mit pauschalen Schuldzuweisungen an die Landwirtschaft bringt den Tieren, den Geschöpfen Gottes, keinen Vorteil und schadet dem weiteren Fortschritt in der Tierhaltung.[121]

Seit der EKD-Agrardenkschrift von 1984 wird der Fleischkonsum in der öffentlichen Diskussion grundsätzlich auch im Zusammenhang mit dem Tierschutz thematisiert. Der menschliche Verzehr von tierischem Eiweiß wird generell in Frage gestellt. Stattdessen werden alternative Ernährungsweisen propagiert. Aus zivilisationskritischer Sicht wird hinterfragt, ob der hohe Fleischverzehr nicht auch zahlreiche Krankheiten wie Rheuma, Allergien und Arteriosklerose zur Folge hat. Auch entwicklungspolitisch wird angefragt, ob der Genuss tierischer Lebensmittel durch den Einsatz von Kalorien und Eiweiß der Tierernährung und die Energiezufuhr des

121. Ausschuss Dienste auf dem Lande (ADL)in der EKD, Katholische Landvolkbewegung Deutschland (KLB), Deutscher LandFrauenverband (dlv), Deutscher Bauernverband (DBV): Verpflichtung für den Schutz der Tiere in der Landwirtschaft (http://www.tierethiknordelbien.de/media/41_02_tierschutz_adl_dbv.pdf).

Körpers durch Fleisch als energieintensivste Art der Nahrungsmittelproduktion und der Ernährung langfristig angesichts der begrenzten Ressourcen ethisch vertretbar ist. Damit einher geht die Frage nach den hohen Sojafuttermittelimporten, welche in den Anbauländern, insbesondere Brasilien und Argentinien zur Abholzung des Regenwaldes führen. Folglich wird eine vegetarische oder vegane Ernährungsweise zur Diskussion gestellt, was in kirchlichen Kreisen immer wieder aufgegriffen wird:

> [...] Dürfen wir Tiere töten, um sie zu essen? Reicht es aus, möglichst weitgehende Bedingungen artgerechter Tierhaltung zu realisieren oder muss die Nutzung der Tiere durch den Menschen sehr viel grundsätzlicher in Frage gestellt werden.
>
> [...]
>
> Zum einen versucht man das erkennbare Bedürfnis der Tiere nach Vermeidung von Leiden und des willkürlichen Abbruchs des eigenen Lebens, also die Schlachtung, ernst zu nehmen. Haben aber die Tiere ein Interesse daran, Leid und Schlachtung zu entgehen, so die Argumentation, könnte dies auch einen Anspruch darauf begründen. Die zweite Begründung macht auf eine nicht stimmige ungleiche Behandlung von Mensch und Tier aufmerksam: man könne nicht beim Menschen das Interesse, Leid und Schmerz zu vermeiden, als berechtigt ansehen, Tieren dieses Interesse aber als bedeutungslos absprechen.
>
> [...]
>
> Neben dieser tierethischen Motivation spielen die theologische [...], die ökologische, die ökonomische und die gesundheitliche Begründung für die Entscheidung, vegetarisch zu leben eine wichtige Rolle.
>
> Die ökologische Argumentation macht auf den in der Regel bei der Produktion tierischer Lebensmittel deutlich höheren Einsatz von Wasser, Flächen und Energie aufmerksam. Er ist im Wesentlichen durch den Anbau von Futtermitteln bedingt. Sie hebt dagegen die klimafreundlichere Produktion pflanzlicher Lebensmittel hervor: der Aufwand für die Produktion einer tierischen Kalorie ist im Durchschnitt siebenmal so hoch wie die einer pflanzlichen Kalorie. Dies ist durch den »Betriebsenergieverbrauch« der Tiere bedingt. Die ökologische Problematik von Futtermittelimporten und die Nahrungskonkurrenz zwischen Mensch und Tier belasten die weltweite Gerechtigkeit und die Zukunftsfähigkeit unserer Gesellschaft.[122]

Kein anderes Ereignis hat die öffentliche Meinung zum Thema Tierhaltung und Tierschutz infolge der BSE-Krise und der Maul- und Klauenseuche so bewegt wie die millionenfache Vernichtung von Rindern im Jahr 2002. Die zu Bergen aufgetürmten Kadaver wurden als Inbegriff einer verfehlten »Massentierhaltung« in so genannten Agrarfabriken gesehen. Auch in diesem Zusammenhang kann das verstärkte Interesse der Kirchen an einer Beschäftigung mit der modernen Landwirtschaft gesehen werden, wie das Ökumenische Agrarwort von 2003 in seiner Einführung ausdrücklich betonte. Die Erfahrungen mit der BSE-Krise und der anschließenden Maul- und Klauenseuche sowie mit der Schweinepest führten dazu, dass von kirchlicher Seite aus eine Verbindungslinie zur praktischen Seelsorge der betroffenen bäuerlichen Familien hergestellt wurde. Die Angst ging auf den Höfen um und führte bei den betroffenen Bauernfamilien zu Schlaflosigkeit und einem Bedrohungsszenario mit der Tragik des Tierverlustes im Umfeld der Ausbreitungsbekämpfung. Dabei ging es nicht nur um die wirtschaftliche Existenz, sondern auch

---

122. Nordelbisches Kirchenamt, Umgang (wie Anm. 118), 53f.; vgl. auch Clemens Dirscherl: Tiere dürfen getötet und gegessen werden, in: Allgemeine Fleischer-Zeitung, Nr. 45 vom 10. November 2010, 4.

um den sinnlosen Verlust der Tiere, mit denen die Menschen auf dem Hof eine Schicksalsgemeinschaft bildeten.

Jede Tiertötung aus vorbeugenden Gründen der Seuchenabwehr kann mit der Sinnfrage verbunden werden. Der kirchliche Dienst auf dem Lande der evangelisch-lutherischen Landeskirche Hannovers griff diese Herausforderung auf und gründete eine »Task-Force Seelsorgende im Tierseuchenfall«, um in Kooperation mit der katholischen Kirche, den Veterinärmedizinern, dem Berufsstand und der Landwirtschaftsverwaltung eine entsprechende Handreichung für den Notfall vorzulegen.[123] Insbesondere die ganz praktische Frage der Präventionspolitik und die bis heute geführte Diskussion um »Impfen statt Töten« zeigt, wie sehr tierethische Überlegungen mit der landwirtschaftlichen und politischen Realität verknüpft sind.

Angesichts der weltweit steigenden Nachfrage nach Fleisch und den damit verbundenen Konzentrationen von Tierbeständen in immer größer werdenden Produktionseinheiten (»Tierfabriken«) sowie Schlachtereien (»Schlachtfabriken«) wird auch künftig die evangelische Kirche mit ihren Gliederungen und Arbeitsbereichen gefordert sein sich mit einer christlich begründeten Ethik der Nutztierhaltung auseinanderzusetzen.

3.6 Landwirtschaft und ländliche Entwicklung

Mit dem Leitbild einer nachhaltigen Landwirtschaft ist unmittelbar auch die Zukunft der ländlichen Räume verbunden. Darüber wird in den letzten Jahren eine rege Diskussion nicht nur in Politik und Öffentlichkeit sondern auch zunehmend in der Kirche geführt: wie wird der ländliche Raum langfristig aussehen? Angesichts der demografischen Entwicklung wird deutlich, dass insbesondere in den ostdeutschen Bundesländern sich die Situation zuspitzt, wenn es nicht gelingt, die Abwanderung junger Landbewohner zu stoppen. Immer wieder stellt sich die Frage, ob der ländliche Raum zum Altenheim und Armenhaus für die verbleibenden Bewohner wird, die kaum in der Lage sein werden, die Kosten für die Versorgungsinfrastruktur zu schultern, womit eine Reduzierung des Versorgungsangebots im Einzelhandel, in der ärztlichen Betreuung und bei anderen Dienstleistungen verbunden ist.[124]

Bereits auf der EKD-Synode 1995 in Friedrichshafen hatte man sich mit der »Erhaltung und Stärkung ländlicher Regionen in Europa« auseinandergesetzt und befunden:

> [...] Durch die zentralisierende Verwaltungsreform in Deutschland haben viele Dörfer ihre Eigenständigkeit verloren. Die öffentliche Verwaltung geschieht in ortsfernen Zentren. Kindergärten und Schulen wurden zusammengelegt. Läden, Gaststätten, Arztpraxen und Treffpunkte sind aufgegeben. Das Pendlertum ist für viele Kinder alltägliches Geschick. Heute sind in weiten Teilen Deutschlands die Kirchengemeinden neben Vereinen und Verbänden

---

123. Stephan Wichert-von Holten (Hg.): Seelsorgende im Tierseuchenfall. Eine ökumenische Kooperation in Niedersachsen, Hannover 2003.

124. Vgl. Bernhard Müller: Auswirkungen des demographischen Wandels auf den ländlichen Raum und seine Bewohner, in: Verbraucherzentrale Bundesverband (Hg.): Hat der ländliche Raum eine Zukunft? (Schriftenreihe des Verbraucherzentrale Bundesverbandes zur Verbraucherpolitik 9), Berlin 2006, 17–26.

die letzten kulturtragenden Institutionen. In der Verbindung christlicher Werte und ländlicher Lebensformen liegen Chancen für die europäische Gesellschaft: überschaubare Dörfer fördern die Gemeinschaftsfähigkeit, Nachbarschaftshilfe und Selbsthilfefähigkeit.[125]

Entsprechend wurde »eine stärker integrative regionale Wirtschafts-, Agrar-, Verkehrs-, Struktur- und Sozialpolitik« gefordert, um eine zu große Entleerung ländlicher Problemgebiete zu verhindern:

[...] Dezentralisation von Produktion, Gewerbe und Handel sind dabei ebenso wichtig wie die Vermeidung von wirtschafts-, regional- und umweltpolitisch fragwürdigen Monostrukturen [...].

[...]

[...] Die Erhaltung einer vielfältigen Landschaft kann am besten durch land- und forstwirtschaftliche Nutzung, durch die sie auch entstanden ist, geschehen. Fällt diese Nutzung aus, versteppen nicht selten Teile der Landschaft mit negativen Folgen auch für die Siedlungsstruktur [...].

Die Erhaltung der natürlichen Ressourcen ist eine gesamtgesellschaftliche Aufgabe. Landschaftserhaltende Maßnahmen der Landwirtschaft müssen daher von Staat und Gesellschaft angemessen honoriert werden [...].

[...] Es müssen Wege gefunden werden, wie die Kirche in weitläufigen ländlichen Problemgebieten mit dünner Bevölkerungsdichte »im Dorf« bleiben kann [...].

Damit wurde von Seiten der EKD schon frühzeitig erkannt, dass für Landwirtschaft und die ländlichen Räume in Deutschland neue Planungskonzepte von der Politik, aber auch von der Kirche selbst erarbeitet werden müssen. Auf nationaler Ebene wurden dazu Maßnahmenkataloge für eine ganzheitliche Förderung ländlicher Wirtschaftsentwicklung mit unterschiedlichen Instrumenten aufgestellt wie die Verordnung über die Förderung und Entwicklung des ländlichen Raumes durch den europäischen Landwirtschaftsfonds (EUELER-Verordnung) und die Förderung nach dem so genannten Leader-Programm. Dabei steht auch weiterhin die Zukunft der Finanzierung der europäischen Agrarpolitik auf dem Prüfstand, weil für die Entwicklung lebensfähiger ländlicher Räume eine so genannte »zweite Säule der gemeinsamen Agrarpolitik« eingerichtet wurde. Auch das Bundeslandwirtschaftsministerium befasst sich seit geraumer Zeit mit einer Politik für ländliche Räume in Ergänzung zu seiner zuvor eher landwirtschaftlich ausgerichteten Agrarpolitik. So wurde Anfang 2008 eine »Konzeption zur Weiterentwicklung der Politik für ländliche Räume« nach einem längeren Konsultationsprozess vorgelegt, in den auch die Kirchen eingebunden waren.[126]

Auch im Ökumenischen Agrarwort »Neuorientierung für eine nachhaltige Landwirtschaft« von 2003 wurde nicht nur von einer nachhaltigen Landwirtschaft sondern einer »nachhaltigen Entwicklung der ländlichen Räume« insgesamt gesprochen:

Entscheidend für die wirtschaftliche und kulturelle Entwicklung der ländlichen Räume ist die Erhaltung und Schaffung von Beschäftigungsmöglichkeiten. Das betrifft über Land- und Forstwirtschaft hinaus und zusammen mit ihnen vor allem Gastronomie, Tourismus, Le-

---

125. Friedrichshafen. Bericht über die sechste Tagung der achten Synode der Evangelischen Kirche in Deutschland vom 5. bis 10. November 1995, Hannover 1996, 164f. (Beschluss »Erhaltung und Stärkung ländlicher Regionen in Europa«).

126. Agra-Europe Nr. 6/2008: Politik für ländliche Räume, Dokumentation.

bensmittelverarbeitung und -verteilung, Handwerk und Dienstleistungen (Transport, Post, Bank, Apotheke etc.), Einrichtungen der Bildung und Weiterbildung, der Altenpflege und der Kindererziehung. Für alle wäre der Niedergang der dörflichen Gemeinschaften und ihrer Kultur ein schwerer Verlust. Um dies zu vermeiden, sollte eine eigene Infrastruktur in Verwaltung und Verkehr, Einkaufsmöglichkeiten, Arbeitsplätze und kulturelle Angebote und nicht zuletzt kleinere Schulen und Kindergärten auf dem Land erhalten bleiben (Ziffer 99).

Anlässlich des 100-jährigen Jubiläums der Zeitschrift »Kirche im ländlichen Raum« unterstrich der EKD-Ratsvorsitzende Wolfgang Huber die besondere Bedeutung des ländlichen Raumes und seiner

> Schlüsselfunktion für die Sicherung der regionalen Ernährungssouveränität, die Förderung regionaler Wirtschaftskreisläufe, die Suche nach alternativen Energiestoffen aus Biomasse, aber auch die Pflege der Landschaft [...]. Wer sich um die Bewahrung der uns von Gott anvertrauten Natur und die Sicherung des täglichen Brotes für die weltweite Bevölkerung Gedanken macht, kommt am Land und seinen Bewohnern nicht vorbei. [...][127]

Von den demografischen Veränderungen und dem wirtschaftlichen Strukturwandel in den ländlichen Räumen zeigt sich auch die Evangelische Kirche in Deutschland betroffen. Somit wird die »Landfrage« in die aktuelle Reformdiskussion der Kirche mit einbezogen, wo Veränderungsperspektiven unter unterschiedlichen regionalen, sozialen und kirchlichen Bedingungen auch spezifisch für die Situation ländlicher Räume überprüft werden. Dazu legte eine Arbeitsgruppe im Auftrag des Rates der EKD eine Stellungnahme vor, in der Anregungen für die Entwicklung der evangelischen Kirche auf dem Lande in einem konzeptionellen Rahmenentwurf unter dem Titel »Wandeln und Gestalten« gegeben werden.[128] Die Studie räumt mit den klassischen Stereotypen und Vorurteilen des Landes und der Dorfkirche auf, mit denen man eine heile Welt assoziierte. Stattdessen wird die Pluralität ländlicher Räume und kirchlicher Situationen in ihrer Vielfalt nach jeweiligen geografischen, sozialen, kulturellen sowie ökonomischen Kontexten dargestellt. Grundanliegen der Studie ist es Wege aufzuzeigen, um die kirchliche Präsenz in der Fläche zu wahren, jedoch strukturelle Überdehnungen zurückzunehmen und sich neu in den ländlichen Räumen zu verorten, wobei das bestehende Beziehungsnetz gelebter dörflicher Sozialwelten und Netzwerke mehr als bisher genutzt werden soll. Auch wenn die Schrift kaum auf agrarische Zusammenhänge eingeht, so werden mit der Landwirtschaft gleich in der Einleitung so »theologische Themen wie Schöpfung, Erntedank, Beheimatung [...] als lebensweltlicher Erfahrungsraum für verschiedene Aspekte von Religion, Glaube und Kirche, sei es auf Dauer oder auf Zeit« verbunden.[129]

In der politischen Diskussion um eine nachhaltige Entwicklung ländlicher Räume wird auch der Agrarsektor einbezogen, indem ausdrücklich ein neues Leitbild einer »multifunktionalen« Landwirtschaft entworfen wurde – ein Begriff, der seit einiger Zeit in der aktuellen agrarpolitischen Diskussion eine wichtige Rolle spielt, weil innerhalb der Diskussionen um die internationalen Handelsbeziehungen im

---

127. Wolfgang Huber: Grußwort 100 Jahre Zeitschrift »Kirche im ländlichen Raum«, in: Kirche im ländlichen Raum 58 (2007), H. 3, 2f., 3.
128. Vgl. Wandeln und Gestalten (wie Anm. 7).
129. Ebda., 7 bzw. 27.

Rahmen der WTO die europäische Agrarpolitik mit dem so genannten europäischen Landwirtschaftsmodell der Multifunktionalität besonders gekennzeichnet wird. Damit verbunden werden die Leistungen der Landwirtschaft für die Gesellschaft, die über ihre reinen Produktionsfunktionen hinausgehen. Als gesamtgesellschaftliche Dienstleistungen werden dabei solche verstanden, für die zumeist keine originäre Nachfrage besteht, folglich auch keine Honorierung über entsprechende Märkte. Dazu zählen:

- die aktive Landschaftsgestaltung durch Extensivierung, Flächenstilllegungen, begrenzte Schlaggrößen und vielgestaltige Fruchtfolge, Einrichtung und Pflege von Biotopflächen;
- die Erhaltung seltener Kulturpflanzen und alter Tierrassen;
- die Erhaltung von Naturpotentialen (Bodenfruchtbarkeit, Grundwasserbildung, CO_2-Bindung), wenn die Regeln der guten fachlichen Praxis eingehalten werden;
- der Beitrag zur regionalen Wirtschaftskraft sowie zur Erhaltung ländlicher Kultur und zum Sozialleben auf dem Lande;
- der Denkmalschutz.

Diese Verbindung wurde auch erstmals im Ökumenischen Agrarwort von 2003 als »Perspektiven für eine multifunktionale Landwirtschaft und eine nachhaltige Entwicklung der ländlichen Räume« aufgenommen:

> [...] Neue Perspektiven ergeben sich dabei in der Verbindung von Landwirtschaft und Naturschutz vor allem in folgenden Bereichen: umweltgerechte landwirtschaftliche Produktionsverfahren, insbesondere im Blick auf Gewässerschutz und biologische Schädlingsbekämpfung sowie integrierte Flächennutzung, die landwirtschaftlichen Anbau, Wasserwirtschaft und Biotop- und Landschaftspflege zusammenführt [...] (91).
>
> Einen wichtigen Beitrag zur Erhaltung der ländlichen Regionen als Wirtschafts- und Kulturraum kann der Ausbau des ökologischen Landbaus liefern [...] (92).
>
> Der eingeschlagene Weg von der reinen Nahrungsmittelproduktion zur Vermarktung von Gütern und Dienstleistungen höherer Wertschöpfung sollte fortgesetzt werden [...] (93).
>
> Auch die Erschließung von Marktnischen wie Fischzucht, Damwildhaltung, Produktion von Arznei- und Gewürzpflanzen kann Einzelnen hier und da eine neue Existenzbasis geben. Die Innovationspotentiale dieser Bereiche sollte nicht unterschätzt werden [...] (94).
>
> Die ökologische Bewertung und Verarbeitung von Bioabfällen steht erst am Anfang. Hier schlummern noch große Möglichkeiten [...] (95).
>
> Neben den genannten Perspektiven für eine multifunktionale Landwirtschaft durch neue Wege in den umweltschonenden und artgerechten Produktionsformen gesunder Lebensmittel, in der Landschaftspflege und in der Energieerzeugung bieten sich viele attraktive Dienstleistungen als zusätzliche Verdienstquelle für die Landwirtschaft an. [...] der sanfte Tourismus und der Ausbau von Angeboten der Naherholung [...], therapeutische und pädagogische Konzepte zur Mitarbeit in der Landwirtschaft [...] (96).

Entsprechend formuliert wurde dann auch ein neues Leitbild der Landwirtschaft gemäß unterschiedlicher wirtschaftlicher, sozialer, topografischer, geschichtlicher, klimatischer und kultureller Voraussetzungen:

> Das agrarkulturelle Leitbild der Zukunft [ist] eine bunte Vielfalt kleinerer und größerer Betriebseinheiten in verschiedenen Vollzeit- und Teilzeitformen, regional-spezifischen Wertschöpfungsanteilen am Endprodukt sowie vor- und nachgelagerten Dienstleistungen in vielschichtigen Einkommenskombinationen (97).
>
> In der Landwirtschaft tätig zu sein beinhaltet auch die Pflege der Schöpfung als Lebens-

raum für Menschen, Tiere und Pflanzen, eine Lebensweise im Rhythmus der Natur, eine Kultur von naturnahen Traditionen und Werten. Die Landwirte sind wichtige Kulturträger, sie erschließen die ländlichen Regionen als Heimat, schaffen Zugang zu einem Leben mit der Natur im Rhythmus der Jahreszeiten und sind grundlegend für die Pflege des dörflichen Lebens. Diese Leistungen können auf Dauer jedoch nur dann sichergestellt werden, wenn sie im Rahmen einer Gesamtkonzeption für die Entwicklung der ländlichen Räume eine angemessene Förderung erhalten (98).

Unter der Beteiligung kirchlicher Projektträger konnten verschiedene Beiträge zur nachhaltigen Entwicklung der ländlichen Räume in der Praxis umgesetzt werden. So wurde z. B. nach der Wiedervereinigung gemeinsam mit dem kirchlichen Dienst auf dem Lande zwischen 1993 und 1998 ein so genanntes »Forum Westthüringen« gebildet, wo in Zusammenarbeit mit Kommunen, örtlicher Landwirtschaft und Behörden, aber nicht zuletzt auch Kirchengemeinden vor Ort eine »neue Arbeit auf dem Lande in Thüringen e. V.« entstand, um die Entwicklung alternativer Energien, ländlichen Tourismus, Direktvermarktung, Naturschutz und Landschaftspflege sowie die neue Nutzung nicht mehr gebrauchter dörflicher Bausubstanz im Rahmen eines europäischen Modellprojektes zur integrierten regionalen Entwicklung mit Leben zu füllen.[130] Damit zeigt sich, dass die Landwirtschaft neben ihrer rein agrarpolitischen Orientierung auch zunehmend unter gesellschaftlichen Gesichtspunkten als Garant ländlicher Entwicklung betrachtet wird.

130. Christfried Boelter: Klosterpark und Stift Reinhardsbrunn. Ein kirchlicher Beitrag zur nachhaltigen Entwicklung des ländlichen Raums, in: B. van Saan-Klein/C. Dirscherl/M. Vogt, »es soll nicht aufhören« (wie Anm. 68), 105–108.

4. Kirchliche Handlungsfelder für Landwirtschaft und ländlichen Raum

4.1 Gottesdienste – insbesondere zum Erntedank

Eine nachhaltige Landwirtschaft kann nur umgesetzt werden, wenn ein gesellschaftlicher Werte- und Bewusstseinswandel auch zu entsprechenden politischen Rahmenbedingungen führt. Wie ein roter Faden zieht sich diese Erkenntnis durch alle kirchlichen Verlautbarungen zur Situationsbeschreibung und Orientierungssuche für eine künftige Landwirtschaft unter dem Leitbild der Nachhaltigkeit. Auch die Kirche kann mit ihren unterschiedlichen Handlungsfeldern dazu ihren Beitrag leisten. Als zentrales Element bieten sich hierfür Gottesdienste als ureigene Domäne kirchlichen Handelns an, wie ausdrücklich im Ökumenischen Agrarwort von 2003 gefordert wurde:

> [...] Hierzu kann der christliche Glaube vielfältige Impulse geben. So spielen Lob und Dank für die Gaben der Schöpfung in der Bibel in der christlichen Tradition eine wichtige Rolle. Wein und Brot stehen als Gaben der Schöpfung, in denen sich Gott selbst uns schenkt, im Mittelpunkt jeder Eucharistie- bzw. Abendmahlsfeier. Jeder Gottesdienst und eine Vielzahl christlicher Feste, insbesondere das Erntedankfest, zielen darauf, die Haltung der Achtung und der Dankbarkeit im Umgang mit den Mitmenschen und mit der Schöpfung einzuüben.[131]

Das Erntedankfest rückt damit als einziges kirchliches Fest, das sich ausdrücklich um die Landwirtschaft dreht, ins Zentrum gottesdienstlich-liturgischer Handlungen:

> [...] Der Erntedank hat als Fest des Dankes, des Teilens und der Besinnung eine lange Tradition. Er stammt aus einer Zeit, in der das Überleben des Menschen mehr als heute von der jährlichen Ernte abhängt. Die Sorge um das tägliche Brot wird heute immer stärker im Zusammenhang mit Fragen der Qualität und der gesundheitlichen Unbedenklichkeit unserer Nahrung gesehen. Zugleich wächst überall das Bewusstsein, dass nicht nur die Bäuerinnen und Bauern, sondern jeder von uns für den pflegerischen Umgang mit der Natur, für die vielen heute noch hungernden Menschen verantwortlich ist. Gerade in dieser gemeinsamen Sorge erfährt das Erntedankfest einen neuen Sinn. Erntedank ist gerade heute eine Chance, die gemeinsame Verantwortung von und in der Landwirtschaft Tätigen und Verbrauchern zu erkennen und zu vermitteln.[132]

Was die Natur hervorbringt, wird demnach als Gottesgeschenk betrachtet. Zumindest einmal im Jahr bietet dieses Danken allen Christen Anlass zu einem besonderen Fest. Solange sich der Mensch selbst als Teil einer göttlichen Schöpfung begreift, wird er Lebensmittel als Gaben von ihr auf Gott zurückführen und sich zu Dank für die Nahrung aus Ackerbau, Feldern und Viehzucht verpflichtet wissen. Schließlich betonen alle Erntebräuche immer auch die fruchtbare Zusammenarbeit von Gott und Mensch. Grundlage allen Erntedankes ist und bleibt die Einbindung und Abhängigkeit von Gottes Schöpfung. Das gilt vor allem dann, wenn sich der

131. Neuorientierung (wie Anm. 27), 49, Ziffer 117.
132. Ebda.

(Erntedankgottesdienst, aus: 50 Jahre Evangelisches Bauernwerk in Württemberg e. V., Hohebuch 1998, 84)

Mensch als abhängig vom Naturkreislauf erfährt, in den die Nahrungsgewinnung eingebunden ist. Der Abschluss der Ernte bot darum immer Anlass zum Dank. Dankfeste für die Ernte gibt es daher in allen Kulturen und Religionen. Zu allen Zeiten haben Menschen gestaunt über das Wunder des Wachsens und empfunden, dass darin etwas Göttliches spürbar wird. Erntedank ist also etwas unmittelbar nahe liegendes. Zum einen waren der Dank und das Feiern zeitlich und räumlich ganz eng mit dem eigentlichen Vorgang des Erntens verbunden. Nicht irgendein Termin im Kalender, sondern derjenige Tag, an dem die Ernte begann, und der Tag, an dem alles eingebracht war, waren von größter Bedeutung. Die Anstrengung und Müdigkeit saß noch tief in den Knochen, aber nun erlebte man zugleich das Gefühl der Erleichterung und Freude. Der letzte Erntewagen, der vom Feld kam, wurde empfangen, geschmückt, gefeiert, besungen.

Diese Lebensnähe zum Erntedankfest kam auch daher, dass sämtliche Dorfbewohner einbezogen waren. Pfarrer, Lehrer und Handwerker, die selbst nicht mit zur Ernte beigetragen hatten, wurden am Feiern beteiligt und mit hinein genommen. Heute ist es umgekehrt. Die Landwirte sind im Dorf eine kleine Minderheit, die aktiv an der Ernte beteiligt ist, und alle anderen scheinen desinteressiert, vielleicht sogar gestört durch die Erntearbeiten, wenn es Klagen über die vermehrte Ruhestörung infolge ständigen Maschineneinsatzes oder von Ackerboden (»Dreck«) auf Straßen und Feldwegen gibt.

Die Unmittelbarkeit des Erntedankes kommt in den vielen verschiedenen Erntebräuchen zum Ausdruck, die früher landauf, landab in den Dörfern gepflegt wurden und heute oftmals als folkloristisches Relikt begangen werden. In der evangelischen

Kirche wurde – unabhängig von der tatsächlichen Erntezeit je nach regionaler Lage und Witterungsverlauf – ein zentrales Erntedankfest am ersten Oktobersonntag eingerichtet. Erntegaben schmücken den Altar oder werden im Gottesdienst zum Altar gebracht. Das Fest hat viel von der Authentizität der einstigen Erntedankfeste eingebüßt und steht in Gefahr, zu einem pflichtgemäß zu begehenden Kirchentermin zu werden. Auch liturgisch wurde »das Problem Erntedankfest« schon immer diskutiert, insbesondere die rustikale Bildersprache eines traditionellen Erntedankritus als Widerspruch zum modernen urbanen Gemeindeleben:

> Da saßen in klammer Atmosphäre ein Haufen Leute zusammen, für die ein Büchsenöffner wichtiger ist als eine Gartenschere, und lauschten einer Rede, die eventuell einer Bauerngemeinde vor hundert Jahren verständlich gewesen wäre.
>
> [...] Da ist keine Wirklichkeit drin, sie kommt einfach nicht vor, man reibt sich die Augen und fragt sich, ob der Mann da oben auf der Kanzel wirklich der Pfarrer ist, der genauso wie ich keine Scheune mehr besitzt.[133]

Andererseits wird die weit verbreitete Gemeindestrategie, das Erntedankfest im Rahmen eines Familiengottesdienstes zu begehen, um die Eltern der Kindergartenkinder vermehrt ins kirchliche Leben einzubinden, kritisch hinterfragt:

> Ist es passend, daß meist nur Kinder in den Erntedankgottesdiensten Erntegaben darbringen? Ausgerechnet diejenigen, die wirklich gar nichts beitragen zum Säen und Ernten? Kinder bringen die Gaben und Landwirte erwarten ängstlich in den hinteren Reihen ihre Umweltschelte – das bringt das Erntedankfest in eine Schieflage.[134].

Die evangelischen Landdienste haben es sich daher zur Aufgabe gemacht, spezielle Erntedankhandreichungen mit liturgischen, homiletischen und sozialethischen wie gesellschaftspolitischen Beiträgen zur Gestaltung von Gottesdiensten herauszugeben. 1968 wurden erstmals die so genannten »Handreichungen zum Erntedankfest« von Arbeitskreisen der Dienststellen auf dem Lande einzelner Landeskirchen in Zusammenarbeit mit dem Evangelischen Ausschuss für den Dienst auf dem Lande in der EKD (EDL) erstellt, welche bundesweit der Zweimonatsschrift »Kirche im Dorf« beigelegt wurden. Inzwischen wird diese Arbeitshilfe für Pfarrer und interessierte haupt- und ehrenamtliche kirchliche Mitarbeiter von der Redaktion der Fachzeitschrift »Kirche im ländlichen Raum« verantwortet. Der kirchliche Dienst auf dem Lande der evangelisch-lutherischen Landeskirche in Hannover (KDL) gibt seit einigen Jahren ebenfalls eine Arbeitshilfe zum Erntedankfest mit Informationen, Materialien und Gottesdienstelementen heraus.[135]. Regelmäßig werden von kirchlicher Seite zu Erntedank immer wieder die gleichen Themen angesprochen:

- der Strukturwandel in der Landwirtschaft
- das veränderte Selbstverständnis bäuerlicher Arbeits- und Lebenswelten
- die tief greifenden Veränderungen innerhalb der ländlichen Lebensmilieus und die Auswirkung auf die Landwirtschaft

133. Theo Lehmann: Das Problem Erntedankfest, in: Kirche im Dorf 19 (1968), 225f.
134. Annette Kick: Erntedank – Lebensnah, in: Schwäbischer Bauer 49 (1997), Nr. 40, 3.
135. Kirchlicher Dienst auf dem Lande (Hg.): Erntedank – Leben(s)Mittel Früchte der Gerechtigkeit. Arbeitshilfe, Hannover 2010.

- die zunehmende Industrialisierung der Landwirtschaft mit ihrer ökonomischen Ausrichtung auf Leistungssteigerung und die damit einhergehenden ökologischen, agrarkulturellen sowie sozialökonomischen Problemlagen
- die besondere Verantwortung des einzelnen seiner Verantwortung für das tägliche Brot mit seinem Einkaufs- und Ernährungsverhalten gerecht zu werden
- die zunehmende gesellschaftliche Marginalisierung der bäuerlichen Bevölkerung in einkommenspolitischer, sozioökonomischer und kultureller Lebenslage
- die veränderten Wertvorstellungen innerhalb der Landwirtschaft, welche zu familiären Spannungen führen
- die wachsende religiöse Entfremdung des landwirtschaftlichen Nachwuchses und seine Anpassung an die urbanen Lebenswelten einschließlich sinnstiftender Lebenswelt aus Technik, Ökonomie und Wissenschaft.
- die Diskrepanz zwischen dem Nahrungsmittelüberschuss in den reichen Ländern des Nordens und dem Hunger und Mangel in den armen Ländern des Südens der Erde, einmündend in der Forderung nach internationaler Gerechtigkeit und Solidarität entsprechend der christlichen Option für die Armen.

Politischer Höhepunkt des Erntedankfestes ist die gemeinsame Erklärung zum Erntedankfest von EDL, der Katholischen Landvolkbewegung Deutschlands (KLB) mit dem Deutschen Bauernverband (DBV) sowie dem Deutschen Landfrauenverband (DLV), welcher seit den 1990er Jahren alljährlich herausgegeben wird. Seit 2001 erfolgt die Vorstellung der Erklärung anlässlich eines zentralen Erntedankgottesdienstes in Berlin, vorbereitet und ausgerichtet von EDL und KLB, mit einer Ansprache kirchenleitender Persönlichkeiten, des Bundespräsidenten, des Präsidenten des Deutschen Bauernverbandes, der Präsidentin des Deutschen Landfrauenverbandes sowie des Vorsitzenden der Deutschen Landjugend. Im Anschluss daran wird vom Berufsstand dem Bundespräsidenten pressewirksam die Erntekrone überreicht, die anschließend in seinem Amtssitz auf Schluss Bellevue in der Eingangshalle aufgehängt wird.

Auch von der so genannten »Agraropposition«, der zum Deutschen Bauernverband konkurrierenden, eher ökologisch und kleinbäuerlich ausgerichteten Arbeitsgemeinschaft Bäuerliche Landwirtschaft (ABL), wird seit einigen Jahren zum Erntedankfest eine besondere Erklärung herausgegeben: die »Zehn An-Gebote zum Erntedank«, die mit jeweils unterschiedlichem kritischem Bezug Themen wie die Grüne Gentechnik, die Preisgestaltung bei Lebensmitteln, die Konzentration im Lebensmitteleinzelhandel oder Fragen internationaler Verteilungsgerechtigkeit auf einem Plakat als politische Thesen formuliert und Kirchengemeinden und kirchlichen Organisationen sowie landwirtschaftlichen Gruppen zum Erntedankfest zur Verfügung stellt.

Neben dem Erntedankfest gibt es noch weitere kirchliche Traditionen und Elemente der Liturgie, die in besonderer Weise auf die Landwirtschaft bezogen sind, wie dies auch die EKD-Landwirtschaftsstudie von 2007 deutlich zum Ausdruck bringt:

> Die landwirtschaftsbezogene Beheimatung ist mit der kirchlich-religiösen eng verwoben, da »Heimat« […] stets ein mehrdimensionales Phänomen darstellt. Berggottesdienste, Gottesdienste im Grünen oder auf Höfen erschließen religiöse Erfahrungsräume; Landwirtschaft und Kirchengemeinde arbeiten bei Gemeinde- oder Erntedankfesten eng zusammen; das Schöpfungsthema wird […] erschlossen; die Erfahrung, die Menschen in der land- und forst-

wirtschaftlich gepflegten Natur machen, stellen einen wichtigen Bezug zur christlichen Glaubensdeutung dar.[136]

Damit bieten sich für die Kirchengemeinden vor Ort eine Fülle an Gestaltungsmöglichkeiten und liturgischen Umsetzungsformen für Gottesdienste gerade im Grünen an.[137] Im Zusammenhang mit »Tagen der offenen Stalltür«, des »offenen Hofes« oder der »gläsernen Produktion« werden bundesweit fast immer am Sonntagmorgen Gottesdienste, oft in ökumenischer Gestaltung, angeboten. Auch dabei wird der theologische Bezug zur Landwirtschaft hergestellt.

Innerhalb der württembergischen Landeskirche gibt es traditionell vielerorts und immer wieder auch neu entdeckt Kasualgottesdienste vor der Ernte.[138] Diese »Erntebetstunden« oder »Erntebittgottesdienste« werden von den Landwirten und der ländlichen Bevölkerung insgesamt stärker als »ihre Gottesdienste« empfunden als die klassischen Erntedankgottesdienste. Die Erntebetstunden kommen aus einer Zeit, aus der fast alle Bewohner eines Dorfes in der Landwirtschaft tätig und damit auch mit der Ernte befasst waren. Das Einbringen der Ernte hatte absoluten Vorrang vor allem anderen. Nichts lag also näher als vor diesem großen Ereignis der Ernte inne zu halten: Zuerst zu danken für das Gewachsene; dann zu bitten um Bewahrung vor Unwetter, Hagel, Krankheit, Unfall oder Tod während der Ernte. Zu bitten, um die psychische und physische Kraft, die bevorstehenden körperlichen Strapazen zu überstehen. Besonders die furchtbaren Hungerjahre zwischen 1815 und 1817 hatten für die Entstehung der Erntebittgottesdienste in Württemberg eine besondere Bedeutung; die allgemeine Verbreitung erfolgte jedoch erst nach 1840. Dabei gibt es von Region zu Region verschiedene Wurzeln: das kann ein regionales Unwetter gewesen sein, das zu den traditionellen »Hagelfeiertagen« z.B. im Hohenlohischen führte, welche bis heute als Gottesdienst vor der Ernte begangen werden. Auch in den urbanen Ballungsregionen zeigen städtische Kirchengemeinden inzwischen großes Interesse an der Durchführung des Erntebittgottesdienstes als wichtiger Nahtstelle und Begegnungsmöglichkeit zwischen landwirtschaftlicher und nicht-landwirtschaftlicher Bevölkerung. Auf das Angewiesensein und die Abhängigkeit vom täglichen Brot kann auch hier aufmerksam gemacht werden, dass – allem Überfluss an Lebensmitteln zum Trotz – es immer noch das Säen und Ernten benötigt. Der Erntebittgottesdienst bietet damit eine Chance, dass Erzeuger und Verbraucher ihre gemeinsame Bitte um das tägliche Brot vor Gott bringen.

Erntebittgottesdienste und Erntebetstunden werden in unterschiedlichen Formen gefeiert: als »normaler« sonntäglicher Hauptgottesdienst in der Kirche, als Gottesdienst im Grünen, als Tag der Schöpfung oder in Form eines Feld- oder Hofgottesdienstes. Das Evangelische Bauernwerk in Württemberg gibt dazu alljährlich so genannte »Materialien zum Erntebittgottesdienst« als Hilfestellung für die Kirchengemeinden heraus. Die gesamte Liturgie aus Eingangsgebet, Fürbittgebet, Liedvorschlägen und einem Textvorschlag für eine Predigt bzw. sogar eine ausgear-

---

136. Wandeln und Gestalten (wie Anm. 7), 50.

137. Thomas Roßmerkel: Berggottesdienste oder: was es bei Gottesdiensten im Grünen zu bedenken gibt, in: Kirche im ländlichen Raum 61 (2010), 39–41.

138. Clemens Dirscherl/Annette Kick: Ernte feiern vor der Ernte – Erntebittgottesdienste in Württemberg, in: B. van Saan-Klein/C. Dirscherl/M. Vogt, »es soll nicht aufhören« (wie Anm. 68), 98f.

beitete Predigt mit einer Vorlage für ein Anspiel und ergänzende Hintergrundinformationen zur Situation der Landwirtschaft und aktuellen agrarpolitischen Themen sind darin enthalten. Die Besonderheit der württembergischen Erntebittgottesdienste führte dazu, dass erstmals vom Zweiten Deutschen Fernsehen ein solcher als Hofgottesdienst im Juni 2009 bundesweit mit großer öffentlicher Aufmerksamkeit ausgestrahlt wurde.[139]

Auf der Dritten Europäischen Ökumenischen Versammlung in Sibiu 2008 wurde allen Kirchen Europas empfohlen, an jedem 1. September einen Tag der Schöpfung zu feiern. Immer mehr Kirchen kommen dieser Empfehlung nach. Entsprechend dem Bekenntnis zum Schöpfer, wie er im Glaubensartikel »Ich glaube an Gott den Vater, den Allmächtigen, den Schöpfer des Himmels und der Erde« bekannt wird, kann nicht zuletzt auch in Bezug zur Landwirtschaft Ursprung und Ziel, Rhythmus der Zeit und Ordnung des Raumes das Verhältnis des Menschen und seiner Mitgeschöpfe sowie das Erstaunen über den Mikro- und Makrokosmos liturgisch behandelt werden. Bereits auf der Zweiten Europäischen Ökumenischen Versammlung 1997 in Graz wurde dazu aufgerufen, die »Bewahrung der Schöpfung als Teil des kirchlichen Lebens zu betrachten und zu fördern und dazu als Beispiel einen Tag der Schöpfung einzuführen«. Auch hierzu gibt es zumeist über die Umweltbeauftragten der einzelnen Landeskirchen Materialien zu Gottesdienstentwürfen und Bausteinen für die Gemeindearbeit.

Anlässlich besonderer Veranstaltungen oder Herausforderungen kommt es innerhalb der evangelischen Kirche immer wieder auch zu landwirtschaftlich geprägten Gottesdienstformen, insbesondere wenn besondere Nöte und Problemlagen anstehen, wie bei der Schweinepest, Maul- und Klauenseuche oder auch der BSE-Krise. Klagen, Fürbitten, Dank, Stille und sachliche Informationen konnten innerhalb von Gottesdiensten in eine stimmige liturgische Form gebracht werden. Dies gab es z. B. anlässlich eines gemeinsamen ökumenischen Gottesdienstes von Bauern und Verbrauchern während der BSE-Krise an unterschiedlichen Orten.[140] Solidarität zwischen Bauern und Verbrauchern und zwischen Bauern untereinander sollte sichtbar werden bzw. neu entstehen. Ängste und Klagen sollten vor Gott gebracht werden können, um zugleich auch Mut zu machen und neue Hoffnung zu wecken. Im Gegensatz zu den spektakulären medieninszenierten und Panik verbreitenden BSE-Thematisierungen wollten die Gottesdienste mit leisen Tönen zu mehr Sensibilität, Nachdenklichkeit, Umkehrbereitschaft und Versöhnung beitragen. Dabei stand nicht die Schuldzuweisung im Vordergrund, sondern die tiefe Verstrickung eines jeden einzelnen in Zeiten der Krise, für die keine eindeutige Verantwortung zugewiesen werden konnte.

Auch von Seiten des landwirtschaftlichen Berufsstandes werden Gottesdienste für die Landwirtschaft unterstützt und gefördert. So gehört anlässlich der jährlichen Internationalen Grünen Woche in Berlin eine Andacht inzwischen seit mehreren

---

139. Vgl. www.zdf.fernsehgottesdienst.de, Erntebittgottesdienst am 7. Juni 2009.

140. Vgl. Clemens Dirscherl: BSE-Solidaritätstag in Schrozberg, in: B. van Saan-Klein/C. Dirscherl/M. Vogt, »es soll nicht enden« (wie Anm. 68), 27–30; ders.: Erntedank – Gottesdienst für Landwirte, in: Christoph Kirchhoff/Anja Grube (Hg.): Gottesdienst Impulse. Konzepte, Modelle und Bausteine für eine situationsgerechte Gottesdienstarbeit, Bochum 2004, 127–138.

Jahren zum so genannten Ökumenischen Landkirchentag auf der Bühne des Erlebnisbauernhofes inmitten des Trubels der Besucherstürme auf dem Messegelände. Ein ebenso deutliches Zeichen der Verbindung zwischen Landwirtschaft und Kirche kam 2007 beim Deutschen Bauerntag in Bamberg zum Ausdruck, wo erstmals ein ökumenischer Gottesdienst, gestaltet von Erzbischof Schick und dem stellvertretenden EKD-Ratsvorsitzenden Kähler, vor der offiziellen Eröffnung gefeiert wurde.

Somit stellen Gottesdienste gerade für die Landwirtschaft ein zentrales kirchliches Handlungsfeld dar: die Zukunft des eigenen landwirtschaftlichen Berufes und die künftige Betriebsexistenz zu bedenken, Auswege aus Krisen zu finden, Kraft im Glauben und Selbstvertrauen zu gewinnen, einen neuen verantwortungsvollen Umgang mit der Schöpfung zu entwickeln, den Mut zu Entscheidungen bei politisch Verantwortlichen zu fördern, für alle Folgewirkungen des Tuns eingedenk Mensch, Tier und Umwelt einzustehen und schließlich in der Fürbitte neuer Wege zu gedenken im Umgang mit der Natur, mit Tieren und mit dem täglichen Brot und dabei die Solidarität der gesamten Gesellschaft mit jedem Glied der landwirtschaftlichen Familien zu bekunden.

4.2 Seelsorge und sozial-diakonische Begleitung

In allen Agrardenkschriften wurde immer wieder deutlich angesprochen, dass die Situation der Landwirtschaft von einem umfassenden Wandlungsprozess gekennzeichnet ist. War es in der EKD-Agrardenkschrift von 1965 der zunehmende Einzug des technischen Fortschritts und die Eingliederung des Agrarsektors in die moderne Industriegesellschaft sowie der europäische Integrationsprozess innerhalb der Agrarpolitik, so stand in der EKD-Agrardenkschrift von 1984 das Spannungsfeld zwischen ökonomischen Sachzwängen und ökologischen Erfordernissen und der eigenen betrieblichen Entscheidung zum Wachsen oder Weichen im Vordergrund. Auch das Ökumenische Agrarwort von 2003 stellte angesichts der damaligen Krisenphänomene um die BSE-Ausbreitung sowie die Maul- und Klauenseuche und den damit einhergehenden sozialen und wirtschaftlichen Verunsicherungen innerhalb der landwirtschaftlichen Bevölkerung die menschliche Situation der Betroffenen in den Vordergrund. Somit wird deutlich, dass es schon immer der kirchliche Auftrag war, die Menschen in der Landwirtschaft seelsorgerlich zu begleiten, so wie es mit anderen beruflichen und sozialen Gruppen auch geschieht, lediglich dass der landwirtschaftliche Hintergrund mit seinen besonderen Fragestellungen und Beziehungsgeflechten nach Berücksichtigung verlangt. Dazu stellte der spätere Bundespräsident Johannes Rau schon früh in seiner Funktion als Minister für Wissenschaft und Forschung in Nordrhein-Westfalen sowie Mitglied der evangelischen Kirchenleitung des Rheinlandes in einem Zeitschriftenbeitrag fest:

> Betriebe, die durch Jahrhunderte hindurch und über Generationen hinweg eine sichere Existenzgrundlage waren und eine Familie ernährten, sind in ihrem Bestand bedroht. Unruhe und Unsicherheit kennzeichnen das Leben des bäuerlichen Menschen. Viele stehen vor der Frage: wie soll es weitergehen? Können wir in unserem Beruf bleiben? Können wir unseren Kindern zumuten, den elterlichen Betrieb zu übernehmen? Ist es nicht sinnvoller, sich gleich nach einer anderen Verdienstmöglichkeit umzusehen? Gar nicht selten begegnet einem bei

den Betroffenen Niedergeschlagenheit, Verbitterung, Mutlosigkeit und Resignation. Die wirtschaftlichen Probleme sind zugleich soziale und menschliche Probleme, die eine Herausforderung an den seelsorgerlichen Auftrag der Kirche darstellen.[141]

Dabei betonten die Agrardenkschriften immer wieder, dass die Kirche keine eigene Agrarpolitik betreiben wolle, aber in ihren Handlungsfeldern den Auftrag habe, im Zuhören, Reden und Tun die Bedeutung der Landwirtschaft für die Gesellschaft innerhalb ihres christlichen Auftrages der Schöpfungsbebauung und -bewahrung in politischen Stellungnahmen und der Bildungsarbeit präsent zu machen und die persönlichen Fragen der betroffenen Menschen vor dem Hintergrund ihrer betrieblichen, familiären, wirtschaftlichen, sozialen Situation auf den Höfen anzunehmen. Nicht von ungefähr wurde im Zusammenhang mit dem agrarischen Strukturwandel des Wachsens oder Weichens immer wieder auch vom »Bauernhöfesterben« oder gar »Bauernsterben« gesprochen.[142] Damit wurde ähnlich wie bei der Trauerarbeit mit verstorbenen Hinterbliebenen auch die Hofaufgabe und das Ausscheiden aus der Landwirtschaft als seelsorgerlicher Auftrag der Kirche verstanden und von kirchlichen Fachkräften wahrgenommen:

Der Strukturwandel ist verantwortlich und schafft Risiken, denen viele – vor allem kleine – bäuerliche Betriebe zum Opfer fallen. Was über Generationen als Familienbetrieb geführt wurde und im Dorf einen festen Namen hatte, muss aufgegeben oder zunächst als Nebenerwerb weitergeführt werden. Hinter solchen »Anpassungsprozessen« verbergen sich menschliche Schicksale, Veränderungen im Dorf, fehlende Kultur, sinkendes Selbstbewusstsein.[143]

Die sozialen Umbrüche innerhalb der Landwirtschaft, der Strukturwandel mit seinen vielschichtigen sozialpsychologischen Herausforderungen auf die ländlichen Lebenswelten insgesamt sind regelmäßig Gegenstand landkirchlicher Arbeit in kritischer Reflektion, praktischer Beratungs- und Unterstützungsleistungen sowie auch der Bildungsarbeit.[144]

Die Liberalisierung der Agrarmärkte und der dadurch forcierte Strukturwandel ließ in der Landwirtschaft die Schere zwischen erfolgreichen und unrentablen Betrieben immer stärker auseinanderklaffen, so dass das Thema Armut sich nicht mehr nur auf das städtisch-urbane Umfeld aus Trabantensiedlungen und Industrieruinen reduzieren ließ, sondern zunehmend auch zum Phänomen der ansonsten so idyllisch wirkenden bäuerlichen Lebenswirklichkeit wurde. Der Unterschied besteht darin, dass sich in der Landwirtschaft wie im Dorf die Armut versteckt: Niemand soll sie wahrnehmen, sie erkennen, denn das beschönigende Bild des arbeitsamen,

---

141. Johannes Rau: Seelsorgerliche Aspekte der Situation in der Landwirtschaft, in: Kirche im Dorf 23 (1972), 1–9, 1.
142. Vgl. Georg Siegfried Stockburger: Ein Bauer stirbt, in: Kirche im Dorf 23 (1972), 17–20.
143. Manfred Kock: Vorwort, in: Bäuerliches Leben und Kirche. Orientierung im Umbruch (Altenkirchener Akzente 1), Altenkirchen 1999, 5.
144. Damit befasste sich regelmäßig die Zeitschrift »Kirche im ländlichen Raum« durch Herausgabe von Heften mit Schwerpunktthemen, so »Abschied und Wandel im Dorf« (2000, H. 4); »Soziale Umbrüche auf dem Lande – Herausforderung für Seelsorge und Beratung (1993, H. 3); Land des Lächelns? Psychosoziale Lage auf dem Lande (1996, H. 2).

doch sorglosen Lebensideals darf nicht ins Wanken geraten.[145] Der Armutsbegriff, wie er allgemein innerhalb der sozialpolitischen Debatte wie auch der kirchlichen Verlautbarungen verwendet wird[146], ist dabei nicht ohne weiteres auf die Landwirtschaft übertragbar. Dort herrschen erhebliche intrasektorale Einkommensunterschiede. Stattliche Vermögenswerte, welche die Grundlage für den landwirtschaftlichen Arbeitsplatz darstellen, verschleiern oftmals die reale Situation. Auch das Anlagevermögen wird bei oberflächlichem Blick häufig überschätzt. Grundstücke, welche gerne als finanzielle Absicherung angesehen werden, sind in der Regel nur auf dem Papier wertvoll – außer sie werden zu Bauland, insbesondere im Umfeld urbaner Ballungsregionen. Für die Betriebsgebäude gibt es oft so gut wie gar keine Nachfrage. Daher wird in der Landwirtschaft vorwiegend die Liquidität als Kriterium für »arm« und »reich« herangezogen. Liquiditätsschwache Betriebe haben meist eine schlechte Finanzierung mit hohen Zins- und Tilgungszahlungen, niedrige Gewinne, eine schlechte Rentabilität und negative Kapitalbildung. Aktuell zeigt sich am deutlichsten die Einkommensmisere in der Milchwirtschaft sowie im Veredelungsbereich, wo die sinkende Erlössituation immer stärker zur Existenzbedrohung vieler, auch größerer Betriebe, wird. Armut trifft nämlich nicht allein die Kleinbetriebe, die so genannten »existenzgefährdeten«, wie gemeinhin angenommen wird, sondern gerade große Betriebe geraten mit ihren Wachstumsplänen und den damit verbundenen hohen Investitionen, welche getätigt werden, um dem agrarischen Strukturwandel entgegenwirken zu können, schnell in eine Schuldenspirale. Ist das Finanzierungskonzept unzureichend und schlecht überlegt, wächst so manchem der Kapitaldienst selbst bei guter betrieblicher Leistung rasch über den Kopf. Solche »Verlierer« können als Folgeerscheinung des immer härteren Konkurrenzdrucks im Rahmen der globalen Weltagrarmärkte gesehen werden. Darüber hinaus gibt es weitere Faktoren, welche die Armutssituation in der Landwirtschaft zunehmen lassen:

Äußere Faktoren wie der langjährige Preisrückgang für landwirtschaftliche Erzeugnisse mit der Konsequenz verminderter Einkommen; der Wegfall von Beihilfen; ansteigende Kosten für Sozialversicherung oder für andere Betriebsausgaben; zunehmende gesetzliche Auflagen, die erhebliche Investitionen erfordern sowie mangelnde außerbetriebliche Einkommensalternativen.

Zum anderen sind es familiäre Faktoren wie hohe Erbauszahlungen an die Geschwister als weichende Erben; Generationskonflikte zwischen Jung und Alt, die die betrieblichen Entwicklungsschritte hemmen oder sogar blockieren. Hemmend wirkt sich auch eine starre Traditionsverhaftung aus, welche jegliche Veränderung in den Betriebs- und Arbeitsorganisationen ablehnt.

Und zuletzt gibt es auch innere Faktoren wie fehlendes oder zu wenig ausgeprägtes unternehmerisch-wirtschaftliches Denken, veraltete bzw. schlechte produktionstechnische Ausstattung, kostenintensive, jedoch nicht unbedingt erforderliche Prestigeinvestitionen, extreme innere Hofbindung nach dem Motto »Lieber einen bankrotten Betrieb als gar keinen«.[147]

---

145. Clemens Dirscherl: Versteckte Armut, in: Kirche im ländlichen Raum 45 (1994), 158.
146. Gerechte Teilhabe. Befähigung zur Eigenverantwortung und Solidarität. Denkschrift des Rates der EKD zur Armut in Deutschland, Gütersloh 2006.
147. Angelika Sigel: Arm trotz Haus und Hof. Über Armutslagen in der Landwirtschaft, in: Der Kritische Agrarbericht 2008, Kassel 2008, 57–60, 58.

Die Entwicklungen innerhalb des Agrarsektors mit der zunehmenden Marktliberalisierung und der Abhängigkeit betrieblicher Einkommen von staatlichen Fördermaßnahmen verschärfen den landwirtschaftlichen Strukturwandel, der insbesondere für Ältere und/oder traditionell wertkonservative bäuerliche Familien mit erheblichen Herausforderungen für ihr bäuerliches Selbstverständnis verbunden ist, und sie zwingt, sich mit ihren inneren Haltungen und Einstellungen auseinander zu setzen. Im Gegensatz zur gesellschaftlichen Gleichsetzung von Eigentum mit materiellem Wohlstand, hat Eigentum im bäuerlichen Selbstverständnis einen eigenen Wert, der eben nicht jederzeit verkauft oder veräußert werden kann. Das traditionelle Festhalten am Eigentum, an Grund und Boden, am Hof verhindert oftmals dringend ökonomisch erforderliche Maßnahmen der Liquiditätsbeschaffung. Der seelsorgerliche Auftrag der Kirche besteht dann darin, den Betroffenen mit ihren Grundfesten wertschätzend gegenüber aufzutreten; deren eigenen Wertvorstellungen vielleicht neu zu sortieren, möglicherweise ein wenig zu verrücken, andere bisher nicht genutzte Fundamente freizulegen und sie vorsichtig auf ihre Belastbarkeit hin zu prüfen. Dieser Prozess braucht mitunter viel Zeit und Geduld für die damit befassten kirchlichen Fachstellen.

Nicht nur aus wirtschaftlichen Gründen kommt es in der Landwirtschaft zur Betriebsaufgabe, sondern auch wenn ein Hofnachfolger fehlt oder ein Todesfall bzw. eine schwere Krankheit in den bäuerlichen Familien es erforderlich machen, eine außerlandwirtschaftliche Tätigkeit aufzunehmen. Den landwirtschaftlichen Betrieb aufzugeben, der oftmals seit Generationen von einer Familie bewirtschaftet wird, ist für die Betroffenen sehr schwer. Wurde das ganze Leben lang versucht, den Hof aufzubauen und zu halten, ist es nun ein großer Schritt hin zum »letztmaligen Schließen der Hoftür«, was oftmals voller Schmerz und Trauer, aber auch mit Enttäuschung oder Wut verbunden ist. So viele Beweggründe es gibt, die einer Betriebsaufgabe entgegenstehen, so gibt es genügend Entscheidungsgründe, die bei genauer Betrachtung für eine Betriebsaufgabe sprechen: Arbeitsentlastung, Auskurieren gesundheitlicher Folgen von Arbeitsüberlastung, freie Berufsauswahl für den möglichen Nachfolger, Möglichkeit der Vermögensumschichtung, Entlastung von drückenden Schulden. Je zeitiger und gründlicher die Problematik in der Familie angesprochen wird und je eher die Vorbereitung zur Betriebsaufgabe anlaufen, desto größer ist die Chance einer angemessenen Einkommenssicherung. Oberster Grundsatz einer Betriebsaufgabe ist, dass die Familie auch nach der Betriebsauflösung ein ausreichendes Einkommen hat und so viel Vermögen wie möglich erhalten werden kann. Für die soziale Absicherung, die rechtlichen Auswirkungen und die steuerliche Seite gilt es, rechtzeitig die Weichen zu stellen. Dazu wurde auch von kirchlicher Seite, beginnend mit der seelsorgerlichen Begleitung betroffener bäuerlicher Familien, ein spezielles sozialdiakonisches Angebot entwickelt für Betriebe ohne Hofnachfolge, um die juristischen aber auch persönlichen Fragestellungen gemeinsam zu erarbeiten.[148].

Aber auch die Hofübernahme, die Übergabe von den Altenteilern zu dem Hofnachfolger, hat nicht nur rechtliche sondern auch menschliche Aspekte. Die rechtlichen Fragen werden zumeist durch Fachberatungen des Berufsstandes vor der

148. Angelika Sigel, Veronika Grossenbacher, Bernd Meyer zu Berstenhoff: Materialien für Betriebe ohne Hofnachfolge, 17. überarbeitete Auflage, Hohebuch 2007.

Vertragsunterzeichnung gründlich diskutiert, um alle steuerlichen und finanziellen Überlegungen zu berücksichtigen. Es geht um den Pachtvertrag, eventuell auch um den Gesellschaftsvertrag und letztendlich immer um den Übergabevertrag, aber auch um die Abfindung weichender Erben, den Bedarf der Altenteiler, das Altersgeld und andere Renten, die Alterssicherung, die Hofnachfolge, das Testament der Eltern und vieles mehr. Die menschliche Seite erfordert, die Erwartungen, Hoffnungen aber auch Ängste der übergebenden Altenteiler sowie der übernehmenden und der weichenden Erben mit zu bedenken. Hier bewährt sich das sozialdiakonische Angebot der Kirchen im Gespräch mit allen Beteiligten, deren Wünsche und Bedürfnisse zu erfahren und durch gegenseitiges Einfühlen in die entsprechenden Lebenssituationen zu einem guten Miteinander bei der Hofübergabe zu kommen. Entsprechend gibt es auch hier Themenangebote von Seiten der evangelischen Landdienste im Rahmen von Tagungen und Seminaren, für die entsprechende Materialsammlungen zusammengestellt werden.[149].

Im Anschluss an die EKD-Agrardenkschrift von 1984 beschäftigten sich viele kirchliche Dienststellen auf dem Lande mit den bäuerlichen Familien im Spannungsfeld der Entscheidung, den Hof weiterzuführen oder aufzugeben. Dies betraf insbesondere Familien aus überschuldeten Betrieben, Familien, die schwere Schicksalsschläge erfahren hatten wie Krankheiten oder Todesfälle oder mit sonstigen Problemen wie psychischen Schwierigkeiten oder Generationskonflikten belastet waren. So wurde 1988 innerhalb einer ökumenischen Kooperation von Evangelischem Bauernwerk in Württemberg, dem Kirchlichen Dienst auf dem Lande Baden sowie den katholischen Landvolkbewegungen der Diözesen Rottenburg-Stuttgart und Freiburg eine Initiative gestartet, welche zur kirchlichen Institutionalisierung landwirtschaftlicher Familienberatungen führte. Wesentlich für den Aufbau der vier Beratungsstellen war, dass das Ministerium Ländlicher Raum Baden-Württemberg die Teilfinanzierung im Rahmen eines Modellprojektes übernahm.[150]

Aufgrund der positiven Erfahrungen in der Anlaufphase wurden in den anschließenden Jahren weitere Beratungsstellen der evangelischen Landdienste in Bayern, Kurhessen-Waldeck, Hessen-Nassau, Pfalz, Hannover, Rheinland, Westfalen, Thüringen und Nordelbien eingerichtet, welche sich dann 1996 gemeinsam mit den katholischen Beratungsstellen zu einer »Bundesarbeitsgemeinschaft der landwirtschaftlichen Familienberatungen und Sorgentelefone e.V.« (BAG) zusammenschlossen, deren Auftrag sich folgendermaßen versteht:

> Die Aufgabe […] ist es, Menschen in der Landwirtschaft bei der Bewältigung wirtschaftlicher und familiärer Probleme zu unterstützen […]. Weil in der Landwirtschaft betriebliche und familiäre Belange eng miteinander verknüpft sind, können Zukunftsfragen ohne Berücksichtigung der sozialen und persönlichen Situation auf den Höfen nicht gelöst werden.[151]

149. Vgl. Dieter Druschel u. a.: Materialien zur Hofübergabe (Evangelisches Bauernwerk in Württemberg), 26. überarbeitete Auflage, Hohebuch 2007.
150. Vgl. Clemens Dirscherl: Zum fünfjährigen Bestehen der Landwirtschaftlichen Familienberatungen in Baden-Württemberg, in: Rainer Wilczek-Stroisch (Hg.): Herausforderungen und Wege der Beratung von Landwirtsfamilien mit Existenzsorgen. Praktische Perspektiven und Möglichkeiten (ASG-kleine Reihe 50), Göttingen 1993, 13–17.
151. Bundesarbeitsgemeinschaft der Familienberatungen in Deutschland (BAG). Satzung, Präambel, Fassung vom 26. Juni 2000.

In den Anlaufstellen der Landwirtschaftlichen Familienberatungen arbeiten haupt- und ehrenamtliche Mitarbeiter, die aus dem Umfeld der Landwirtschaft stammen, oftmals sogar selbst praktische Landwirte waren oder sind (nach dem Motto »Bauern helfen Bauern«) und die für diese Aufgabe eine besondere sozialpädagogische und psychologische Ausbildung durchlaufen haben. Dabei kristallisieren sich in den kirchlichen Beratungsstellen je nach historischen Gegebenheiten, strukturellen Besonderheiten der Region wie auch den Vorstellungen der Beratungsträger und der Ausbilder spezifische Ansätze heraus. Methodisch setzten sich vor allem zwei Konzepte durch: die unmittelbare und persönliche Beratung des Rat suchenden Landwirts und seiner Familie, durchgeführt überwiegend auf dem Hof und in den Beratungsstellen, steht besonders in den süddeutschen Landeskirchen im Vordergrund. Da dieser Ansatz sehr kosten- und personalintensiv ist, hat er einige Hürden zu überwinden, um dauerhaft etabliert zu werden. In den nördlichen Landeskirchen hingegen steht die anonyme telefonische Beratung im Vordergrund, die weitgehend durch ehrenamtliche Kräfte umgesetzt wird. In den neuen Bundesländern gab es die »Landwirtschaftliche Familienberatung mit Sorgentelefon« in Thüringen, welche jedoch nach einer kurzen Phase aus finanziellen Gründen wieder aufgegeben werden musste. Nach elf Jahren musste auch das »Sorgentelefon für den ländlichen Raum« der sächsischen Landeskirche seinen Dienst beenden.

Bei einer Auswertung der Beratungsarbeit zeigt sich, dass immer wieder wirtschaftliche und finanzielle Fragen, Generationskonflikte, Ehekonflikte und Arbeitsüberlastungen hauptsächlich Anlass der Klienten sind, die kirchlichen Beratungsstellen aufzusuchen. Eng wird dazu mit anderen staatlichen Agrarberatungs- und diakonischen Lebensberatungsstellen zusammengearbeitet. Es hat sich nämlich gezeigt, dass die rein staatlichen Beratungsstellen, ob durch Offizialberatung oder privat organisierte Beratungsdienste, von den Landwirten ausschließlich als Fachberatung in produktionstechnischen und betriebswirtschaftlichen Problemfeldern verstanden werden, während die diakonischen Anlaufstellen der Lebensberatung wie Ehe-, Erziehungs-, Sexualberatung rein psychologisch wahrgenommen werden. Die landwirtschaftlichen Familienberatungsstellen der Kirchen werden demgegenüber als fachlich ausgerichtetes, zielgruppenorientiertes Konzept in enger landwirtschaftlicher Verbindung verstanden, hinter dem eine seelsorgerlich-sozialdiakonische Begleitung steht.[152]

Ganz konkret ist das praktische Engagement kirchlicher Landdienste im Bereich der Betriebs- bzw. Haushaltshilfe. In der Not der Nachkriegszeit brauchten erschöpfte und überlastete Landfrauen dringend Unterstützung oder Ablösung bei ihrer Arbeit. Die Frauen und Töchter versorgten oftmals stellvertretend für Väter oder Brüder den Hof, waren in Zeiten der Arbeitsunfähigkeit durch Geburt eines Kindes, durch Krankheit oder auch Todesfall dringend auf Hilfe in Haushalt und Betrieb angewiesen. So kam es bereits Mitte der 1950er Jahre zu dem Berufsbild der Dorfhelferin. Für Mädchen aus der Landwirtschaft wurde damit ein spezifisches Berufsbild geschaffen, worauf sie ihre berufliche Existenz gründen konnten. 1959 wurde der Beruf Dorfhelferin staatlich anerkannt und im Laufe der Zeit in Ausbildung, Anstellung und Tätigkeit den jeweiligen gesellschaftlichen und strukturellen

152. Hans Goldbrunner: Theorie und Praxis der landwirtschaftlichen Familienberatung. Ein Beitrag zur Humanisierung des Agrarwandels, Berlin u.a. 2007.

Veränderungen im ländlichen Raum angepasst. Seit 1960 sind alle Dorfhelferinnenwerke und Ausbildungsstätten in einer »Bundesarbeitsgemeinschaft Dorfhelferin« zusammengeschlossen. Gemeinsam mit dem landwirtschaftlichen Berufsstand, den Landwirtschaftsministerien der Länder und den konfessionellen Landfrauenverbänden wurden dazu die Weichen gestellt. Seit 1965 ist die Haushaltshilfe im Leistungskatalog der Landwirtschaftlichen Sozialversicherungsträger aufgenommen, womit der Einsatz der Dorfhelferin zu einem Rechtsanspruch für bäuerliche Familien wurde. Damit bildeten sich evangelische Dorfhelferinnenwerke heraus, welche bis heute in Niedersachsen, Bayern und Baden-Württemberg sozialdiakonische Hilfsangebote im Rahmen der ländlichen Haushaltshilfe anbieten. Dabei geht es um ländlich-hauswirtschaftliche mit speziellen landwirtschaftlichen Aufgaben, erzieherische, pflegerische und sozialpädagogische Arbeiten, um den Haushalt mit all seinen Funktionsbereichen weiterzuführen, die Betreuung der nicht volljährigen Kinder wahrzunehmen und pflegerische Tätigkeiten für Kranke und Altenteiler zu leisten. Durch besondere Notsituationen ist ein besonders verständnisvoller Umgang mit den Menschen erforderlich, weswegen in den letzten Jahren immer stärker auch die psychosoziale Kompetenz der Dorfhelferinnen gefordert war.

Die guten Erfahrungen im Bereich der Dorfhelferinnen führte dazu, dass ab den 1960er Jahren auch für den landwirtschaftlichen Betriebsleiter Überlegungen angestellt wurden, im Falle von Krankheit oder Unfall, aber auch zur Urlaubsvertretung oder zur Überbrückung von Fortbildungszeiten durch einen so genannten Betriebshelfer Entlastung bzw. Ersatz zu leisten. Damit war eine Antwort auf die inhaltliche Diskussion um das Thema Kooperation im landwirtschaftlichen Notfall gefunden. Was passiert, wenn der Bauer bei Krankheit, Unfall oder im schlimmsten Fall bei Tod ausfällt. Wer führt den Betrieb weiter, wer kann der bäuerlichen Familie übergangsweise Unterstützung geben. Dazu wurde 1964 eine der ersten landwirtschaftlichen Betriebshilfsdienste in Deutschland von kirchlicher Seite, dem Evangelischen Bauernwerk in Württemberg gegründet.[153] Seit 1972 wurde dieses Arbeitsfeld auch als Einsatzstelle für Zivildienstleistende anerkannt, was vor allem von Bauernsöhnen als künftigen Landwirten in Anspruch genommen wurde, auch um Einblicke in unterschiedlich strukturierte Betriebsformen zu erhalten. Der Zivildienst in der Landwirtschaft, der auch als Praktikum für die spätere Fortbildung bzw. zum Agrar-Studium anerkannt war, wurde kirchlich initiiert von Württemberg, dem Rheinland, Bayern und der Pfalz, und ist zwischenzeitlich auch von den berufsständischen Einrichtungen übernommen worden.

Der Strukturwandel in der Landwirtschaft mit seinen immer größer werdenden Betrieben führte dazu, dass auch außerhalb der kirchlichen Arbeit das Modell der Betriebshilfe Nachahmer fand und sich als klassische Form der Kooperation in der Landwirtschaft etablierte. Ab den 70er Jahren übernahm zunehmend der landwirtschaftliche Berufsstand die Überlegungen gemeinsam mit dem Verleihen von Maschinen auch Arbeitskräfte nicht nur für soziale Notfälle sondern insgesamt als Aushilfe in Zeiten der Arbeitsspitzen, z. B. bei Bauhelfereinsätzen, als Dienstleistung für die Betriebe anzubieten, so dass der kirchliche Hilfsansatz zunehmend vom

153. Vgl. Clemens Dirscherl: Solidarität in Notzeiten. Betriebshilfe in der Landwirtschaft als diakonischer Auftrag, in: Konsequenzen. Zeitschrift für die Arbeit in Gemeinde, Diakonie, Ökumene und Mission 28 (1994), H. 5, 35–37.

landwirtschaftlichen Umfeld der Maschinenringe übernommen wurde und heute konzentrierter, spezialisierter und auch kostengünstiger von diesen angeboten wird. Damit zeigt sich, wie eine gute Idee auf dringende Fragen der Zeit von kirchlicher Seite aufgegriffen und erfolgreich umgesetzt werden konnte und wie zuletzt, nach Ausbreitung auch auf nichtkirchliche Angebotsträger, sich die einstigen Ideengeber, nämlich in diesem Falle die kirchlichen Landdienste, als Anbieter wieder zurückziehen konnten.

4.3 Bildungsarbeit

Unter den Besonderheiten ländlicher Infrastruktur stellt in der Vielfalt von Bildungsträgern aus Bauern-, Landjugend-, und Landfrauenverbänden sowie den berufsständischen Bildungseinrichtungen der Landwirtschaft und Genossenschaften auch die kirchliche Erwachsenenbildung eine wichtige Säule dar. Was Außenstehenden oftmals als »heilloses Durcheinander, Nebeneinander und oft auch Gegeneinander von Trägern und Einrichtungen« anmuten mag[154], entspricht vielmehr einem breiten und vielseitigem Angebot an Bildungsveranstaltungen und -einrichtungen, die den jeweils regionalen und inhaltlich differenzierten Bildungswünschen der Landwirtschaft und ländlichen Bevölkerung in ihrer Vielfalt gerecht wird.

Gleich nach dem Zweiten Weltkrieg waren die Kirchen faktisch die einzigen funktionsfähigen Institutionen, die infolge des Zusammenbruchs staatlicher Ordnungen auch auf dem Lande an die ländliche Erwachsenenbildung der Vorkriegszeit anknüpfen konnten. Dabei war die persönliche Initiative verantwortungsbewusster Landwirte, Lehrer und Pfarrer am Aufbau der ländlichen Erwachsenenbildung maßgeblich, bis später die Kirchen, der Berufsstand sowie der Staat entsprechende finanzielle und auch organisatorische Rahmenbedingungen bereitstellten. Während der Kriegsjahre war eine eigenständige Bildungsarbeit auf dem Land fast gänzlich eingestellt worden, weil die vormaligen Einrichtungen aufgelöst wurden bzw. gleichgeschaltet waren. Die Volksbildner der Weimarer Zeit knüpften nach dem Krieg wieder an die Idee der ländlichen Bildungsarbeit an und fanden dabei einen aufgeschlossenen Kreis von Pfarrern sowie Altschülern der ehemaligen ländlichen Erwachsenenbildung.

16.000.000 Heimatvertriebene und Flüchtlinge suchten eine Bleibe. 400.000 Bauernfamilien aus dem Osten mussten sich eine neue Existenz aufbauen: die zerbombten Städte waren nicht aufnahmefähig und so zogen viele auf das Land, was den Fremdenanteil in den Dörfern erheblich ansteigen ließ. Damit entstanden zwischenmenschliche Probleme und Konfliktlinien zwischen Einheimischen und Zugezogenen, wo eine vermittelnde Instanz erforderlich war. Die jungen Leute, welche nach materiellen Entbehrungen nicht nur nach Brot, sondern auch nach »geistiger Nahrung« hungerten, suchten ähnlich wie die Kriegsheimkehrer Kreise,

---

154. H. Muth: Zur Ideologie des Deutschen Volkshochschulverbandes (1972), zitiert nach Ulrich Planck: Die Anfänge der ländlichen Erwachsenenbildung in Südwestdeutschland nach dem Zweiten Weltkrieg, in: 25 Jahre Arbeitsgemeinschaft »Ländliche Erwachsenenbildung Baden-Württemberg« (ALEB), Festschrift zum 25-jährigen Jubiläum, Freiburg 1992, 4–9, 9.

in denen man zusammenkommen konnte zum Singen, Tanzen, Feste feiern, aber auch zum geistig-geistlichen Austausch und zum Bedenken, wie die Landwirtschaft im Nachkriegsdeutschland wieder aufgebaut werden könnte.[155] Die Suche nach Lebenshilfe, Halt und Werteorientierung führte dazu, dass die Bildungsarbeit des landwirtschaftlichen Berufsstandes ebenfalls auf eine christliche Grundlage gestellt wurde. So kam es überall in Deutschland zu Gemeindeseminaren für Bauern und Landfrauen, zu Reihen von Gesprächsabenden auf Dekanats- bzw. Kirchenbezirksebene. Die Pfarrämter der ländlichen Gemeinden boten sich dazu als organisatorischer Stützpunkt an. Oftmals traf man sich in den evangelischen Gemeindehäusern oder in den Nebenräumen von Dorfgaststätten und befasste sich dabei mit Fragen der Umschulung, der landwirtschaftlichen Qualifikation, Erziehungsfragen in der bäuerlichen Familie, dem bäuerlichen Eigentum sowie der sozialen Sicherung der Landwirtschaft. Eng war dabei die Zusammenarbeit zwischen Bauernverband, Genossenschaften, Landwirtschaftsschulen und Landfrauen sowie Landjugendvereinen. Daraus entstanden dann Dorf- und Gemeindewochen mit mehreren Vorträgen und Ausspracheabenden, bei denen auch die Feier eines gemeinsamen Gottesdienstes unverzichtbarer Bestandteil war. Auch die allmählich entstandenen evangelischen Akademien befassten sich in ihrer Anfangsphase verstärkt mit Fragen der Landwirtschaft, der Agrarpolitik und des ländlichen Raumes und boten Foren für die landwirtschaftliche Bevölkerung an, so in Bad Boll, Bad Herrenalb, Loccum oder Iserlohn.

1958 kam es zur Gründung der Evangelischen Landjugendakademie in Altenkirchen durch den Leitungskreis der Evangelischen Jugend auf dem Lande, um der Jugend- und auch Erwachsenenbildung auf dem Lande eine Beheimatung zu schaffen.[156] Aufgaben sind seitdem:

- Studienarbeit zu Fragen des Landes, insbesondere der Evangelischen Jugendarbeit auf dem Lande;
- Mitarbeiterkurse für Seminarleiter;
- Akademie-Tagungen rund um Fragen der Landwirtschaft und der Schöpfungsbewahrung mit Schwerpunkt Umweltpädagogik;
- die Ausbildung für die kirchliche Arbeit auf dem Lande;
- Öffentlichkeitsarbeit und Publizistik.

Eine besondere Ausprägung kirchlicher Erwachsenenbildung auf dem Lande stellen die Ländlichen Heimvolkshochschulen dar. Ihre bildungspolitische Tradition und pädagogische Idee war vor allem in Skandinavien beheimatet. Der dänische Theologe, Pädagoge, Liederdichter und Volksaufklärer Nikolai Frederik Severin Grundtvig (1783–1872) sowie sein Landsmann, der Pädagoge und Lehrer Christen Kold (1816–1870) werden als Väter der »Heim-Volkshochschulen« angesehen. Mit ihnen sollten ab der Mitte des 19. Jahrhunderts den dänischen Bauern in einer Zeit stark wirtschaftlicher, sozialer und politischer Umwälzungen in ihrer sozialen Notlage geholfen werden. Zugleich sollte die ländliche Bevölkerung befähigt werden, das seit 1834 bestehende Wahlrecht wahrzunehmen, um Vertreter in die Ständeversammlung entsenden zu können. Dazu bedurfte es elementarer politischer, wirt-

155. Vgl. C. Dirscherl, Sammlung (wie Anm. 17).

156. Vgl. Otmar Hesse: Vom Haus der Evangelischen Jugend auf dem Lande zum Arbeitszentrum für Mitarbeiterfortbildung, in: Kirche im Dorf 29 (1978), 31–35.

(Kirchliche Bildungsarbeit auf dem Lande versteht sich ganzheitlich: Kreistänze in Hohebuch in den 1960er Jahren, aus: 50 Jahre Evangelisches Bauernwerk in Württemberg e. V., Hohebuch 1998, 84)

schaftlicher und kultureller Aufklärungsarbeit, welche Grundtvig durch sein Konzept der Heimvolkshochschulen in mehrmonatigen Kursen umzusetzen versuchte.

Absicht war es, den Betroffenen ihre veränderte Lebenssituation bewusst zu machen, Anpassungs- und Widerstandskräfte zu wecken und den dadurch entwickelten Behauptungswillen in eine neue Art der persönlichen Lebensgestaltung und Lebensführung umzusetzen.[157] Grundtvig und Kold standen dem damaligen Bildungsbetrieb der akademischen Orientierung mit ihrer trockenen, blutleeren und lebensfernen Wissensvermittlung äußerst kritisch gegenüber. Beide forderten eine »Schule für das Leben«, keine Buch- und Paukschulen, die lediglich der Anhäufung toten Wissens dienten, sondern welche dem Leben in seiner Vielfalt und Fülle von Lebenserfahrungen gerecht würde, durch kritische Reflexion zum Lernen anregen und damit zu einem Leben in Gemeinschaft befähigen sollte. Zentrale Idee war das »Leben und Lernen unter einem Dach« über einen längeren Zeitraum hinweg. Dadurch sollte sich Persönlichkeitsbildung vollziehen und demokratisches Verhalten eingeübt werden, um später mitverantwortlich in Staat und Kirche, Gesellschaft und Familie demokratisches Verhalten praktizieren zu können.

Bis heute arbeiten auf dieser Grundlage zwölf evangelische Heimvolkshochschulen in Deutschland neben katholischen sowie berufsständisch orientierten.[158] Die

157. Oke Sibbersen: Grundtvig macht den Unterschied, in: Deutsche Bauern-Korrespondenz 2010, H. 8, 17.
158. Werner Faber: Geschichte des Verbandes Ländlicher Heimvolkshochschulen Deutschlands, Bd. 1, Hermannsburg 1991; Karlheinz Gaasch/Wilhelm Kuhne/D. L. Albert Emmer-

Suche nach breiter Informationsgrundlage, Werteorientierung, Lebenssinn und Dialogmöglichkeit charakterisieren die Bildungsarbeit, welche den Menschen als Person, wie er ist, ganz unvoreingenommen akzeptiert, in dieser Lebens- und Teilnehmerbezogenheit anspricht, und danach fragt, was für sein Leben Bedeutung hat, was Mut und Hoffnung zum Leben vermittelt. Gemeinsame Lernphasen und Arbeitsgruppen, gemeinsame Mahlzeiten und Freizeit, das Feiern und Spielen in geselliger Runde stellen dabei eine untrennbare Einheit dar. Daher bilden die Heimvolkshochschulen auch eine geistige und geistliche Heimat, in der getagt, gelernt, gearbeitet, übernachtet, gegessen, aber auch religiöses Zeugnis im Singen, Beten und der Bibelarbeit abgelegt wird. Die vorübergehende zeitliche und räumliche Distanzierung von Familie, Beruf sowie gewohnter Umgebung gibt dem Einzelnen den notwendigen Abstand, über seine Lebenssituation nachzudenken, seine Stellung innerhalb der Gesellschaft zu reflektieren, neue soziale Bezüge einzugehen, Handlungsalternativen einzuüben sowie sich um Neuorientierung in seinem Leben zu bemühen. Besonders kennzeichnend waren hierfür die über viele Jahrzehnte in den Heimvolkshochschulen angelegten »Grundkurse für junge Erwachsene« aus Landwirtschaft und ländlichen Raum, welche als »Kaderschmiede« späterer ehrenamtlicher Tätigkeit in Kirche, Kommunalpolitik, landwirtschaftlichem Berufsstand, Genossenschaftswesen oder sonstigen Institutionen und Vereinen angesehen werden kann. Dieser konzeptionelle Ansatz wird bis heute auch aus Teilnehmerkreisen bestätigt:

Grundkurs, das ist [...] weg vom Alltag, vom Elternhaus, von Gruppen und Kreisen, weg von Freunden und Bekannten. Das heißt, ich war frei von den alltäglichen Zwängen, Verhaltensmustern, Ritualen, Strukturen und der Rollen, die ich darin zu spielen hatte [...]. Wichtig war, sich in der neuen Gemeinschaft einzufinden und dort auch einzubringen [...]. Ich konnte mich selber ausprobieren, denn ich traf nicht auf vorgefertigte Strukturen [...]. Wichtig wurde mir, dass sich jeder in alles einbringen konnte und seine Gedanken aussprechen durfte [...], Persönliches preiszugeben und dabei Grenzen zu ziehen [...], nicht automatisch der gängigen Meinung folgen und sich vom Aktuellen drängen lassen, sondern grundsätzlich, ganzheitlich und mit christlicher Verantwortung zu fragen. Wir hatten Gelegenheit uns selbst und gegenseitig, aber auch andere sowie Entwicklungswege zu hinterfragen, zu diskutieren und Veränderungen zu überlegen. Der Blick über den Tellerrand wurde uns geschärft durch das Betrachten der Wirkung unseres Tuns auf andere Menschen [...]. Das meint: ein Gefühl des Verstandenwerdens, des Angenommenseins, aber auch des Mitwirkenkönnens, vielleicht auch ein Stück geistige Heimat, die freie Räume schafft, aus anderen Perspektiven um sich zu blicken. Eben um dem Wesentlichen auf den Grund zu gehen, aber nicht um auf einer Insel zu bleiben, sondern sich im Alltag zu bewähren.[159]

Die Arbeitsfelder in den Ländlichen Heimvolkshochschulen gründen nicht auf Lehrplänen, in denen Bildungsinhalte kanonartig festgelegt sind, sondern wechseln je nach den Bedürfnislagen der Menschen. Sie umfassen die berufliche Weiterbildung im Sinne einer Kompetenzerweiterung in fachlicher, methodischer wie sozialer Qualifikation, setzen auf breite Allgemeinbildung und Förderung der politischen Urteilfähigkeit und messen auch der musisch-kulturellen Bildung einen

ling: Geschichte des Verbandes Ländlicher Heimvolkshochschulen, Bd. 2: Ländliche Heimvolkshochschulen vor der Gründung des Verbandes, Hermannsburg 1991.

159. Bernd Kraft: Eine Schule für das Leben – vom Grundkursteilnehmer zum Bauernwerksmitglied, in: 50 Jahre (wie Anm. 17), 66–68.

besonderen Wert bei. Grundsätzlich gehören zu diesem Ansatz der Persönlichkeitsbildung in allen evangelischen Heimvolkshochschulen:

- die Einübung eines partnerschaftlichen Umgangs miteinander;
- Verbesserung der Kommunikationsfähigkeit des Einzelnen;
- Steigerung des Bewusstseins vom Wert der eigenen Person;
- Erhöhung der Fähigkeit zur Toleranz im Umgang mit seinen Mitmenschen;
- Ausbau der Dialogfähigkeit des Einzelnen;
- Angebot von Hilfestellungen bei schwierigen und belastenden Lebenssituationen;
- Abbau und Überwindung von Vorurteilen;
- Sinnorientierung auf christlicher Wertegrundlage, wobei das religiös-spirituelle Moment seinen besonderen Raum hat.

Eine spezifische thematische Ausrichtung evangelischer Bildungsarbeit im ländlichen Raum kommt seit den 1970er Jahren der entwicklungspolitischen Bildungsarbeit auf dem Lande zu. Die wirtschaftlichen und sozialen Probleme der Landwirtschaft in Deutschland sollten dabei in ihrer globalen Verstrickung gesehen, vermittelt und angegangen werden. Dazu wurde 1977 eine EKD-Fachstelle eingerichtet, welche bundesweit Fragen der internationalen Agrarentwicklung, der Welternährungskrise und des Nord-Süd-Konfliktes sachbezogen und zielorientiert auf die Lebenswelt und Erfahrungen der landwirtschaftlichen Bevölkerung in Deutschland ausgerichtet verfolgte.[160] Daraus entstand eine Reihe von Arbeitshilfen wie Materialheften zu Fragen der Globalisierung der Landwirtschaft, zu Welthunger und der Rolle der europäischen Agrarpolitik insbesondere deren Agrarexportsubventionen innerhalb des internationalen Agrarhandels.[161] Wesentliche Anliegen flossen dabei auch in die EKD-Denkschrift von 1984 ein, wo es um das Spannungsfeld von Überfluss und Hunger ging, sowie im Ökumenischen Agrarwort von 2003, in dem der Wettbewerbsdruck und die Benachteiligung der Entwicklungsländer innerhalb des internationalen Agrarhandels thematisiert und eine globale Verantwortung für Welternährung sowie Sicherung der nationalen Ernährungssouveränität gefordert wurde.

Einen besonderen Akzent dieser entwicklungspolitischen Bildungsarbeit machte die Begegnung zwischen Bauern unterschiedlicher Kontinente aus. Dabei sollte die globale Sichtweise der nationalen Agrarprobleme durch unmittelbare Anschauung und Begegnung mit Betroffenen anderer Länder verdeutlicht werden: Internationale Begegnung nicht als Einbahnstraße, sondern als Chance, neue Einsichten über die eigene Positionierung und die eigenen Verstrickungen zu erhalten.[162] So reisten Gruppen kirchlicher Bauern- und Landarbeit aus Deutschland nach Afrika, Südamerika und Asien und umgekehrt kamen Bauerngruppen und Vertreter von Nichtregierungsorganisationen aus Entwicklungsländern zu Austauschprogrammen nach

160. Rudolf Buntzel: Entwicklungspolitische Bildungsarbeit im ländlichen Raum, in: Kirche im Dorf 29 (1978), 223–226.
161. Kirche im ländlichen Raum 51 (2000), Sonderheft: Globalisierung der Landwirtschaft aus christlicher Sicht – Eine Streitschrift.
162. Rudolf Buntzel: Ferne Nächste – Begegnung zwischen Bauern aus verschiedenen Kontinenten, in: Kirche im ländlichen Raum 47 (1996), 94–99, 102.

Deutschland, um die Landwirtschaft der Industrieländer mit ihren Problemen für die bäuerlichen Familien und ihren Betriebsalltag kennen zu lernen.

Die spezifischen Lebenswelten von Landwirtschaft und ländlichem Raum sind auch für die Arbeit von Pfarrerinnen und Pfarrern auf dem Lande eine große Herausforderung. Aus diesem Grund setzt die kirchliche Bildungsarbeit auch daran an, Studenten der Theologie und Vikaren die Arbeit und das Leben im ländlichen Raum nahe zu bringen, Vorurteile über die Landgemeinden abzubauen und vor allen Dingen auch die besonderen Chancen, welche in der Tradition dorfkirchlichen Gemeindeaufbaus liegen, zu vermitteln. Dazu gab es von unterschiedlichen Landeskirchen wie auch evangelischen Bildungseinrichtungen die Etablierung von so genannten Land-Gemeinde-Praktika, um die Tätigkeitsbereicherung der seelsorgerlichen Beratung, Altenarbeit und Krankenbesuche, Jugendarbeit, kirchliche Erwachsenenbildung vor Ort in Verknüpfung zur ländlichen Sozialstruktur deutlich werden zu lassen.[163] Durch das Gemeindepraktikum kann eine Berufsfeldorientierung mit konkreten Vorstellungen wahrgenommen werden, um dabei die Besonderheiten kirchlicher Strukturen im ländlichen Raum, Grundfragen der Pastoraltheologie ebenso wie ekklesiologische Fragen zu behandeln und dabei auch die besonderen Missionierungschancen zu erkennen. Dies wurde auch von Seiten der EKD aufgegriffen und in der Studie zur kirchlichen Entwicklung in ländlichen Räumen diskutiert.[164]

Aufgrund der vielfältigen sozialen Wandlungsprozesse der ländlichen Räume ergeben sich für die Zukunft der evangelischen Erwachsenenbildung auf dem Lande neue Herausforderungen. Die Sozialstruktur des Dorfes hat sich zunehmend ausdifferenziert. Die Traditionalität und Überschaubarkeit der alten Dorfgemeinschaft wurde in verschiedene Lebensentwürfe und Lebenswelten der Bewohner aufgelöst. Eine wachsende Individualisierung ist zugleich Bedingung und Folge der strukturellen Differenzierung. Die Arbeits- und Lebenswelten, die durch Verkehrsmobilität und die Entwicklung neuer Informations- und Kommunikationssysteme geprägt ist, lässt sich äußerlich kaum mehr von jener städtisch-urbaner Räume unterscheiden. Mit der Auflösung traditioneller Strukturen geht zugleich ein Verlust an Sicherheit und Geborgenheit, an traditioneller Beheimatung einher, ermöglicht aber auch einen Zuwachs an Freiräumen für den Einzelnen, sein Leben selbstständig zu gestalten. Stärker als in den urbanen Ballungsräumen ist jedoch auf dem Lande noch eine Wertedifferenz, insbesondere zwischen den Generationen und dem Nebeneinander von Alt- und Neubürgern spürbar: Residuen überkommener Traditionen gegenüber Ansprüchen auf individualistische Lebensformen, was zu Spannungen und Konflikten führt, wenn innerhalb von Familien, aber auch Nachbarschaften und der Dorfgemeinschaft unterschiedliche Lebensentwürfe und Lebenswelten aufeinander treffen.

Das »neue Dorf« ist immer weniger von der Landwirtschaft her zu verstehen. Für einen Großteil der Bevölkerung ist das Dorf nur noch Teillebensraum. Besonders auf dem Lande findet eine räumliche Entgrenzung der Lebensfelder und enorme geographische Erweiterung der Lebensaktivitäten statt. In weiten Teilen des

163. Christine Eppler/Jakob Betz: Raus aufs Land. Praktikum für Theologiestudierende, in: Kirche im ländlichen Raum 47 (1996), 151–153.
164. Vgl. Wandeln und Gestalten (wie Anm. 7).

(Teilnahme einer deutschen Bauerngruppe bei einer Bauernkundgebung auf den Philippinen, aus: 50 Jahre Evangelisches Bauernwerk in Württemberg e. V., Hohebuch 1998, 54)

Landes besteht deshalb eine starke Angewiesenheit auf das Auto; Mobilität ist ein hohes Gut. Für den gewöhnlichen Dorfbewohner treten die Wohnfunktion, das Haus und das Grundstück in den Vordergrund. Nicht selten bestehen daher Gegensätze zwischen den Wohnansprüchen der neuen Dorfbewohner und den Bewirtschaftungsinteressen der Landwirtschaft, so dass die Agrarwirtschaft sich nicht nur räumlich und ökonomisch, sondern auch zunehmend sozial an den Rand gedrängt fühlt.[165]

Ländliche Bildungszentren / Heimvolkshochschulen in evangelischer Trägerschaft

- Evangelische Landjugendakademie Altenkirchen (Rheinland)
- Evangelisches Bildungs- und Tagungszentrum Alexandersbad (Bayern)
- Niedersächsische Lutherische Heimvolkshochschule Hermannsburg (Hannover)
- Ländliche Heimvolkshochschule Hohebuch (Württemberg)
- Akademie am See. Koppelsberg (Nordelbien)
- Evang.-Luth. Landvolkshochschule Pappenheim (Bayern)

165. Clemens Dirscherl: Die Landwirtschaft am Rande der Gesellschaft? Wie sehen sich Bäuerinnen und Bauern und wie werden sie gesehen, in: Der Kritische Agrarbericht 2001, Kassel 2001, 257–264.

- Evangelische Heimvolkshochschule Rastede (Oldenburg)
- Evangelische Heimvolkshochschule Alterode, Bildungshaus am Harz (Evang. Kirche Mitteldeutschland)
- Burg Fürsteneck, Akademie für berufliche und musisch-kulturelle Weiterbildung (Kurhessen-Waldeck)
- Evangelisches Bildungszentrum Hesselberg (Bayern)
- Evangelisches Zentrum Ländlicher Raum Heimvolkshochschule Kohren-Sahlis e.V. (Sachsen
- Evangelische Heimvolkshochschule Loccum e.V. (Hannover)
- Ostfriesische Evangelische Landvolkshochschule Potshausen e.V. (Hannover)
- Ländliche Heimvolkshochschule Thüringen e.V. (Evang. Kirche Mitteldeutschland)

Der Attraktivität des ländlichen Lebensumfeldes mit seiner Naturnähe steht auf der anderen Seite die zunehmende Ausdünnung von Regionen mit infrastruktureller Auszehrung fernab von verdichteten Zentren gegenüber. Kirchliche Bildungsarbeit auf dem Land stellt daher auch einen wichtigen Faktor an Standortqualität für die Bewohner dar, wo private und staatliche Einrichtungen sich zunehmend zurückgezogen haben. Wenigstens die Kirche bleibt dann nicht nur als Gebäude, sondern als Anlauf-, Beratungs- und Vernetzungsstelle vor Ort präsent.

Da eine hauptamtliche Struktur ländlicher Bildungsarbeit kaum noch künftig flächendeckend erhalten bleiben kann, ist die Begleitung von ehrenamtlichem Engagement in diesem Feld umso wichtiger. Daher braucht es auch von kirchlicher Seite Bildungsangebote für Multiplikatorenschulungen speziell an die Bedürfnisse und Strukturen des ländlichen Raumes angepasst. In einer Zeit wachsender Individualisierung und abnehmender Verbindlichkeit gehört das Ehrenamt in seiner vielfältigen Ausprägung zum fundamentalen Bestandteil lebendiger Gemeinschaft gerade im ländlichen Raum. Durch die Überschaubarkeit der Lebensbereiche und relative soziale Homogenität weisen die ländlichen Räume bis heute ein hohes Maß an ehrenamtlichem Engagement auf. Soziale Veränderungen und administrative Zentralisierung schränken jedoch auch auf dem Lande die Bereitschaft zum Engagement ein. Diese erweist sich heutzutage stärker als lebenslauf- und lebensphasenbezogen, bestätigt aber weiterhin die traditionelle Einstellung der Dorfbewohner, für andere Verantwortung zu tragen und sich für die Gemeinschaft zu engagieren. Dies ist insbesondere vor dem Hintergrund zunehmender Globalisierung und Anonymisierung eine Chance, den Gegenentwurf regionaler Verortung und Beheimatung neu zu entdecken und zu fördern.

Die ländliche Erwachsenenbildung gründet sich insgesamt auf ein christliches Menschen- und Weltbild. Sie stellt deshalb die menschliche Person, die Entwicklung ihrer Anlagen in den Mittelpunkt und fördert den Willen zur Selbstverantwortung und Selbsthilfe. Weil sie Menschen in ihrer Lebenswirklichkeit anspricht, handelt es sich um ein teilnehmerorientiertes, differenziertes und ganzheitliches Angebot. Ländliche Erwachsenenbildung stärkt die Autonomie der Person in Entwurf und Gestaltung ihres Lebens und ihrer Lebensverhältnisse. Die Menschen sollen Veränderungen im ländlichen Raum verstehen und den Wandel auch als Chance begreifen, um kreativ auf ihn reagieren zu können. Ländliche Bildung zielt darauf ab, gleichwertige Lebensverhältnisse in allen Regionen herzustellen. Sie stellt hierzu nicht die Defizite eines Raumes in den Vordergrund, sondern fördert bestehende Ressourcen zur möglichst eigenständigen Entwicklung der jeweiligen Region.

Grundlegend für die ländliche Erwachsenenbildung ist die Verbindung von Bildung und Begegnung. Begegnung fördert in einer Zeit wachsender Individualisierung das gegenseitige Verständnis, um sich selbst und seiner Interessen bewusst werden und die in der demokratischen Gesellschaft notwendige Fähigkeit zum Konsens finden zu können. Schließlich ist für die ländliche Erwachsenenbildung die Zentralisierung und Dezentralisierung von Lernorten charakteristisch. Um auf dem Lande möglichst breite Bevölkerungsschichten zu erreichen, ist eine aufsuchende Bildungsarbeit nötig. Durch so genannte »Gehstrukturen« werden unterschiedliche Bildungsorte in vielfältiger Form erreicht: kommunale Gemeinschaftshäuser, kirchliche Gemeindehäuser, Gaststätten, Freizeitheime, bis hin zur Filiale eines Kreditunternehmens. Gleichzeitig ist es im Bildungsprozess erforderlich, dass sich Adressaten gemeinsam an einem zentralen Ort zeitweise aus ihren Lebensumständen lösen und Gleichgesinnten begegnen können, um sich im Dialog frei auszusprechen.

Ländliche Bildungsarbeit bleibt unter den künftigen Herausforderungen auch für die Kirchen ein Handlungsfeld. Bisherige Fach- und Sachkompetenzen reichen für die Gestaltung der Zukunft nicht mehr aus. Notwendig ist ein lebenslanges, teilweise auch selbst gesteuertes Lernen, das Orientierungswissen und Handlungsfähigkeit in einer pluralen, sich rasch wandelnden Welt ermöglicht. Der Erfolg im Leben hängt auch künftig vom professionellen Fachwissen ab, entscheidend aber auch von der menschlichen Qualifikation. Vorrangige Aufgabe ländlicher Erwachsenenbildung wird es deshalb sein, Schlüsselqualifikationen zu vermitteln, insbesondere die Fähigkeit zu selbstständigem Denken und Handeln und zu flexiblem Eingehen auf Veränderungen, zur zielgerichteten Verarbeitung neuer Informationen und zur Kooperation. Dazu gehört das Brückenbauen zwischen unterschiedlichen Altersstrukturen, Geschlechtsrollen, religiösen und nationalen Kulturen. Bildung wird von seiner rein kognitiven und arbeitsplatzbezogenen Zurüstung immer mehr auch als »Herzensbildung« verstanden werden, welche auf christlichen Werten des sozialen Miteinanders, der Toleranz, des von Respekt getragenen Umgangs miteinander basiert.

Unter ständig schwieriger werdenden globalen agrarwirtschaftlichen Rahmenbedingungen ist ländliche Erwachsenenbildung mehr denn je auch Fürsprecherin einer nachhaltigen Landwirtschaft. Sie sieht den künftigen Landwirt als Unternehmer im ländlichen Raum, der kreativ seine Chance am Markt sucht, in Achtung vor der Schöpfung Ökonomie und Ökologie versöhnen kann und der, um Kosten und Zeit zu sparen, die überbetriebliche Kooperation anstrebt, auch mit den vor- und nachgelagerten Bereichen. Das Leitbild einer multifunktionalen Landwirtschaft, ausgerichtet nach den Kriterien der Nachhaltigkeit, fördert hiermit auch ein neues landwirtschaftliches Berufsbild, das einer unternehmensethischen Verantwortung innerhalb und für die Gesellschaft Rechnung trägt.

Damit verbunden sind Fragen der Tierhaltung, der naturnahen Erzeugung von gesunden Lebensmitteln, des klimaverträglichen Anbaus nachwachsender Rohstoffe auch als regenerative Energiequellen mit Maß und Ziel, die Pflege der Kulturlandschaft und die Ausübung vielfältiger Dienstleistungen im Rahmen einer multifunktionalen Landwirtschaft, wie es die beiden Kirchen innerhalb ihres ökumenischen

Agrarwortes »Neuorientierung für eine nachhaltige Landwirtschaft« 2003 beschrieben haben.

Ehe und Familie sind kein Auslaufmodell, weder für städtische noch für ländliche Räume, wie es immer wieder in der öffentlichen Meinung suggeriert wird. Viel eher zeigen empirische Untersuchungsergebnisse wie auch sozialstatistischen Befunde, dass Ehe, Familie und Partnerschaft für die Menschen eine besonders hohe Glücks- und Sinnerwartung darstellen. Dass es dabei nicht zu Überforderungen an Erwartungen kommt, dazu kann auch die ländliche Erwachsenenbildung mit ihren Angeboten beitragen. Sie geht davon aus, dass gelingende Beziehungen geprägt sind durch die Partnerschaft von Mann und Frau, die sich insbesondere in einem in Liebe begründeten ausgewogenen Verhältnis von Freiheit und Bindung ausdrückt. Familienbezogene Bildungsarbeit fördert gerade im ländlichen Raum das Gespräch zwischen den Generationen und ist auch ein Schlüssel zur Integration von Einheimischen und Zugezogenen im Dorf. Hier können Kirchengemeinden vor Ort in idealer Verbindung mit den Kommunen und den ansässigen Vereinen ihren Beitrag leisten.

Menschen brauchen, mehr als in der Vergangenheit, begleitende Ansprechpartner und Hilfen für Übergänge, Krisen und Umbruchsituationen des Lebens. Durch Bildungsangebote werden die Betroffenen aus ihrer Vereinzelung herausgeholt, um ihnen Wege des Verstehens und Bearbeitens neuer Lebensperspektiven zu ermöglichen. Bildung wird somit zur Begegnung von Menschen, die sich gegenseitig stützen und unterstützen können, und hat damit einen elementaren präventiven Charakter auch für Lebensberatung.

Ländliche Erwachsenenbildung sollte auch dazu beitragen, unter möglichst breiter Bürgerbeteiligung tragfähige Konzepte zur Dorfentwicklung und zur Förderung der Dorfkultur zu erarbeiten. Ziel ist es, die Bürger wieder miteinander ins Gespräch zu bringen, zum ehrenamtlichen Engagement zu ermutigen, die wirtschaftliche Zukunftsfähigkeit des ländlichen Raumes durch die Nutzung vorhandener Ressourcen umweltschonend zu fördern, Traditionen neu zu integrieren und die Identifikation mit dem Lebensraum in Zeiten wachsender Globalisierung zu stärken.

4.4 Kirche als Plattform für den Dialog mit der Landwirtschaft

4.4.1 Kirchliche Dienste auf dem Lande

Mit den tief greifenden Veränderungen, durch welche die Landwirtschaft und der ländliche Raum nach dem Zweiten Weltkrieg gekennzeichnet waren, ergab sich zunehmend die Aufgabe für die Kirche, sich auch als Anwalt des ländlichen Raumes zu verstehen. Damit stellt sie eine wichtige Plattform für den Dialog innerhalb der Kirche, aber auch der gesamten Gesellschaft dar. So kam es 1953 zur Gründung der »Arbeitsgemeinschaft für dorfkirchlichen Dienst innerhalb der Evangelischen Kirche in Deutschland« mit den besonderen Aufgaben:
- den Blick auf die Besonderheiten des ländlichen Menschen und der Lage auf dem Dorf zu richten;
- alle dorfkirchlichen Arbeiten und Bestrebungen aus Kirche und kirchlichen Wer-

ken, aus Landschulen, Berufsstand, ländlicher Bildungsarbeit zusammenzufassen;
- den Austausch von Beobachtungen und Erfahrungen zu pflegen;
- auf dem Lande den sozialen Frieden zu fördern und die Gemeinschaft unter den Menschen des Dorfes zu stärken;
- in der Öffentlichkeit, auch in der Stadt, Verständnis für die äußere und innere Lage auf dem Dorf zu schaffen.[166]

Auch im Osten Deutschlands erfolgte der Aufbau der Dorfkirchenarbeit und zwar bei Eingliederung in die amtliche Arbeit der offiziellen Kirche. Es bildeten sich Arbeitskreise für Dorfkirchenfragen bei den Kirchenleitungen der östlichen Gliedkirchen.[167] Dabei wurde die Arbeit auf dem Lande ab 1956 als Arbeitszweig in die damalige Jugendkammer Ost der EKD integriert. Die kirchlichen Dienste auf dem Lande der EKD und im Kirchenbund pflegten regelmäßig Ost-West-Begegnungen, insbesondere über die evangelische Landjugendarbeit. In den öffentlichen Verlautbarungen wurde darüber Stillschweigen vereinbart, da man über persönliche Begegnungen und Meinungsaustausch eine Verbindung zwischen der Landarbeit in West und Ost vorantreiben wollte und auf politische Äußerungen verzichtete, um die Zusammenarbeit nicht zu gefährden.

Konkret befasste sich erstmals eine EKD-Synode 1971 in Frankfurt mit dem kirchlichen Dienst auf dem Lande, der auf Bundesebene ab 1958 als »Arbeitsausschuss für den kirchlichen Dienst auf dem Lande in der Evangelischen Kirche in Deutschland« (ADL) bezeichnet wurde und sich seit 2010 »Evangelischer Dienst auf dem Lande« (EDL) nennt. Im Rechenschaftsbericht der Kirchenkanzlei der EKD vor der Synode 1970/71 ist dabei zu entnehmen:

> Der Arbeitsausschuss für den Dienst auf dem Lande in der EKD (ADL) fasst alle kirchlichen Werke, die im Agrarbereich arbeiten und die dorfkirchlichen Dienste der Landeskirchen in einem Gremium zusammen. Er hat sich als ein Koordinierungs- und Beratungskreis verstanden [...] Die wirtschaftliche Lage und die geistige Einstellung der Landwirte und ihrer Familien lassen eine verstärkte Mitarbeit der Kirche vor allem in agrarsozialer (gelegentlich auch in agrarpolitischer) wie auch in erwachsenenbildnerischer Hinsicht geraten scheinen.

Ergebnis der intensiven Diskussionen war die Ernennung eines Ratsbeauftragten der EKD für agrarsoziale Fragen mit 50 %iger Anstellung, welcher den kirchlichen Diensten auf dem Lande in den einzelnen Gliedkirchen sowie gegenüber dem Rat der EKD und der Politik als Ansprechpartner und Bindeglied zur Verfügung stehen sollte. Mitarbeiter des ADL hatten bereits zuvor auf landeskirchlicher wie Bundesebene Tagungen organisiert und durchgeführt, Kontakte zu Agrarwissenschaftlern, landwirtschaftlichem Berufsstand, Kirchenleitungen und Parlament gepflegt und auch zum Aufbau der kirchlichen Dienste auf dem Lande in einzelnen Gliedkirchen Impulse gesetzt. Anliegen war es weniger agrarpolitisch tätig zu sein als vielmehr eine Plattform für den Dialog zu bieten, denn kirchliche Landarbeit sollte nicht bedeuten:

---

166. Richtlinien der »Arbeitsgemeinschaft für dörflichen Dienst innerhalb der Evangelischen Kirche in Deutschland«, in: Kirche im Dorf 4 (1953), 121.
167. Vgl. Günther Krolzig: Neubeginn nach 1945, in: Kirche im Dorf 19 (1968), 13–17.

daß wir als Leute der Kirchen die besseren Agrarexperten sind, Lehrmeister in agrarischen Detailfragen oder Zensoren für Mansholt-, Ertl- oder andere Pläne.

Unsere Aufgabe lautet: [...]

Wie wird es überzeugen, dass es unserer Arbeit nicht um Erhaltung kirchlicher Institutionen und Positionen geht, sondern daß unsere Triebkraft ist, mit den Augen Jesu zu sehen, daß sie »wie Schafe sind, die keinen Hirten haben«.[168]

Dabei ging es immer wieder um gegenseitige Information, Erfahrungsaustausch, Weitergabe von Anregungen und Kontaktwahrnehmung zwischen den Landeskirchen und kirchlichen Werken, kirchenintern sowie im Kontakt mit Berufsstand und Politik.

EKD-Ratsbeauftragte für agrarsoziale Fragen

1972–1986	Oberkirchenrat Dr. Herbert Rösener (Westfalen)
1986–1998	Pfarrer Hans-Georg Ackermeier (Westfalen)
1999–2000	Pfarrer Werner-Christian Jung (Rheinland)
2000–2003	Pfarrer Rudi Job (Pfalz)
seit 2004	Dr. Clemens Dirscherl (Württemberg)

Die Besonderheiten des ländlichen Raumes mit seiner spezifischen Infrastruktur und seinem beruflichen und sozialen Lebensumfeld wurden dabei als gesellschaftspolitischer Auftrag gesehen, mit dem sich der kirchliche Dienst in seiner Funktion als spezieller Fachdienst für die landwirtschaftliche und ländliche Bevölkerung zu befassen hatte.[169]

Inhaltlich setzte man sich mit dem landwirtschaftlichen Strukturwandel und den sozialethischen und seelsorgerlichen Gesichtspunkten auseinander und vermittelte die damit verbundenen Folgerungen für die betroffenen Menschen, den ländlichen Raum insgesamt und die gesamte Gesellschaft. Ging es nach der EKD-Denkschrift von 1965 insbesondere um die Rolle des technischen Fortschritts und den Strukturwandel in der Landwirtschaft sowie die zunehmende Bedeutung der beruflichen Qualifikation, so zeigte man sich nach der zweiten EKD-Denkschrift von 1984 mit den gesellschaftlichen Ziel- und Wertekonflikten in ihrer sozialen, ökologischen wie internationalen Dimension befasst. Infolge der deutschen Wiedervereinigung wurden die unterschiedlichen Agrarstrukturen in Ost und West mit ihren verschärfenden betrieblichen und psychosozialen Problemen behandelt und nach Mitteln und Wegen gesucht, einen kirchlichen Dienst auf dem Lande auch in den östlichen Gliedkirchen aufzubauen. Infolge des ökumenischen Agrarwortes von 2003 wurde das Leitprinzip der Nachhaltigkeit aus ökonomischer, ökologischer und sozialer Perspektive zum Handlungsrahmen des kirchlichen Dienstes auf dem Lande.

---

168. Albrecht Hege: Weg und Arbeit des Arbeitsausschusses für den Kirchlichen Dienst auf dem Lande in der EKD, in: Kirche im Dorf 22 (1971), 257–261, 261.

169. Klaus Immer: Die besondere Aufgabe des kirchlichen Dienstes auf dem Lande, in: Kirche im Dorf 22 (1971), 293–299; Wolf von Nordheim: Kirche für das Dorf von morgen, in: Land aktuell 52 (2000), 19; Clemens Dirscherl: Kirchlicher Dienst für Landwirtschaft und ländlichen Raum, in: Ländlicher Raum. Rundbrief der Agrarsozialen Gesellschaft 55 (2004), H. 4, 19–21.

So vielfältig sich die evangelischen Landeskirchen mit ihren historisch gewachsenen Strukturen, inhaltlichen Arbeitsschwerpunkten und Organisationsweisen darstellen, so vielfältig sind auch heute deren kirchlichen Dienste auf dem Lande (KDL) in ihrer konkreten Umsetzung und inhaltlichen Ausrichtung. Im Zuge der enger werdenden finanziellen Handlungsspielräume wird immer stärker auch ihre Arbeit einer Prüfung unterzogen. So kam es zur Ausdünnung der pädagogischen Stellen in den Ländlichen Heimvolkshochschulen und der drastischen Reduzierung der Personalstellen für den Dienst auf dem Lande in den Landeskirchen. Insbesondere in den östlichen Gliedkirchen wurde es immer schwieriger, Sonderstellen für Landwirtschaft und ländlichen Raum aufrecht zu erhalten. Diese werden in einem gemeinsamen Dienstauftrag mit der Männerarbeit, Mission und Ökumene, Erwachsenenbildung oder Umweltarbeit zusammengefasst bzw. in Ausübung einer Landpfarrstelle wahrgenommen.

Wie in den drei Denkschriften zur Landwirtschaft immer wieder gefordert, nehmen die kirchlichen Dienste auf dem Lande eine wesentliche Funktion als Dialogplattform zwischen landwirtschaftlicher Praxis, Berufsstand und Kirche wahr. Dabei kommt dem Deutschen Bauernverband als Adressat eine besondere Rolle zu. Bis zur Denkschrift von 1984 verlief die Verbindung zwischen den Spitzen des Deutschen Bauernverbandes als offiziell anerkannte Interessensvertretung der deutschen Landwirtschaft sowie Kirchen leitenden Funktionsträgern der EKD bzw. der Landeskirchen durch Vermittlung der kirchlichen Dienste auf dem Lande eher sporadisch und situationsbezogen. Aufgrund der in der Denkschrift dargelegten Zielkonflikte, in welchen sich die Landwirtschaft zwischen Wachsen und Weichen, Ökologie und Ökonomie, Hunger und Überfluss befindet, kam es dann immer häufiger zu einem regen Dialog zwischen Berufsstand und Kirche. So kam es 1986 erstmals zu einem gemeinsamen Wort zum Erntedankfest, verfasst vom ADL sowie der Katholischen Landvolkbewegung und dem Deutschen Bauernverband. Aufgrund der breiten öffentlichen Resonanz innerhalb von Berufsstand, Kirchen und Medien wird seitdem regelmäßig alljährlich zum Erntedankfest eine so genannte »Erntedankerklärung«, zwischenzeitlich auch unterzeichnet vom deutschen Landfrauenverband (DLV), unter jeweiligem biblischem Bezug zu aktuellen gesellschaftspolitischen Fragen rund um Landwirtschaft und ländlichen Raum verfasst.

Einen Höhepunkt innerhalb der Kooperation zwischen landwirtschaftlichem Berufsstand und Kirche stellt der seit 2001 alljährlich durchgeführte zentrale ökumenische Erntedankgottesdienst mit bis zu 400 Besuchern in der Hauptstadt Berlin dar, gemeinsam vorbereitet von EDL und KLB sowie DBV und DLV. Unter breiter Beteiligung von Politik (Vertreter der für die Landwirtschaft und Ernährung zuständigen Bundes- und Landesministerien, Mitglieder des Agrarausschusses des Deutschen Bundestages, Agrarattachés der in Deutschland akkreditierten Botschaften in Berlin), Agrarverbänden (Genossenschafts- und landwirtschaftliche Erzeugerorganisationen, landwirtschaftliche Fachverbände, Landfrauen- und Landjugendorganisationen) sowie breiter öffentlicher Aufmerksamkeit der Medien richten abwechselnd Bischöfe der evangelischen und katholischen Kirche in Liturgie und Predigt ihr geistlich-geistiges Wort an die Gottesdienstbesucher. Im Anschluss an den Gottesdienst wird dem Staatsoberhaupt alljährlich eine von Landfrauenverbänden gefertigte Erntekrone überreicht. Regelmäßig nimmt der Bundespräsident dann die Gelegenheit wahr, sich zu grundsätzlichen Fragen der Landwirtschaft und ihren Problemen aus nationaler, europäischer sowie globaler Perspektive zu äußern. Inzwischen gehört dieser zentrale Erntedankgottesdienst zum festen repräsentativen Bestandteil von Politik, Landwirtschaft und Kirche in der Bundeshauptstadt.

Ebenfalls in ökumenischer Zusammenarbeit mit der KLB erfolgt die so genannte Landinitiative anlässlich der jährlichen Internationalen Grünen Woche in Berlin. Bereits 1963 kam es erstmals von Seiten der evangelischen Landdienste zu einer Beteiligung auf der Internationalen Grünen Woche in Berlin mit einem Messestand, damals vorbereitet von den Ländlichen Heimvolkshochschulen Hesselberg (Bayern), Koppelsberg (Nordelbien) sowie Potshausen (Hannover). Seit 1992 wird auf dem Messegelände in Nachbarschaft zu den anderen landwirtschaftlichen Fachorganisationen ein Stand platziert, der in ökumenischer Zusammenarbeit alljährlich alternierend von den kirchlichen Landdiensten benachbarter Diözesen bzw. Landeskirchen verantwortet wird. Seit einigen Jahren ist diese kirchliche Repräsentanz auf der Grünen Woche auf dem so genannten »Erlebnisbauernhof«, der vom Deutschen Bauernverband organisiert wird. Am ersten Wochenende der Grünen Woche findet dort seit 2002 auf der Bühne der so genannte »ökumenische Landkirchentag« statt mit einer Andacht und einem anschließenden Podiumsgespräch mit jeweils aktuellen Themen zu Tierschutz, Welthungerproblematik, nachwachsenden Rohstoffen, Wertigkeit von Lebensmitteln und Verbraucherverhalten. Auf der Internationalen Grünen Woche wurden auch Fachforen vom EDL organisiert, so 1993 zur sozialpsychologischen Situation bäuerlicher Familien und dem kirchlichen Angebot der Landwirtschaftlichen Familienberatungen oder 2003 zur Frage der landwirtschaftlichen Berufsausbildung und der künftigen Hofnachfolge.

Ein weiteres gemeinsames ökumenisches Projekt zwischen evangelischen und katholischen Landdiensten sowie dem landwirtschaftlichen Berufsstand war die über fünf Jahre angelegte Initiative »Arbeitsmarkt Land«. Insbesondere unter dem Eindruck der Arbeitslosigkeit in den neuen Bundesländern kam es seit 1996 zu Tagungen, in denen man sich mit der Arbeitslosigkeit, den strukturellen Auswirkungen auf den ländlichen Raum aber auch ihrer psychologischen Dimension auf die betroffenen Menschen auseinander setzte. Im Anschluss an das Sozialwort des Rates der EKD und der Deutschen Bischofskonferenz »Für eine Zukunft in Solidarität und Gerechtigkeit« wurde nach Ansätzen für neue Beschäftigungsinitiativen gesucht. Insbesondere das Beispiel des »Forums Westthüringen« zeigte, wie unter Einbeziehung von landwirtschaftlichem Berufsstand und Kirche neue Formen der Beschäftigung im Umfeld des Agrarsektors geschaffen werden können. Aufgrund der guten Erfahrungen kam es hierbei auch zu gemeinsamen Verlautbarungen von ADL, KLB und DBV, ähnlich wie auch zu Einzelfragen des Tierschutzes, der Reform der Welthandelsorganisation WTO, zur BSE-Krise oder auch dem Preisdumping im Lebensmitteleinzelhandel. Das Ökumenische Agrarwort von 2003 brachte im Vorfeld des zentralen Erntedankgottesdienstes in Berlin eine Reihe von Forumsveranstaltungen hervor, in der sich ADL, KLB und DBV mit ausgewählten Fragestellungen befassten. So zu den grundsätzlichen Aussagen zu einer Neuorientierung einer nachhaltigen Landwirtschaft oder mit Fragen von Tierschutz und Tierethik, Verbraucherverantwortung und Kundensouveränität sowie der Zukunftsgestaltung des ländlichen Raumes.

Auch auf landeskirchlicher Ebene kommt es mit den Landesbauernverbänden immer wieder zu gemeinsamen Begegnungen, Stellungnahmen oder Veranstaltungen. So trifft sich alljährlich ein Gesprächskreis der Spitzen der nordelbischen Landeskirche mit dem schleswig-holsteinischen Bauernverband in Rendsburg, um aktuelle Fragen im Rahmen einer öffentlichen Veranstaltung zu diskutieren – nicht immer konfliktfrei, wie das Thema Tierschutz und Tierethik zeigte, aber von dem gemeinsamen Bemühen gekennzeichnet, Kirche als Dialogplattform wahr- und ernst zu nehmen.

Die gemeinsame Erkenntnis von landwirtschaftlichem Berufsstand und kirchlichen Diensten auf dem Lande, dass Agrarpolitik mehr als sektorale Wirtschaftspolitik, sondern gesellschaftspolitische Querschnittsaufgabe mit schöpfungs-, tier-, verbraucher-, ernährungs- und sozialethischen Belangen ist, führte 1985 zu der Idee, so genannte Gesprächsforen zwischen den beteiligten gesellschaftlichen Gruppierungen anzustoßen, um die Ziel- und Wertekonflikte der gesamten Gesellschaft, welche sich innerhalb des Agrarsektors widerspiegeln, im Rahmen einer dialogisch angeordneten Plattform anzusprechen – nämlich:

- Welche Landwirtschaft brauchen wir in einer Industriegesellschaft?
- Was kostet es, wenn sie bäuerlich strukturiert bleiben soll?
- Wie können Landwirte vom Zwang zur Intensivproduktion befreit werden?
- Kann die Sicherung der landwirtschaftlichen Einkommen anders gelöst werden als durch die ständige Steigerung der Produktion?
- Was bedeutet die Forderung nach ökologisch unbedenklichen Produktionsverfahren für die Erzeuger- und Verbraucherpreise?[170]

Dazu kamen auf Einladung des damaligen EKD-Ratsbeauftragten für agrarsoziale Fragen Vertreter von Agrar-, Umwelt-, und Verbraucherverbänden, von Gewerkschaften und Industrie zu einem »runden Tisch« zusammen um zur Stärkung einer heimischen bäuerlichen Landwirtschaft unterschiedliche Interessen und Positionen auszutauschen – leider ohne einen gemeinsamen Konsens – trotz mehrfacher Gesprächsrunden. Zu ähnlichen Initiativen kam es dann in den Landeskirchen von Hessen-Nassau, Kurhessen-Waldeck, Hannover und Westfalen. Die Idee eines »runden Tisches Landwirtschaft« wurde dann 1991 nochmals als erstes großes gesellschaftliches Agrarforum auf Bundesebene durchgeführt. Die Spitzen von Deutschem Bauernverband, Bund der Landjugend, Dachverband der Deutschen Agraropposition, Arbeitsgemeinschaft bäuerliche Landwirtschaft, Deutscher Industrie- und Handelstag, Bundesverband der Deutschen Industrie sowie Agrarpolitiker des Bundestags und Vertreter des Bundeslandwirtschaftsministeriums sowie des Bundesministeriums für Raumordnung, Bauwesen und Städtebau trafen sich auf Einladung der evangelischen und katholischen Landdienste, um sich über die soziale Lage der Landwirtschaft auszutauschen »da eine Neubesinnung über die volkswirtschaftliche und gesamtgesellschaftliche Bedeutung der Landwirtschaft dringend geboten« sei.[171]

Nach diesem ersten Versuch, einen gesamtgesellschaftlichen Dialog zwischen den unterschiedlichen Gruppen über die Landwirtschaft und den ländlichen Raum

170. Hans-Georg Ackermeier: Welche Landwirtschaft brauchen wir? Veranstalterkooperation als Chance zur Bearbeitung gesellschaftlicher Zielkonflikte, in: Kirche im ländlichen Raum 36 (1985), 65–68, 66 f.
171. H.-G. Ackermeier, Tisch (wie Anm. 50), 165.

herbeizuführen, kam es zu einem weiteren Meinungsaustausch, bei dem Bauernverband, Deutscher Industrie- und Handelstag und andere Organisationen sich nicht mehr beteiligten, da sie den Kompromisscharakter zwischen den unterschiedlichen Interessenspositionen nicht mehr teilen wollten oder konnten. Gleichwohl kam es zur Unterzeichnung einer Stellungnahme, die von KLB und ADL initiiert war:

> Anstelle von Flächenstillegungskonzepten wird die Notwendigkeit flächendeckender Landbewirtschaftung unterstrichen. Darunter ist die flächendeckende, am Umweltschutz orientierte Extensivierung der Produktion (extensive Grünlandnutzung, Einschränkung des Einsatzes ertragssteigernder und ökologisch bedenklicher Produktionsmittel) zu verstehen, was auch die standortgerechte Umwandlung von nicht geeigneten Nutzflächen (z.B. für Naturschutz, Landschaftsvernetzung, Aufforstung, etc.) einschließt.
>
> Eine so verstandene flächendeckende Landbewirtschaftung trägt zum Abbau der Überschüsse bei. Dies gilt im weltweiten Zusammenhang: Agrarexportsubventionen zur Markteroberung sind daher strikt abzulehnen – auch aus Gründen der Solidarität gegenüber agrarischen Entwicklungsländern. Das bedeutet allerdings auf der anderen Seite ausreichende Außenschutzmaßnahmen gegenüber solchen Importen, die eine sozial und ökologisch verträgliche Landbewirtschaftung gefährden.[172]

Die Funktion als Dialogplattform kam den kirchlichen Diensten auf dem Lande insbesondere auch im Zuge der so genannten Agrarwende zu. Infolge der BSE-Krise geriet die deutsche Agrarpolitik in Turbulenzen, wie es zuvor undenkbar schien: dass anders als offiziell verlautbart auch in Deutschland BSE-infizierte Rinderbestände existierten, führte zum Rücktritt der Bundesgesundheitsministerin und des Bundeslandwirtschaftsministers, der Umstrukturierung des gesamten Landwirtschaftsministeriums einschließlich der untergeordneten Behörden für Gesundheits- und Risikobewertung bzw. Veterinärmedizin. So kam es nicht nur zu personellen und strukturellen Veränderungen im Bundeslandwirtschaftsministerium, sondern unter der neuen Ministerin Renate Künast, der ersten Bundeslandwirtschaftsministerin von Bündnis 90/Die Grünen, auch zu einem Paradigmenwechsel und einer programmatischen Neuausgestaltung der Agrarpolitik. Unter der Leitüberschrift »Klasse statt Masse« wurde eine so genannte »Agrarwende« angestrebt, hin zur ökologisch ausgerichteten Landbewirtschaftung mit entsprechenden finanziell ausgestatteten Förderprogrammen. Das Landwirtschaftsministerium wurde in ein Ministerium umgewandelt, das für Verbraucherschutz, Ernährung und erst dann für Landwirtschaft zuständig war. Diese radikalen Veränderungen führten zu großer Unruhe, Orientierungslosigkeit und Polarisierung beim landwirtschaftlichen Berufsstand, weil ökologische gegen konventionelle Landwirtschaft, Großbetriebe gegen Kleinbetriebe, Agrarfabriken gegen Bauernhöfe innerhalb harter Auseinandersetzungen gegenseitig ausgespielt zu werden drohten. In dieser besonderen Krisensituation waren auch die kirchlichen Dienste auf dem Lande gefordert, sich als Dialogplattform bei der Vermittlung der unterschiedlichen Positionen einzubringen und zur Entemotionalisierung und Versachlichung der durch die BSE-Krise herbeigeführten agrarpolitischen Turbulenzen beizutragen. Ein spezielles Themenheft der Zeitschrift »Kirche im ländlichen Raum« wurde herausgegeben, und es kam zu Auf-

172. Stellungnahme des runden Agrartisches auf Einladung von ADL, ASG und KLB, Rhöndorf, in: Kirche im ländlichen Raum 43 (1992), 35.

rufen, die Zukunft der Landwirtschaft nicht unter ideologischen und parteipolitischen Interessen vereinnahmen zu lassen.[173]

4.4.2 Stadt-Land-Verständigung

Kirchliche Dienste auf dem Lande nehmen auch eine wichtige Brückenpfeilerfunktion zwischen Stadt und Land wahr. Während dies anfänglich eher noch nostalgisch ausgerichtet, propagiert und realisiert wurde, so z. B. durch die Förderung von Freilichtmuseen oder Restaurierung von alten Dorfkirchen[174], wurde die Idee des runden Tisches als gesellschaftliches Forum zunehmend auch in konkrete Handlungsfelder umgesetzt, so in Form von kirchlichen Stadt-Land-Partnerschaften. Grundüberlegungen dafür waren:

1 Jede Landwirtsfamilie kann in ihrem Betrieb in bestimmtem Umfang etwas zur Bewahrung der Schöpfung tun.
2 Viel mehr könnten Landwirtsfamilien für die Bewahrung der Schöpfung tun, wenn sie die Produkte ihrer Arbeit zu einem höheren Preis verkaufen könnten. Höhere Preise sind in der Regel aber nur möglich bei Direktvermarktung bzw. im ökologischen Landbau.
3 Wenn aber konventionell wirtschaftende Landwirte und bäuerliche Familien ohne Direktvermarktung so wirtschaften würden, wie man sich das als schöpfungsbewahrende Landwirtschaft vorstellt, dann würden sie ihre Betriebe in den Ruin treiben – es sei denn die agrarpolitischen Rahmenbedingungen wären ganz anders. Für viele bäuerliche Familien ist dies ein ethischer Konflikt.[175].

Ganz praktisch sollen die kirchlichen Dienste dazu beitragen, dass Landwirte und Verbraucher mehr voneinander erfahren: welche Vorurteile man übereinander hat, was man voneinander weiß, wo die existentiellen Probleme des Städters, der Stadt und des Landes liegen, mit welchen Sorgen man in die Zukunft schaut. Denn oftmals erlebt man, dass der Bauer wenig über Ernährungs- und Einkaufsgewohnheiten des Städters und seine Angst vor Rückständen in den Nahrungsmitteln weiß, genau so wenig wie der städtische Verbraucher über die Probleme der Agrarpolitik, die zurückgehenden Erzeugerpreise oder die Unsicherheit der Hofnachfolge in der Landwirtschaft informiert ist.

Der kirchliche Dienst auf dem Lande kann somit als Vermittler zwischen Land und Stadt fungieren in Form von gemeinsamen Veranstaltungen, gegenseitigen Besuchen von Stadt- und Landgemeinden, Seminaren, Studienfahrten, Förderung von Erzeuger-Verbraucherbeziehungen bis hin zur Initiierung des Dialogs mit Politikern und Interessensverbänden. Exemplarisch hierfür kann die Stadt-Land-Partnerschaft im Evangelischen Bauernwerk in Württemberg aufgeführt werden, welche

173. Vgl. Kirche im ländlichen Raum: Themenheft Agrarwende, 2002; C. Dirscherl, Agrarwendedebatte (wie Anm. 26); ders.: Agrarwende, mehr Sensibilität bitte, in: Landwirtschaftsblatt Weser-Ems 149 (2002), Nr. 30.
174. Brücken bauen zwischen Stadt und Land – Beispiele, Modelle, in: Kirche im Dorf 28 (1977), 322f.
175. Niels Hueck: Die Anfänge einer Initiative, in: Evangelisches Bauernwerk in Württemberg (Hg.): 20 Jahre Stadt-Land-Partnerschaft (Informationen Nr. 29), Hohebuch 2008, 14–18, 14.

1988 als Arbeitsbereich des kirchlichen Dienstes auf dem Lande gegründet wurde und bis heute durch vielfältige Bildungsangebote aber auch Hofgottesdienste und praktische Stadt-Land-Begegnungen tätig ist.[176]

Das grundsätzliche Anliegen der Stadt-Land-Partnerschaft kann wie folgt zusammengefasst werden:

1 Schöpfungsbewahrendes, nachhaltiges, sozialverträgliches Wirtschaften ist eine christliche Verpflichtung für die gesamte Gesellschaft. Auch die Landwirtschaft soll so betrieben und weiter entwickelt werden.
2 Eine gute Basis dafür ist eine bäuerliche Landwirtschaft, deren Ziel es ist, die Lebensgrundlagen nachhaltig zu erhalten und mit Tieren und Pflanzen als Teil der Schöpfung umzugehen – im Gegensatz zu einer »industriell ausgerichteten« Landwirtschaft, die überwiegend an kurzfristigem Gewinn ausgerichtet ist.
3 Die wirtschaftlich erzwungene Entwicklung weist jedoch in eine zu Besorgnis Anlass gebende Richtung: die bäuerliche Wirtschaftsweise ist unter Druck geraten, die Bauern sind gezwungen zu wachsen, zu rationalisieren und zu intensivieren. Sie müssen Gesichtspunkte der Nachhaltigkeit oft weit hinten anstellen oder in andere Berufe abwandern.
4 Die Gestaltung von Rahmenbedingungen, die eine schöpfungsbewahrende und sozialverträgliche Landwirtschaft ermöglichen, ist ein wichtiges christliches und gesellschaftspolitisches Anliegen, für das es sich einzusetzen gilt.
5 Die wirksame Verfolgung dieses Anliegens braucht das gegenseitige Verständnis und die Partnerschaft von Bauern und Verbrauchern, die aktive Mithilfe der Verbraucher und das gemeinsame Engagement.[177]

Damit setzt der kirchliche Dienst auf dem Lande als Plattform für den Stadt-Land-Dialog die Forderungen um, welche in den evangelischen Denkschriften und Verlautbarungen zur Landwirtschaft seit Jahrzehnten verbalisiert und publiziert werden: Landwirtschaft als Teil gesellschaftspolitischen Engagements erfahrbar werden zu lassen. Dies wird auch von der Agrarpolitik offiziell anerkannt, wenn Horst Seehofer als Bundeslandwirtschaftsminister anlässlich des 20-jährigen Jubiläums der Hohebucher Stadt-Land-Partnerschaft erklärte:

Stadt und Land – Hand in Hand. Das ist das Motto, unter dem Sie für die Stärkung der bäuerlichen Landwirtschaft, für die Pflege der Kulturlandschaft, für ein reflektiertes Verbraucherverhalten und für die Bewahrung der Schöpfung eintreten. Ihr Motto ist auch mein Motto [...]. Hier dürfen wir nicht in veralteten Konfliktmustern denken [...]. Leider sind in so manchen Köpfen der Menschen oft noch Barrieren vorhanden. Um diese gemeinsam abzutragen ist es wichtig, dass es Einrichtungen [...] gibt, die persönliche Begegnungen ermöglichen. Durch konkrete Partnerschaften zwischen Stadt- und Landgemeinden, auch durch Einzelprojekte und Fortbildungsangebote, wird der Gedankenaustausch gestärkt. Dadurch wächst das gegenseitige Verständnis und die Bereitschaft zum Engagement. Der Blick über den eigenen Tellerrand hinaus eröffnet neue Perspektiven und trägt erheblich bei zum Fortkommen der ländlichen Räume in Deutschland, in Europa und weltweit.[178]

---

176. Vgl. Clemens Dirscherl: Die Entdeckung der Landwirtschaft in der Stadt hat längst begonnen – die Stadt-Land-Partnerschaft im Evangelischen Bauernwerk, in: Frieder Thomas, Manuel Schneider, Jobst Kraus (Hg.): Kommunen entdecken die Landwirtschaft, Heidelberg 1995, 101–109; Hansjörg Keyl: Bewährte Organisation und vielgestaltige Arbeitsform, in: 20 Jahre (wie Anm. 176), 19–21.

177. Hansjörg Keyl: Grundsätzliche Anliegen und aktuelle Themen, in: ebda., 22–25, 22.

178. Horst Seehofer: Stadt und Land – Miteinander der Zukunft, in: ebda., 4–5.

Einen anderen Ansatz zur Stadt-Land-Verständigung zeigt das Dialogprogramm »Lernort Bauernhof«, das unter Beteiligung der kirchlichen Dienste auf dem Lande, wie der Bundesarbeitsgemeinschaft evangelische Jugend im ländlichen Raum (BAG ejl) und der evangelischen Landjugendakademie Altenkirchen initiiert wurde. In der Erkenntnis, dass Bauernhöfe eine einzigartige Grundlage für nachhaltige Lernprozesse und erfahrungs- und erlebnisorientierte Bildung bieten, soll eine Verknüpfung von Aktivitäten und Anforderungen der konkreten Arbeitswelt mit natürlichen Abläufen und Zusammenhängen in der Landwirtschaft ermöglicht werden. Ausdrückliches Ziel ist, den Dialog zwischen Erzeugern und Verbrauchern zu stärken, indem der Besuch von Lern- und Schulbauernhöfen für Jugendliche die Bedeutung einer nachhaltigen Landwirtschaft ganz praktisch erfahrbar werden lässt.[179]

Noch lebensweltnäher über den Schulunterricht auf dem Bauernhof hinaus ist das kirchliche Projekt »Landleben live« des Evangelischen Bauernwerks in Württemberg, das gemeinsam mit der katholischen Landfrauenbewegung der Diözese Freiburg sowie dem Landjugendverband Westfalen gestartet ist: Jugendliche ab 14 Jahre arbeiten und leben in den Ferien quasi als Familienmitglied auf Zeit auf einem Bauernhof. Durch ihre Mithilfe sollen sie das Leben in der Landwirtschaft und auf dem Lande kennen lernen, mit allen Problemen und Schwierigkeiten, aber auch seinen Reizen und breiten Erfahrungsräumen. Dazu gehören sowohl die praktische

179. Bundesministerium für Verbraucherschutz und Landwirtschaft (Hg.): Leitfaden Bundesinitiative Lernen auf dem Bauernhof, Bonn 2003.

Arbeit im Stall, auf dem Hof, im Feld wie auch die Teilhabe am bäuerlichen Sozial- und Familienleben.[180] Die breite Inanspruchnahme der Vermittlung von Landaufenthalten durch die kirchlichen Dienste auf dem Lande sowie die Auszeichnung mit dem deutschen agrarsozialen Preis 2001 und einem Preis im Wettbewerb Öffentlichkeitsarbeit der Agrarfachzeitschrift Top Agrar 2004 belegen, wie sehr die evangelische Landarbeit nicht nur durch Verlautbarungen, sondern durch konkrete Projekte ihren Auftrag als Dialogplattform wahrnehmen kann.

4.4.3 Arbeitskreis für europäische Landfragen

Eine besondere Funktion als Dialogplattform nimmt der EDL (einst ADL) auch für die Evangelische Kirche in Deutschland auf europäischer Ebene wahr. Infolge der Gründung der europäischen Wirtschaftsgemeinschaft 1955 kam es zu einem »Arbeitskreis für europäische Landfragen«, welcher anfänglich vom Leiterkreis der evangelischen Akademien und Laieninstitute in Europa durch Vertreter aus Frankreich, den Niederlanden, Italien, der Schweiz, Österreich und Deutschland geprägt wurde. Dabei initiierte man so genannte »Europatreffen der evangelischen Jugend auf dem Lande«, bei denen nicht nur die ökumenische Begegnung unter jungen Menschen gefördert wurde, sondern auch agrarpolitische Gespräche zwischen Kirchen und europäischen Landexperten auf der Tagesordnung standen. Getragen wurde die Arbeit von Einzelpersonen, politisch wurde eine Zusammenarbeit mit dem ökumenischen Rat der Kirchen sowie der Konferenz europäischer Kirchen angestrebt, was nach einzelnen Begegnungen und losen Vereinbarungen jedoch zu keinerlei praktischen Umsetzungen in Form von Stellungnahmen oder Arbeitsprojekten führte.[181]

Mit dem konziliaren Prozess für Gerechtigkeit, Frieden und Bewahrung der Schöpfung wollte die europäische Landarbeit dann auch den Dialog mit den evangelischen Kirchen aus Polen, der CSSR, Rumänien, Jugoslawien und der DDR führen, unter Beteiligung der Schweiz, Österreich, Frankreich und Großbritannien. Dazu kam es 1977 erstmals zu einer Europatagung in Österreich, um die Herausforderungen für die kirchliche Arbeit im ländlichen Raum unter den unterschiedlichen gesellschaftlichen Bedingungen zu analysieren, zu reflektieren und Handlungsmodelle für die jeweils betroffenen kirchlichen Dienste vor Ort zu entwickeln. Anschließend kam es alle zwei Jahre zu einer so genannten »Europatagung« mit unterschiedlicher Themensetzung:[182] Friedenssicherung in Ost und

---

180. Vgl. Susanne Jörger/Irene L. Bär: Projekt LandLeben. Ein Angebot für Jugendliche, junge Erwachsene und Bauernfamilien, in: B. van Saan-Klein/C. Dirscherl/M. Vogt, »es soll nicht enden« (wie Anm. 68), 16f.; Veronika Grossenbacher: Landleben-live … Wegweiser zum Traumberuf, in: Landinfo 2009, Nr. 3, 43–45.

181. Vgl. Jakob Nussbaumer: 40 Jahre Europaarbeit der evangelischen Kirche: Erste Annäherung in frostigen Zeiten, in: Kirche im ländlichen Raum 48 (1997), 21–26; Otmar Hesse: 40 Jahre Europaarbeit der evangelischen Kirche. »Tauwetter«? – Dialog mit östlichen Partnern von 1977 bis 1997, in: ebda., 27–29.

182. Otmar Hesse: Vill, d. h. zwölf Jahre konziliarer Prozeß. Europas Osten und Westen im Dialog über Gerechtigkeit, Frieden und Bewahrung der Schöpfung, in: Kirche im ländlichen Raum 40 (1989), 23–29.

West, die ökologischen Herausforderungen, die Solidarität mit der Dritten Welt, die Urbanisierung und Veränderung des ländlichen Soziallebens, Fragen der spezifischen Seelsorge auf dem Lande, Schöpfungsverantwortung, die Ost-West-Annäherung in Europa, die europäische Integration der mittel- und osteuropäischen Länder sowie die Globalisierung und die Auswirkung auf Landwirtschaft und ländlichen Raum.

Eine unmittelbare Handlungskonsequenz für die Arbeit der kirchlichen Dienste auf dem Lande schlug sich mit Ausnahme von Verlautbarungen oder gegenseitigen Delegationsreisen jedoch nicht deutlich nieder. So zeigt denn auch die EKD-Denkschrift zur »Verantwortung für ein soziales Europa« von 1991, obgleich die Agrarwirtschaft der einzige bereits europäisch integrierte Wirtschafts- und Gesellschaftssektor mit Vollendung des europäischen Binnenmarktes ab 1992 war, mit Ausnahme der auf einer Druckseite abgehandelten Verpflichtung für die »Bewahrung der Schöpfung« keine Auseinandersetzung mit den Veränderungsprozessen der Landwirtschaft und den ländlichen Räumen. Der Arbeitskreis für europäische Landfragen fand mit sich mit seiner Arbeit in keinem Wort wieder.[183]

4.4.4 Politische Positionierung und Moderation

Sich als Dialogplattform widerstrebender Meinungen und Interessen zur Verfügung zu stellen, führt grundsätzlich zu zwei Problemorientierungen – nicht nur beim Themenfeld Landwirtschaft und Agrarpolitik, sondern insgesamt für den gesellschaftspolitischen Auftrag der Kirche: So sehr sich auch der kirchliche Dienst auf dem Lande darum bemüht, zwischen unterschiedlichen Positionen zu vermitteln, runde Tische einzurichten und zu einem innerlandwirtschaftlichen Konsens beizutragen, so sehr besteht dabei die Gefahr der »Verwässerung« von eigenen Positionen. Hier ist ein schwieriger Balanceakt zwischen inhaltlicher Positionierung in einzelnen politischen Themenfeldern einerseits sowie der Fähigkeit andererseits, weiterhin als gesellschaftsvermittelnde Instanz wahr- und angenommen zu werden, zu vollbringen. Ob beim Thema Grüne Gentechnik, Tierschutz, ökologischer Landbau, Ernährungsgewohnheiten – immer sollen die Kirchen die unterschiedlichen Interessenslagen und Meinungen bündeln und bei zum Teil harten Auseinandersetzungen die oftmals unversöhnlichen Interessensgegensätze wieder zusammenführen. Zugleich hat die Kirche mitunter aber auch eine eigenständige Meinung zu entsprechenden Problemfeldern, wo sich auf christlicher Grundlage eine ethische Orientierung zur Urteilsbildung und dann auch zur politischen Positionierung ergeben könnte und sollte.

Dies wird um so schwerer, wenn von einzelnen Interessensgruppierungen das »Wächteramt« oder der »prophetische Auftrag der Kirche« gefordert wird, um sich mit klaren und deutlichen Worten gegen bestimmte Entwicklungen in Landwirt-

183. Vgl. Verantwortung für ein soziales Europa. Herausforderung einer verantwortlichen sozialen Ordnung im Horizont des europäischen Einigungsprozesses. Eine Denkschrift der Kammer der Evangelischen Kirche in Deutschland für soziale Ordnung, Gütersloh 1991, 44f.

schaft und Agrarpolitik zu Wort zu melden: Tierschutzverbände erwarten eine eindeutige Positionierung von Seiten der Kirche zu bestimmten Tierhaltungsformen und dem Verzehr tierischer Erzeugnisse; Umweltverbände erwarten unmissverständliche Worte zu Artenvielfalt, Boden- und Wasserschutz sowie den Klimaauswirkungen einzelner landwirtschaftlicher Produktionsverfahren; entwicklungspolitische Gruppierungen fordern von der Kirche auf der Grundlage der christlichen Option für die Armen klare Positionen gegenüber der Benachteiligung von Entwicklungsländern auf den internationalen Agrarmärkten; der landwirtschaftliche Berufsstand zeigt sich befremdet ob kirchlicher Verlautbarungen zu einzelnen landwirtschaftlichen oder gar produktionstechnischen Detailfragen und möchte die kirchlichen Handlungsfelder auf seelsorgerliche Begleitung und sozialdiakonische Beratung reduziert wissen – nämlich den Menschen in der Landwirtschaft geistige und geistliche Orientierung für ihre Lebensgestaltung zu geben.

Wie auch immer in kirchlichen Stellungnahmen konkret zu einzelnen Themen Stellung bezogen wird, es werden stets Erwartungen enttäuscht, weil man in dem vielschichtigen, komplexen Feld von Landwirtschaft und Agrarpolitik nicht einzelnen Partikularinteressen Rechnung tragen und zugleich den gesamten Problemlagen gerecht werden kann. Um so mehr gilt dies, als das kirchliche Bestreben, eine Plattform zum Dialog zu bieten, ansonsten gefährdet würde. Immer wieder konnte von daher in der Vergangenheit festgestellt werden, dass einzelne Gruppierungen der Kirche vorwarfen, sie würde sich nicht eindeutig genug positionieren, wiederum andere eher eine einseitige Parteinahme empfanden und sich dann der dialogischen Auseinandersetzung entzogen.

Noch komplizierter wird diese widersprüchliche Erwartung an die Kirche, wenn innerhalb des landwirtschaftlichen Berufsstandes unterschiedliche Meinungen existieren und man von den Kirchen Positionierungen erwartet, welche die jeweils eigenen unterstützen. Dies wird umso konfliktträchtiger, als es innerhalb der Landwirtschaft zwei unterschiedliche berufsständische Interessensgruppierungen gibt: einmal den offiziell anerkannten Deutschen Bauernverband als die traditionelle berufsständische Interessensvertretung gegenüber Regierung und Politik und zum anderen die kleine, sich als agraroppositionelle Bewegung verstehende Arbeitsgemeinschaft bäuerliche Landwirtschaft (AbL), welche eher klein- und mittelbäuerliche Betriebe mit starker ökologischer Ausrichtung vertritt. Während letztere von kirchlichen Positionen erwartet, dass sie dem agrarpolitischen Leitbild einer schöpfungsgemäßen, bäuerlichen, sozialverträglichen Landbewirtschaftung Rechnung tragen und sich die Kirche inhaltlich mit an die Spitze einer gesellschafts- und agrarpolitischen Reformbewegung stellt, erwartet der Deutsche Bauernverband, dass die Kirche keine Ausgrenzung vornimmt und soziale wie politische Polarisierungen zwischen groß und klein, ökologisch und konventionell verhindert, sondern im Gegenteil eben als dialogische Plattform den Menschen im Blick hat statt einzelne Detailfragen agrarwirtschaftlicher, agrartechnischer oder agrarpolitischer Art.

Aber selbst innerhalb des Deutschen Bauernverbandes gibt es bei bestimmten Fragestellungen unterschiedliche Positionen: hier die Befürworter der Grünen Gentechnik als Chance für die Landwirtschaft und einer schöpfungsbewahrenden, nachhaltigen Agrarproduktion – dort überzeugte Gegner der Grünen Gentechnik, die eine Gefährdung für Landwirtschaft, Umwelt und Verbraucher sehen aufgrund nicht abgeklärter Risiken und einseitiger ökonomischer Machtkonzentrationen.

Selbst in spezifischen Fragestellungen wie der Ausgestaltung des zukünftigen Milchmarktes auf europäischer Ebene gibt es innerhalb der Landwirtschaft hartnäckige Auseinandersetzungen zwischen Milcherzeugern, welche eine Liberalisierung der Agrarmärkte fordern und die Abschaffung mengensteuernder Milchquoten gegenüber jenen Milcherzeugern, die auch künftig von der Politik produktionsbegrenzende Maßnahmen zur Verhinderung von Überschüssen und damit eine staatlich geförderte Milchpreisstützung zu »fairen Preisen« fordern. Beide Meinungen haben ihre jeweilige Berechtigung, auch weil sie sich jeweils ethisch unterschiedlich begründen lassen. Eine einseitige Parteinahme für die eine oder andere Seite wird von daher für die kirchliche Positionierung schwierig, weil ansonsten in leidenschaftlich geführten Auseinandersetzungen der Auftrag einer dialogischen Plattform nicht mehr wahrgenommen werden kann.

Grundsätzlich stellt sich für kirchliche Verlautbarungen und Positionierungen immer die Frage: wer spricht für »die Kirche«? Können ausschließlich die offiziellen Denkschriften der EKD zu Landwirtschaft und Agrarpolitik von 1965, 1984 und 2003 als kirchliche Position verstanden werden oder sind auch andere Stellungnahmen, wie sie von einzelnen kirchlichen Funktionsträgern oder Arbeitsbereichen kundgetan werden, als kirchliche Stimme zu verstehen. Insbesondere in der öffentlichen Wahrnehmung wie auch innerhalb des landwirtschaftlichen Berufsstandes werden oftmals einseitig provokant formulierte Äußerungen kirchlicher Partikularinteressen, ob aus Tierschutz, Umweltschutz oder Entwicklungspolitik, als offizielle kirchliche Stellungnahme interpretiert – mit entsprechendem Befremden. Gerade in dem zunehmend gesellschaftspolitisch ausdifferenzierten Themenfeldern von Landwirtschaft und Agrarpolitik stellt sich die Frage, wer für »die Kirche« spricht: die einzelnen landeskirchlichen Dienststellen auf dem Lande (KDL), der in der EKD diese einzelnen Fachstellen zusammenfassende EDL (einst ADL), der EKD-Ratsbeauftragte für agrarsoziale Fragen, die Arbeitsgemeinschaft der Umweltbeauftragten (AGU), entwicklungspolitisch ausgerichtete Agrarreferenten bei Evangelischem Entwicklungsdienst (EED), Brot für die Welt oder auch den Dienststellen für Mission und Ökumene, die Bundesarbeitsgemeinschaft der Evangelischen Jugend auf dem Lande, einzelne Agrarreferenten von evangelischen Landvolkshochschulen oder situativ entstandene Resolutionen, die am Ende von evangelischen Akademietagungen zum Thema Landwirtschaft oder Agrarpolitik verabschiedet und an die Öffentlichkeit gegeben wurden?

Wie bei anderen Themenfeldern auch zeigt sich im Bereich Landwirtschaft und Agrarpolitik die Vielgestaltigkeit volkskirchlicher Ausrichtung der evangelischen Kirche in Deutschland, so dass es bei einzelnen Fragestellungen durchaus auch unterschiedliche Meinungen geben kann, bis hin sogar in die Kirchenleitungen hinein: während der eine Bischof die thermische Verwertung von Getreide vehement ablehnt, kann der andere durchaus unter bestimmten Bedingungen darin einen Beitrag für eine nachhaltige Energieerzeugung in geschlossenen Wirtschaftskreisläufen erkennen; während die eine Kirchenleitung Befremden über das Wegschütten der Milch infolge des Lieferstreiks der deutschen Milchbauern äußerte, zeigten andere Kirchenleitungen durchaus Verständnis für diese extreme Aktion, um auf die existenzbedrohende Preisentwicklung auf den Milchmärkten hinzuweisen. So sehr dies in der öffentlichen Wahrnehmung oftmals zu Missverständnissen und Irritationen führt, so sehr spiegelt sich die differenzierende Interessenslage und Meinungspluralität der gesamtgesellschaftlichen Position zu Landwirtschaft und Agrarpolitik auch in den kirchlichen Gremien, Arbeitsstellen und Handlungsfeldern wider.

4.4.5 Die Zeitschrift »Kirche im ländlichen Raum«

Die Meinungspluralität zur Lage der Landwirtschaft, Agrarpolitik und der ländlichen Räume wird ausdrücklich nicht nur für innerkirchliche Diskussionen, sondern in gesamtgesellschaftlichem Diskurs auch von dem publizistischen Organ der kirchlichen Dienste auf dem Lande aufgegriffen und unterstützt: der bundesweit erscheinenden Zeitschrift *»Kirche im ländlichen Raum«*. Bereits frühzeitig gab es eine evangelische Schrift, die sich mit Fragen des ländlichen Raums auseinander setzte, die 1907 gegründete »Monatsschrift zur Pflege des religiösen Lebens in heimatlicher und volkstümlicher Gestalt«: *»Die Dorfkirche«*. Neben einer Fülle von praktischen Hinweisen für Predigt, Unterricht, Gemeindearbeit oder Baufragen waren die ersten Jahrgänge stark von volkskundlichem Interesse geprägt. Immer breiteren Raum nahm die Darstellung bäuerlicher Sitten ein, wobei sich dann zunehmend eine agrarromantische Verklärung entwickelte bin hin zur Nähe zur nationalsozialistischen Blut- und Bodenideologie.[184] 1950 wurde deshalb ein publizistischer Neuanfang gemacht. Zunächst als »Deutscher Dorfkirchenfreund«, ab 1954 dann als »Kirche im Dorf«. Die Zweimonatsschrift verstand sich als Organ der Arbeitsgemeinschaft für dorfkirchlichen Dienst innerhalb der Evangelischen Kirche in Deutschland. So wurde sie zur Handreichung und Fachzeitschrift für das Landpfarramt und das kirchliche Ehrenamt im Dorf, thematisierte Bodenrechtsfragen und die Landjugendarbeit, lieferte Laienspiele und Dorfpredigten, gab praktische Anregungen für die dorfkirchliche Baupflege und Durchführung von Dorfabenden.[185].

1979 wurde der Ausschuss für den Dienst auf dem Lande in der EKD (ADL) Herausgeber und benannte die Zeitschrift um in *»Kirche im ländlichen Raum«*. Damit wurde auch ein Wandel des Selbstverständnisses kirchlicher Landarbeit zum Ausdruck gebracht:

> [...] Kirche begreift sich in den kleinen Gemeinden nicht länger als Repräsentantin einer herrschenden Dorfkultur, sondern sie wirkt als Partnerin bei der Sinnsuche von Menschen in ländlichen Lebensräumen. Sie will das Evangelium vom gefährdeten und doch schon geretteten Leben in diesem besonderen Kontext vermitteln und kann sich die dort immer noch vorhandene relative Nähe zur biblischen Bilderfeld und Alltagsmetaphorik zunutze machen.
>
> [...]
>
> Theologie und Kirche brauchen keine modische »Country-Kirche« analog zur »City-Kirche« [...].

---

184. Vgl. Michael Klein: Völkische Irrwege. »Die Dorfkirche« propagierte ländliches Christentum, in: Evangelische Kommentare 30 (1997), 222–224.
185. Vgl. Ulrich Planck: Von der Dorfkirche zur Kirche im ländlichen Raum, in: Dem Land auf der Spur. Bilder, Meditationen und Geschichte. Sonderausgabe anläßlich des 50jährigen Erscheinens von »Kirche im ländlichen Raum, Altenkirchen 1999, 4–11.

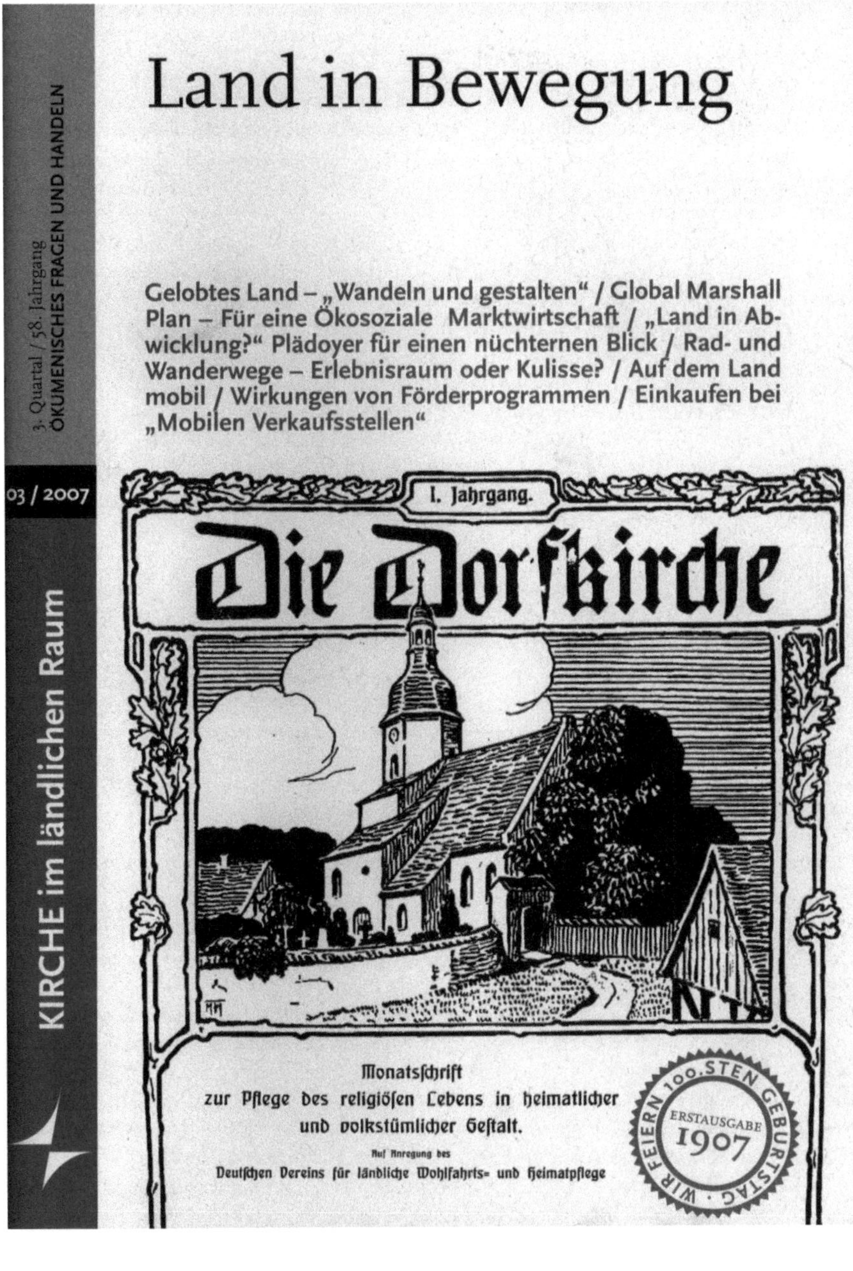

3. Quartal / 58. Jahrgang
ÖKUMENISCHES FRAGEN UND HANDELN

Land in Bewegung

Gelobtes Land – „Wandeln und gestalten“ / Global Marshall Plan – Für eine Ökosoziale Marktwirtschaft / „Land in Abwicklung?“ Plädoyer für einen nüchternen Blick / Rad- und Wanderwege – Erlebnisraum oder Kulisse? / Auf dem Land mobil / Wirkungen von Förderprogrammen / Einkaufen bei „Mobilen Verkaufsstellen“

03 / 2007

KIRCHE im ländlichen Raum

I. Jahrgang.

Die Dorfkirche

Monatsschrift
zur Pflege des religiösen Lebens in heimatlicher und volkstümlicher Gestalt.

Auf Anregung des
Deutschen Vereins für ländliche Wohlfahrts- und Heimatpflege

WIR FEIERN 100.STEN GEBURTSTAG ·
ERSTAUSGABE
1907

[…] Dazu gehört auch die Auseinandersetzung um die gerechte und verträgliche Teilhabe an den natürlichen Lebensgrundlagen, an Boden, Wasser, Saatgut und Nahrung als den kritischen Herausforderungen in einer globalisierten Welt.[186]

Als Quartalsschrift gliedert sich die Zeitschrift bis heute in inhaltliche Schwerpunktthemen, Werkstattberichte, Meditationen, Meinungen und Meldungen sowie Kommentare und Literaturhinweise. Als Spiegel der gesellschaftlichen Wahrnehmung der landwirtschaftlichen Entwicklung und ihrer Probleme sowie der spezifischen theologischen wie kirchlichen Diskussion rund um Denkschriften und Stellungnahmen ist die Themenauswahl ein Gradmesser für die Aktualität der jeweiligen Debatten: die Technisierung der Landwirtschaft mit ihren Auswirkungen auf die Schöpfungszyklen, die Lebensgrundlagen Boden und Wasser, das Tier als Mitgeschöpf und die ethische Verantwortung der Tierhaltung; immer wieder auch die Problematik der Gentechnologie, die mehrheitlich kritisch als Eingriff in die Schöpfung oder als Schöpfung aus zweiter Hand beurteilt wird; das Miteinander von Verbrauchern und Landwirten, das Ernährungsverhalten in der modernen Gesellschaft, die Chancen eigenständiger Regionalentwicklung und die Zukunftsgestaltung des ländlichen Raums im Hinblick auf Wirtschaft, Bildung, soziale Infrastruktur, Freizeit- und Naherholungsraum; auch die besondere Stellung der Kirche im ländlichen Raum und das Pfarrerbild.

Auch wenn sich die Zeitschrift grundsätzlich der breiten Zielgruppe der Menschen im ländlichen Raum verbunden und verpflichtet weiß, so erweist sie sich doch immer wieder auch als Plattform des Dialogs rund um Fragen der Landwirtschaft. Das zeigt sich sowohl in den regelmäßigen Informationen über die aktuellen landwirtschaftlichen Entwicklungen und Kommentierungen zur Agrarpolitik als auch in den Schwerpunktthemen: Fragen der Hofnachfolge, Ängste der Verbraucher vor Schadstoffbelastungen in Lebensmitteln, alternativer Landbau, die Rolle der Frauen und der Kinder in der Landwirtschaft ebenso wie der Altenteiler, spezielle Problembereiche des Nebenerwerbs, soziale Umbrüche in der Betriebsführung, Sicherung der Kulturlandschaft, die Schwierigkeiten zunehmender Spezialisierung und Technisierung auf den Höfen sowie immer wieder die Verwicklungen der nationalen Landwirtschaft im internationalen Kontext der Weltagrarmärkte im Zeitalter der Globalisierung. Dabei werden in der Regel unterschiedliche Sichtweisen zum einzelnen Problemfeld beleuchtet, Befürworter und Kritiker von Entwicklungen erhalten das Wort, Chancen und Risiken, Vor- und Nachteile von bestimmten Themen werden einander gegenübergestellt.

Von den vier Ausgaben innerhalb eines Jahrgangs widmet sich jeweils eines dem Erntedankfest. Die Handreichung spiegelt die Problematik des traditionellen Erntedankfestes in einer modernen hoch technisierten Gesellschaft wider: was soll ein Pfarrer predigen, wenn zunehmend den landwirtschaftlichen Grundlagen entfremdete Gottesdienstbesucher gar nicht mehr wissen, woher das täglich Brot kommt und mit welchen Schwierigkeiten seine Entstehung und Ernte verbunden ist? Was soll man den Verbrauchern sagen, die ihren Lebensmittelbedarf unabhängig von der heimischen Ernte aus überquellenden Regalen des Supermarktes decken und so vom

186. Manfred Kock: 50 Jahre Zeitschrift »Kirche im ländlichen Raum«, in: Dem Land auf der Spur (wie Anm. 186), 1 f., 2.

Erntedank persönlich wenig angerührt sind, dass sie bestimmte Aussagen als geradezu folkloristisch, nostalgisch oder gar gespenstisch erleben? Und wie soll der Landpfarrer der bäuerlichen Familie Erntedank nahe bringen, wenn diese sich sowohl finanziell bedrängt als auch gesellschaftlich marginalisiert empfindet? Vor solchen Fragen wird die spezielle Erntedankeinreichung dafür genutzt, das Danken mit dem Denken zum Nachdenken zu verbinden. Regelmäßig wird der Versuch unternommen, Erntedank vor dem Hintergrund des Maßhaltens, der Maßstäbe im Umgang mit sich selbst, in Beziehung zu anderen und zur Umwelt zu verstehen. Internationale Solidarität mit der dritten Welt, Verantwortung für die nachfolgenden Generationen, die Suche nach neuer Lebensqualität, der Umgang mit den natürlichen Lebensgrundlagen und das eigene Verbraucherverhalten werden ebenfalls angesprochen:

Mit theologischen, politischen und agrarwissenschaftlichen Fachbeiträgen sowie mit praktischen Fallbeispielen trägt »Kirche im ländlichen Raum« wesentlich dazu bei, dass »das Land« differenziert in seinen historischen, regional-typischen und sozialen Bezugsgrößen gesehen wird. Handlungsoptionen für das Wandeln und Gestalten in unterschiedlichen ländlichen Räumen können somit auch von kirchlicher Seite entfaltet, beschrieben und an Kommunen und Kirchengemeinden weitergegeben werden.[187]

187. W. Huber, Grußwort (wie Anm. 127), 3.

5. Ausblick: Kirche und Landwirtschaft – ein Thema auch von morgen

Nachhaltigkeit in Zukunftsverantwortung für die nachfolgenden Generationen kann als eine der größten ethischen Herausforderungen der Menschheit gesehen werden. Der Verantwortungshorizont richtet sich dabei über die Gegenwart hinaus und stellt das Verhalten heutiger Generationen in Beziehung zur Zukunft – konkret: dass die nachfolgenden Generationen weltweit die gleichen Lebenschancen haben wie wir heute. Global betrachtet stellt sich dabei insbesondere die Frage nach der Welternährungssicherung sowie des Klimaschutzes. Was heute getan oder unterlassen wird, wirkt sich auf die Nachwelt aus. Diese Verantwortung schließt nicht nur den Handlungsraum in unmittelbarer Umgebung, der Region oder der Nation ein, sondern umfasst die Weltbevölkerung. Ein besonderer Auftrag ergibt sich daraus auch für die Landwirtschaft unter neuen gesellschaftsethischen Erwartungen.

5.1 Verantwortung für Ernährungs- und Energiesicherung

Laut FAO-Bericht leben heute rund 7 Milliarden Menschen. Prognosen sprechen von 8 bis 9 Milliarden Menschen, welche bis zum Jahr 2050 weltweit zu ernähren sind. Angesichts der Klimaerwärmung ist zugleich mit einer Verschiebung der agrarischen Nutzungszonen zu rechnen, so dass damit eine Reduzierung der heute verfügbaren Anbauflächen einhergeht. Auch wenn bisher noch nicht agrarisch genutzte Reservepotentiale erschlossen werden können, stellt sich die Steigerung landwirtschaftlicher Produktivität als große Herausforderung dar. Zugleich erleben Schwellenländer wie China, Indien, Thailand oder Brasilien als so genannte »nachholende Entwicklung« ein enormes Wirtschaftswachstum. Dadurch verändern sich auch die Konsumpräferenzen neu entstehender und quantitativ zunehmender kaufkräftiger Mittelschichten, nicht zuletzt auch bei der Ernährung: eine immer größere fleischorientierte Nahrungsweise greift um sich. Damit verbunden ist ein steigender Bedarf an Futtermitteln neben dem klassischen Nahrungsanbau. Somit erfährt die agrarische Nutzung durch den Anbau von Lebensmitteln (Getreide, Mais, Reis) sowie der Futtermittelanbau eine erhebliche Zunahme.

Seit längerem ist zudem bekannt, dass die fossilen Energiequellen Erdöl, Erdgas und Kohle begrenzt sind. Von daher ist es dringend erforderlich, diese traditionellen Energieressourcen sparsam einzusetzen sowie neue Energiestoffe zu finden. Damit verbunden ist auch die Reduzierung der klimarelevanten Emissionen Kohledioxid, Lachgas und Methan, welche zur Klimaveränderung beitragen. Mit der Diskussion um den Ausstieg aus der Atomkraft erhält das Thema Energie vom Acker nochmals Auftrieb. Tatsächlich kann das, was vom Acker der Bauern kommt, einen Beitrag dazu leisten, die fossilen Energieträger zu schonen oder langfristig sogar zu ersetzen. Darüber hinaus gilt Biomasse als »grüne Energie«, nämlich regenerative, in der die Sonnenenergie gespeichert ist. Dadurch bekommt der biblische Spruch »so lange die Erde steht soll nicht aufhören Saat und Ernte, Frost und Hitze« im Zeitalter der Erderwärmung eine ganz neue inhaltliche Dimension. Im Hinblick auf die weltweite Ernährungs- und Energiesicherung sowie den Klimaschutz ergibt sich für die Landwirtschaft also eine große Herausforderung in ethischer Verantwortung.

Die Bekämpfung von Hunger und Armut ist eine Aufgabe, die nur mit Hilfe einer funktionierenden Landwirtschaft angegangen werden kann. Denn die Mehrzahl der weltweit hungernden bzw. mangelernährten Menschen lebt in ländlichen Gebieten der Erde. Und so hängt gerade in Ländern mit hohem Anteil der Landwirtschaft am Bruttosozialprodukt das Maß der Armutsminderung besonders am qualitativen Wachstum der Landwirtschaft. Um diese zu fördern ist es notwendig, die regionalen bzw. nationalen Aufgaben in den Blick zu nehmen, aber auch die globalen Zusammenhänge zu berücksichtigen, in die der Agrarsektor weltweit eingebunden ist.

Die Erfahrungen aus der entwicklungspolitischen Zusammenarbeit weisen darauf hin, dass Reformen die jeweilige Landbewirtschaftung und ihre Strukturen vor Ort nachhaltig verändern müssten. Dazu gehören etwa Reformen der Landverfassung, um langfristig gesicherte Landnutzungsrechte besonders für die Kleinbauern zu schaffen, oder eine Agrarmarktpolitik in den betroffenen Ländern, die die Chancen kleinbäuerlicher Erzeuger verbessert. Es gilt, gerade diese kleinbäuerlichen Produzenten sowie Erzeugergemeinschaften, z. B. mit Hilfe von Kleinkrediten, zu stärken. Für die Überwindung des weltweiten Hungers ist aber nicht nur regionales Handeln vor Ort und politisches Agieren im internationalen Maßstab notwendig, sondern das Bewusstsein dafür, dass die Weltgemeinschaft füreinander und für die zukünftigen Generationen Sorge zu tragen hat. Dazu gehört auch die Verantwortung der heimischen Landwirtschaft.

Aus globaler Sicht wird daher der gegenwärtige Agrarenergieboom hinterfragt. Es bahnt sich eine Flächenkonkurrenz zwischen food (Nahrung), feed (Futter) und fuel (Bioenergie) an. Eine Konkurrenz zwischen »vollen Tellern« und »vollen Tanks« wird befürchtet. Wir Wohlstandsbürger des Nordens essen uns ebenso reichlich wie gedankenlos satt, fahren schnelle Autos, heizen uns ein, genießen das Leben – ein Tanz auf dem Vulkan? Die künftigen Wohlstandsschwellenländer wie Brasilien, Indien und China folgen unserem »lifestyle«, finden ihre nachholende wirtschaftliche und technische Entwicklung nach unserem Vorbild nur angemessen, werden immer Auto-mobiler und entdecken auch den Genusswert des Fleisches. Doch auch Rinder, Schweine und Geflügel wollen erst gefüttert werden, bis sie auf dem Teller landen. Auch dazu braucht es Äcker in Konkurrenz zum Nahrungsgetreide und den boomenden Energiepflanzen. Und so stellt sich die Frage, was den Menschen bleibt, die an Biosprit für das Auto, Biogas für »grünen Strom« gar nicht denken, weil sie noch nicht einmal genügend Feldfrüchte vom Acker für ihre Nahrung haben? Soll von diesen Feldern durch Energieimporte z. B. Palmöl, der Komfort für unseren Wohlstand weiterhin geliefert werden?

Aus schöpfungsethischer, sozialethischer wie wirtschaftsethischer Sicht muss eine eindeutige Wertepriorität auf die Ernährungssicherung (»food first«) gelegt werden. Wegen des Anbaus von Bioenergie darf kein Mensch hungern müssen. Zur ethischen Verantwortung energetischer Biomassenutzung gehört eine Nachhaltigkeitsbilanzierung aus ökologischer, ökonomischer und sozialer Sicht. Unverzichtbar sind dabei:

– die Beurteilung der energetischen Nutzung im Hinblick auf ihre Umweltauswirkungen: die Reduzierung treibhausrelevanter Klimaemissionen, die Erhaltung

der Artendiversität und Bodengesundheit (Verhinderung von Überdüngung und Stickstoffeinträgen in Grund- und Oberflächengewässer, Versauerung von Böden, Pestizideinträge und Flächenumbrüche);
- die Kosteneffizienz im Hinblick auf den Subventionsbedarf einzelner energetischer Nutzungswege und der CO_2-Verminderungskosten;
- die sozialen Folgewirkungen des Anbaus, der Gewinnung und des Vertriebs von Bioenergie im Hinblick auf die Förderung regionaler und dezentraler Wirtschaftskreisläufe, dem Ausbau sozioökonomischer Partizipationspotentiale vor Ort und der Sicherung von Sozialstandards zur Verhinderung von unwürdigen Arbeits- und Lebensbedingungen, wie z. B. die Vertreibung von Kleinbauern im Interesse der Errichtung von großflächigen Energieplantagen.

So kann auch die heimische Landwirtschaft unter bestimmten Bedingungen einen Beitrag zur Energieerzeugung leisten. Auch Energie stellt »Lebensmittel« dar, und das kann durchaus eine sinnvolle Ergänzung agrarischer Produktions- und Dienstleistungsfunktionen gerade in Zeiten des globalen Klimaschutzes sein: ökologisch verträglich, eingebunden in regionale Wirtschafts- und dezentrale Energiekreisläufe. Eindeutiger Vorrang für die Bioenergieerzeugung ist die Verwertung von Rest- und Abfallstoffen aus der Land- und Forstwirtschaft (wie tierische Exkremente, Restholz oder sonstige Reststoffe). Darüber hinaus gibt es noch weitere Nutzungspotentiale durch die Verwertung von organischen Rest- und Abfallstoffen z. B. aus der Lebensmittelindustrie oder dem kompostierbaren Haushaltsmüll sowie durch den Anbau von Zwischenfrüchten innerhalb einer sinnvollen Fruchtfolge.

5.2 Landwirtschaftliches Berufsethos

Mit der Nachhaltigkeitsdiskussion hat sich auch in der gesamten Wirtschaft eine neue Form von Dialog- und Managementorientierung als Unternehmensverantwortung (»accountability«, »corporate responsibility«) entwickelt, welche weit über das Vorzeigen beispielhafter Aktivitäten hinausgeht, sondern einen werteorientierten Handlungsrahmen einzelner Unternehmen beinhaltet, mit dem sich auch die Unternehmerpersönlichkeit identifizieren kann: eine Ethik nachhaltiger Unternehmenskultur.

Dabei sollten jedoch nicht ausschließlich in technischer Orientierung Nachhaltigkeitsindikatoren behandelt werden, sondern es bedarf einer grundsätzlichen ethischen Reflektion seines Tuns. Es geht um die Aufstellung von Werteprioritäten und ethisch-moralischen Maßstäben, welche globale Wohlfahrt und soziale Gerechtigkeit über ausschließliche Wachstumssteigerung und materiellen Wohlstand stellen, also um Grundwerte, welche wirtschaftliches Handeln auch bei widerstreitenden Interessen und Zielkonflikten überhaupt erst ermöglichen. Gleichwohl sind Ethik und Ökonomie kein Gegensatz, weil Ethik erst die Berechenbarkeit für wirtschaftliches Handeln schafft, ergänzt und damit auch einen ordnungspolitischen Rahmen schafft.

Auch in der Landwirtschaft hat sich das unternehmensethische Leitbild der Nachhaltigkeit etabliert. Begründet wird dies mit der agrarkulturellen Erfahrung bäuerlichen Wirtschaftens in Generationenverantwortung, Langfristigkeit und der Einbindung in geschlossene Stoffkreisläufe des Naturhaushaltes. Landwirtschaft ist mit ihren Menschen, dem Boden, Tieren und Pflanzen Bezugspunkt für ein Denken in langen Generationsketten. In der tiefen Verbundenheit mit ihm konkretisiert sich die Verantwortung für die Zukunft. Damit kann die Landwirtschaft sogar als Vorreiter und Vorbild für eine dauerhaft naturverträgliche Wirtschafts- und Lebensweise der Nachhaltigkeit, gar als musterbildend für unsere moderne Industrie- und Dienstleistungsgesellschaft eine neue gesellschaftstragende Rolle einnehmen.

Mit dieser ethischen Orientierung erhält das Berufsbild der Landwirtschaft neben dem quantitativen Maßstab des finanziellen Lebensunterhaltes zusätzlich qualitativ eine neue Sinnebene des Lebensinhaltes. Zu sehr hat sich der Agrarsektor in den letzten Jahren ausschließlich auf seine Wirtschaftsfunktion orientiert: die Produktion von Nahrungsmitteln, agrarischen Rohstoffen und damit die Integration in das agrarwirtschaftliche System aus vor- und nachgelagerten Bereichen (»Agribusiness«). Zunehmend wird aber auch die Raumfunktion der Landwirtschaft deutlich: der Beitrag zur Erhaltung und Pflege einer vielfältigen, attraktiven Kulturlandschaft, die Ermöglichung der Nutzung von Naturhaushalt und Naturgrundlagen. Damit verbunden sind auch unverzichtbare ökologische Funktionen im Hinblick auf die nachhaltige Nutzung natürlicher Ressourcen, die Bodennutzung durch Naturbewirtschaftung mit Wasserhaushalt, natürlichen Stoffkreislauf-Prozessen, dem Erhalt von Biotop- und Artenvielfalt und einer naturnahen Landschaftsgliederung. Zunehmend wird auch die besondere Sozialfunktion der Landwirtschaft deutlich im Hinblick auf die Ermöglichung räumlich-regionaltypischer Identifikation als Träger von Kultur und Heimat nicht nur für die ländlichen Räume, sondern für die gesamte Industrie- und Dienstleistungsgesellschaft. Daraus erfährt die klassische Reduzierung agrarpolitischer Verantwortung als sektorale Wirtschaftspolitik eine Erweiterung in gesamtgesellschaftlicher Verantwortung für Ernährungssicherung und Lebensqualität im nationalen wie internationalen Kontext.

5.3 Lebensqualität aus ethischer Legitimation – Landwirtschaft als Lebenswirtschaft

So einfach es ist, die unterschiedlichen Aufgaben der Landwirtschaft aufzulisten, so schwierig ist es, mögliche Zielkonflikte zu lösen. Dies zeigt sich angesichts der aktuellen Diskussion um die optimale Nutzung agrarischer Standorte zur Erfüllung vielfältiger Funktionen:

- eine nachhaltige Sicherung der Ernährung für eine wachsende Weltbevölkerung;
- dabei einem immer größer werdenden Anteil der Weltbevölkerung ihren Fleischkonsum durch einen wachsenden Futtermittelanbau zu ermöglichen;
- die ökologischen Ausgleichsfunktionen wie Umwelt-, Wasser-, Arten- und Bodenschutz zu gewährleisten;
- einen Beitrag zur Reduzierung der CO_2-Belastungen vorzunehmen;
- die fossilen Energiequellen zu schonen -Landwirtschaft als unmittelbare Lebensquelle und heimatliche Verortung für die Menschheit erleb- und erfahrbar zu machen und die ländlichen Regionen zu stützen.

Damit erweist sich Landwirtschaft als *»Lebenswirtschaft«* in vielfältiger Funktionsbeanspruchung und Zielerwartung. Eine klare Antwort und Prioritätensetzung ist dabei nur in einem breit angelegten gesellschaftlichen Wertediskurs möglich.

Die Landwirtschaft wird im Hinblick auf ihren Beitrag zur Lebensqualität an ihrer ethischen Verantwortung gemessen. Insbesondere die Aspekte Gesundheitssicherung, Umweltsicherung, Verfügung über Güter und Dienstleistungen in gerechter Verteilung und ein verantwortungsvoller Umgang mit den anvertrauten Tieren sind dabei Anliegen, welche die Landwirtschaft als Lebenswirtschaft erfahrbar werden lassen. Ob Lebensqualität in nachhaltiger Orientierung sich am bisherigen Lebensstandard der westlichen Industriegesellschaft grundsätzlich und langfristig orientieren kann, bleibt jedoch höchst zweifelhaft. Wenn nach Lebensqualität gefragt wird, stellt sich im Hinblick auf die ethischen Herausforderungen – orientiert an dem Grundrecht der Menschenwürde – die Frage, ob alternative Entwicklungsmodelle über die Einengung auf die reine Intensitätssteigerung in der Landwirtschaft hinaus entwickelt werden müssten.

Zunächst sind die Zielkonflikte, welche mit den begrenzt vorhandenen Nutzungspotentialen weltweit einhergehen, zu benennen: zwischen Nahrungssicherung, Energieerzeugung, Futtermittelerzeugung, Erhalt der Biodiversität von Flora und Fauna sowie dem Flächenbedarf für Wohn-, Wirtschafts- und Freizeitfunktionen. Darüber hinaus bedarf es eines Diskurses über gesellschaftliche Werte und Leitbilder, über das heutige Wirtschaftsmodell permanenter Wachstumssteigerung und den Umgang mit unserer Schöpfung.

Selbst ein noch so optimaler technischer Fortschritt mit landwirtschaftlichen Intensitätssteigerungen kann den absoluten Nahrungs- und Energieverbrauch unseres heutigen Standards im globalen Maßstab nicht decken. Von daher sind neue Strategien erforderlich, um das ethische Gebot der Lebensqualität zu ordnen. Dafür bedarf es eines gesellschaftlichen Wertewandels im Hinblick auf

- Effizienzstrategien: werden unsere Ressourcen heute wirkungsvoll und ökonomisch eingesetzt?
- Substitutionsstrategien: wo kann unser Nahrungs- und Energiebedarf gesenkt und alternativ gedeckt werden?
- Suffizienzstrategien: entwickelt das Leitbild »Maß statt Masse« bzw. »weniger ist mehr« in einer entschleunigten Gesellschaft eine neue Glücksökonomie der Nachhaltigkeit mit höherer Lebensqualität für alle?

5.4 Verbraucherethik und Moralprofile beim Konsum

Der gesamtgesellschaftliche Diskurs über die Lebensqualität der Zukunft steht erst am Anfang. Erste Anzeichen weisen jedoch darauf hin, dass sich ein Wertewandel abzeichnet, in dessen Folge in den Industriegesellschaften Innovationsbedürfnisse unabhängig von technisch-ökonomischer Ausrichtung entstehen. Längst hat sich die Einsicht durchgesetzt, dass Lebensqualität mehr ist als materieller Wohlstand.

Vor diesem Hintergrund ist eine gesellschaftliche Auseinandersetzung über ethische Verantwortung der Ernährungs- und Energiesicherung durch die Landwirtschaft als Lebenswirtschaft dringend geboten. Damit verbunden ist eine ethische Orientierung, welche Verantwortungslosigkeit, Rücksichtslosigkeit und kurzfristige Vorteilsmaximierung in den Blickpunkt gesellschaftlicher Werteorientierung rücken. Zu der grundsätzlichen Frage nach der Lebensqualität gehört dabei unvermeidlich eine ethische Diskussion über unseren materiellen Konsum und das damit verbundene Verbraucherverhalten. Davon betroffen sind insbesondere die von der Landwirtschaft erzeugten Nahrungsgüter. Der klassische Eignungs- oder Gebrauchswert von Lebensmitteln, der sich an Haltbarkeit, Preis- und Zeitaufwand für Einkauf, Zubereitung und Verzehr richtete, wird zunehmend ersetzt durch neue Werteorientierungen.

Die Wertigkeit von Lebensmitteln

- Der *Genusswert* umfasst die Eigenschaften, die man beim Verzehr mit seinen Sinnen wahrnimmt. also Aussehen, Geruch, Geschmack, Konsistenz und Temperatur.
- Der *Gesundheitswert* als ernährungsphysiologische Qualität ist gekennzeichnet durch wertgebende und wertmindernde Inhaltsstoffe.
- Der *psychologische Wert* beruht auf der individuellen Beurteilung, ob man Genuss empfindet.
- Der *soziokulturelle Wert* richtet sich nach gesellschaftlichen Normen und Werten (Prestige) oder auch Tabus.
- Der *ökologische Wert* misst sich am Verbrauch von Energie, Rohstoffen und Wasser, am Aufwand an Verpackungen, deren Entsorgung sowie an der Menge der Schadstoffemissionen, die bei der Erzeugung und beim Transport anfallen.
- Der *politische Wert* orientiert sich an vielfältigen Aspekten, welche eine ganzheitliche Erfassung von Qualitätsmerkmalen einschließlich der Erzeugungsbedingungen und ihren Konsequenzen in Beziehung zur Dritten Welt, und sozialen wie politischen Zielen beinhalten.

Ähnlich wie eine unternehmensethische Verantwortung für die Landwirtschaft eine Wertefundierung ergibt, bringt auch eine Ethik nachhaltigen Konsums dem Verbraucher Vorteile. Das Moralprofil am Markt ermöglicht eine inhaltliche Identifikation mit der Marktleistung als Chance für Solidarerfahrung: »ein gutes Gefühl« im Dienste einer guten Sache«, z. B. Gesundheit, Umwelt, globale Verteilungs- und Teilhabegerechtigkeit, Tierschutz, Klimaschutz.

Für die Landwirtschaft ergibt sich daraus auch eine Marktchance, auch wenn diese heute nur als eng begrenztes Segment erscheinen mag. Langfristig ist die Landwirtschaft eingebettet in einen gesellschaftsethischen Diskurs und daraus resultierende konkrete Handlungsableitungen innerhalb ihrer Betriebe. Solche Besinnung auf die eigene unternehmensethische Verantwortung beinhaltet auch immer wieder die Frage nach christlich begründeter Werteorientierung. Der Dialog zwischen Kirche und Landwirtschaft wird demnach auch künftig eine Fortsetzung erfahren.

Personenregister